新世纪统计与经济优秀著作文库

本研究获得国家社科基金项目(编号06BTJ010)的资助

经济评价的有效性及其检验方法研究

董麓 著

中国统计出版社
China Statistics Press

图书在版编目(CIP)数据

经济评价的有效性及其检验方法研究 / 董麓著.
—北京:中国统计出版社，2014.2
ISBN 978－7－5037－7052－4

Ⅰ.①经… Ⅱ.①董… Ⅲ.①经济评价－研究
Ⅳ.①F014.9

中国版本图书馆 CIP 数据核字(2014)第 023079 号

经济评价的有效性及其检验方法研究

作　　者/董　麓
责任编辑/徐　颖
封面设计/黄　晨
出版发行/中国统计出版社
通信地址/北京市丰台区西三环南路甲 6 号　邮政编码/100073
电　　话/邮购(010)63376909　书店(010)68783171
网　　址/http://csp.stats.gov.cn
印　　刷/河北天普润印刷厂
经　　销/新华书店
开　　本/710×1000mm　1/16
字　　数/195 千字
印　　张/11.5
版　　别/2014 年 3 月第 1 版
版　　次/2014 年 3 月第 1 次印刷
定　　价/29.00 元

总前言

自改革开放以来，我国的统计科学研究进入了一个新时期，并逐渐与国际接轨。随着我国加入 WTO，我国经济进一步融入国际经济大环境，我国的统计科学研究更注意学习和掌握国际先进的统计理论、方法和技术。为了推动我国统计科学研究发展，中国自然科学基金和中国社会科学基金每年都有专门资金资助和鼓励统计科学研究项目，国家统计局每年也有专门资金资助统计科学研究，因此，每年都有很多统计专家学者在为统计科学的发展进行着辛勤的研究工作，他们的这些科研成果也以不同的形式服务统计事业，服务中国的社会主义建设。为了总结和整理这些珍贵的科研成果，我们决定编辑出版"新世纪统计与经济优秀著作文库"丛书，把这些优秀的统计科研成果，以丛书的形式，奉献给广大读者。

"新世纪统计与经济优秀著作文库"主要编辑出版由国家科学基金和国家社会科学基金资助的优秀统计科研项目成果，我们认为，对于我国统计事业来说，这是一件好事：首先，这是我国第一次把优秀统计科研成果以丛书的形式系统地整理和出版，这不仅能使这些优秀成果不致散落在各科研单位和使用单位，而且能使它们在时间的流逝中沉淀下来，给统计后人留下宝贵财富。其次，这套丛书将成为展示我国当代统计科学研究成果的重要舞台，反映我国统计科研人员的整体水平，显示我国统计科研事业的实力和发展方向。第三，通过这套丛书，我们将可以客观地评介我国统计科研水平，并找出我们与国际统计科研水平的差距，以使我国的统计科研尽快赶上世界先进水平。第四，这套书的出版，不仅会使我们进一步认识那些活跃在统计科研战线上的老同志，还将使我们认识统计科研事业的后起之秀，而这些统计科研新人的出现和成长，是我们的统计事业得以继续发展壮大，永葆生命活力的保证。

希望这套丛书的出版能对统计科学研究事业和统计事业的发展有所贡献。

“新世纪统计与经济优秀著作文库”编辑部

2006 年 6 月

前 言

近年来，经济评价应用研究的文献数量呈现快速增长趋势，其社会影响力也与日俱增。一些著名的评价研究，如国家竞争力评价、区域竞争力评价、城市竞争力评价、公司治理评价、农村社会发展评价、环境评价等被长期、定期开展。评价结果受到政府、企业、学术界和社会大众的普遍关注，具有十分广泛的社会影响。然而，从方法论角度来看，评价方法也是一种测量方法，评价结果是一种测量结果。当人们看到一项评价结果时有理由询问，所进行的测量是科学进行的吗？评价标准是客观的吗？评价结果及其产生的应用对所有被评价对象是公平对待的吗？评价是否准确地评价了所要研究的内容？实际上，这些都是每项测量研究必须回答的问题。

国际上的一些权威测量机构、研究组织和专家学者很早就开始重视这些问题。早在 20 世纪 30 年代，这一领域的问题已经形成了一个明确的概念——有效性（Validity），并长期被加以研究。20 世纪 50 年代，美国心理学会（American Psychological Association）将有效性检验列入了《心理学测量标准》。1999 年，由美国教育研究协会（American Educational Research Association）、国家教育测量委员会（National Council on Measurement in Education）和美国心理学会三个权威机构共同发布的《教育学和心理学测量标准》中，将有效性作为一个独立概念明确规定在测量标准中。

从有效性研究的内容看，它应该属于评价研究的一个组成部分，它是以理论逻辑和经验证据为基础，对评价系统设计和评价结果得分，及其应用后果合理性和正确性的检验。为了证明评价的有效性，研究者应该收集相关的证据，提供评价有效性检验的结果。否则，一项评价结果的科学性就难免受到质疑。正如权威所言：如果一项评价研究不能提供其有效性的证据，那么它的评价结果就可能是一堆没用的数字。

然而，考察目前在经济领域开展的评价研究可以发现，对有效性问题并未给予足够的重视。在经济评价理论研究方面，也缺少对有效性问题的系统性研究成果，不能对应用研究提供有效性检验方法论方面的指导。这一现状显然与当前经济评价应用研究的蓬勃开展是不相称的，因此本研究是一个很好的补充，对于开展经济评价应用研究具有很好的实用参考价值，对于完善经济评价理论体系具有一定的学术价值。

本书主要包括三个方面的内容：一是吸收相关学科的研究成果，结合经济研究特点，建立了一个经济评价有效性检验的理论框架；二是针对有效性检验的各方面内容，建立一个统计检验框架；三是针对经济评价研究的不同环节和目标，提供一套完整的统计检验方法。本书内容的结构安排是：首先理清有效性的基本概念、性质与任务。其次，充分考虑经济评价在研究对象、任务、目标等方面的自身特点，阐述经济评价有效性的内涵。并从模型设计和结果应用两个角度，建立一个经济评价有效性研究的理论框架，在该框架范围内提出有效性检验的统计分析框架和步骤。最后，对每一类检验设计一套或多套对应的统计检验方法，并通过具体案例说明方法的使用。

本书在方法与技术方面主要有两个特点：一是吸收、融合了多个学科的理论和技术，并予以创新应用。在有效性理论方面，吸收、借鉴了教育学和心理学评价的研究成果；在经济评价有效性理论方面，结合了经济研究的特点予以创新；在有效性检验方面融合了多种统计技术，包括相关分析、回归分析、多元统计分析、定性资料统计分析、结构方程分析、Meta 分析等。引入了一些较新的统计方法，如跨样本验证性因子分析、相关特质相关方法验证性因子分析、高阶结构方程分析、Meta 回归分析等。二是列举了大量案例。几乎每种检验方法都配有具体案例，这就使得从事实际研究的工作者可以方便地参考和使用书中提供的方法。所有案例都使用 SAS 软件进行了计算，充分证明了完成这些复杂的有效性检验是完全可能的。

本书的主要观点体现在经济评价有效性研究理论框架的设计和统计检验方法的构建方面。本书提出的理论框架包括：经济评价有效性的概念、性质、研究内容与检验思路。经济评价的有效性是指：以经济学理论逻辑和实际经验证据为基础，对经济评价系统设计和评价结果，及其应用后果合理性和正确性的推断。经济评价有效性的研究内容主要包括以下几个方面：①评价的内容有效性；②评价的构想有效性；③评价结果的外部有效性；④评价结果的社会有效性。

内容有效性反映了评价研究内容与其依赖的经济理论的吻合程度。设计内容覆盖的理论内容范围与实际理论范围吻合的越严密，说明所研究内容越具有代表性，即评价模型设计的内容有效性越高。构想有效性用于反映评价模型构想的测量方法和测量体系结构，与经济理论描述的要素间关系和经济系统结构关系是否一致。两者的一致性程度越高，则模型的构想有效性越高。

外部有效性对应那些试图将评价结果推广到样本以外更广范围的情况。例如使用一个上市公司样本得出的实证结果，去说明上市公司整体水平，这就涉及评价结果的外推有效性或外部有效性问题。由于多数经济评价使用的样本很难做到随机性和客观性，因此评价结果是否具有外部有效性必须进行严格的检验。社会有效性是指评价结果的社会价值，是经济评价有效性检验中最为重要的内容，也是最困难的内容。从理论上来说，任何一项评价研究都应该是客观的，无论对被评价者，还是对评价结果的使用者来说都是公平的。然而在实际研究中，评价系统的构建大都受研究者自身价值观的影响。有些时候，研究者的价值观取向与社会主流价值观取向并不一致。也有一些研究，由于系统设计不正确而扭曲了研究的价值取向。由于经济评价具有广泛的社会影响，而且常常与政府的经济政策和改革措施相联系，因此评价结果与社会主流价值标准的一致性，应该作为评价结果有效性的一个重要考量标准。

本书将经济评价有效性的性质归纳为五个方面：第一，经济评价的有效性是评价研究本身的一种属性，而不是问卷、评价指标体系或其他测量工具的属性。第二，经济评价有效性研究更加侧重于评价结果的社会性和政策性。所谓社会性是指，要注重评价结果与社会主流价值观的吻合程度及其可能引起后果。所谓政策性是指，在根据评价结果制定政策时要注意评价结果的适用范围和边界。第三，对经济评价的有效性应该从多个方面进行验证，因为有效性的各方面都不是可有可无的，任何单一方面的有效性都不能说明评价结果的科学性。第四，有效性是一个程度概念，不适合使用有效或无效这样的判定结论来进行评价。第五，经济评价有效性的检验有时需要一个持续过程。特别是那些为政策服务的评价研究，应该随着研究主体、时间、所处环境等条件的变化，对其有效性进行重新评估。

本书共分为三个大部分、总共六章。第一章构成第一部分，主要对有效性研究的发展历史进行考察、回顾，对已有的研究成果和观点进行评述，总结了现有研究成果关于有效性的概念、意义、性质和任务。这些内容绝大部分来自于经济学和经济评价之外的领域，对其进行考察的目的，是展现当前有效性问题研究的全貌，介绍这一领域最新的研究思想和技术成果。

第二章构成第二部分。在这一章中，我们从经济学角度，结合经济研究的对象、任务和特点，尝试为经济评价研究提供一个更为贴切、更为简洁的有效性检验理论框架，这也是当前其他领域有效性研究的一个发展趋势。本章提出了经济评价有效性的概念、意义、性质、研究内容和检验思路。在这一章的末尾，我们还讨论了另一个重要内容——为经济评价有效性检验制定一个基本的统计研究框架和工作程序。

本书的第三部分包括第三、四、五、六章，这一部分主要围绕各类有效性检验构造对应的统计检验方法。在第三章中，我们提出了一个建议，即在建立经济评价模型时除了要进行内容有效性检验外，同时还要重视构想有效性的探索分析。这就把通常建模之后才进行的构想有效性检验工作，提前到建模之前和之后同时进行。相信这种做法有助于提高研究的总体有效性，并可以提高工作效率。在内容有效性检验方面，重点讨论了专家评价结合列联表分析的方法；在构想探索方面，讨论了探索性因子分析和聚类分析方法的应用。在第四章中，我们讨论了使用验证性因子分析模型进行构想有效性检验的统计方法；针对经济评价的特点，讨论了关于多特质、多方法综合评价构想检验的相关分析方法和结构方程分析方法；针对复杂评价构想设计，讨论了高阶构想结构模型的统计检验方法。在第五章中，我们讨论了关于各种效标关联分析的统计方法。包括实用参数方法、非参数方法、均值检验和回归分析方法，定性指标分析的统计检验方法等。还使用具体案例介绍了实际应用中，通过数据转换屏蔽失真数据的方法。在第六章中，我们特别强调评价在政策方面应用的有效性问题。讨论了关于外部有效性检验的统计方法，包括针对不同研究对象样本的协方差矩阵检验；跨样本结构方程模型分析方法；合并独立研究的 Meta 分析方法。为了给政策研究者提供更多的有效性检验方法，我们还讨论了对独立研究进行异质性分析的 Meta 回归分析方法。

本书的主要贡献是：①系统阐述了经济评价有效性的概念、性质、研究内容、研究目的和意义，提出了一个经济评价有效性研究的理论框架，推进了该领域的理论研究。②提出了一个经济评价有效性检验的统计分析框架，并设计了一套完整的统计检验系统，将定性资料分析、结构方程、Meta 回归分析等多种统计方法引入到经济评价有效性检验研究，形成了完整的统计检验系统，丰富了该领域的方法论研究。③提出了为政策服务的外部有效性检验观点，拓展了有效性研究的领域。④强调经济评价的社会价值有效性观点，有利于促进经济评价研究科学、健康的发展。

本书为开展经济评价应用研究提供了有效性检验的理论和方法支撑。这有利于促进人们从更严谨、更科学、更规范地角度去看待和从事这一领域的研究。也为评价研究的社会监督提供了有效工具。有理由相信，这项研究成果会很快应用于实践，并取得良好的社会影响和效益。

鉴于笔者水平有限，文中难免存在不当和错误之处，恳请各位专家学者和广大读者批评指正。

作者

2013 年 5 月

目 录

第一章 有效性的概念、研究内容与意义

一、有效性的概念和研究意义

综合评价方法从本质上来说是一种测量技术。它是通过收集被研究对象多方面的行为和表现,经过技术分析,对研究对象某个方面或者多个方面的特质进行测量和评价。评价结果也称评价得分,通常是数值指标或有序指标,在特殊情况下也可以是名义指标。[①]同使用其他测量方法一样,使用综合评价方法得到的测量结果也存在误差。如果假设第 i 个研究对象待测量特质的真实得分为 T_i,综合评价的结果为 X_i,测量误差为 E_i,则测量结果和特质真实分数之间的关系可以用下面的公式来表示:

$$X_i = T_i + E_i \tag{1.1}$$

从上面的公式可以看出,评价结果包含了真分数和测量误差两个部分。显然,社会公众希望看到的是一个具有较小测量误差的评价结果。测量误差主要来源于以下三个方面:

1. 随机误差

随机误差是测量过程中偶然发生的,由不可控制因素引起的测量误差。

---

① 有关指标类型的讨论请参阅张尧庭,定性资料的统计分析,广西师范大学出版社,1991。

例如连续两次测验一个学生50米跑成绩，即使在完全相同的外部条件下，两次测验的结果可能仍然不同。再如一个班级考试，即使使用同一张试卷，班级学生两次测试结果仍然可能不一致。这些误差是由客观的、随机因素引起的，在研究中不可能被完全消除。

2. 系统误差

系统误差是由于使用的测量方法不当，或由于其他因素、特别是主观因素干扰导致的测量误差。例如，使用外语试卷去考察学生的文学水平，此时导致学生成绩差异的原因不仅由学生文学水平决定，而且还由学生的外语水平决定，使用的测量方法明显偏离了评价目标。再如，使用调查问卷收集评价数据时，由于种种原因，答卷者没有进行真实回答，从而导致使用错误数据进行评价造成系统误差。在进行评价模型设计时，由于研究者对理论和研究目标把握不准确，导致评价结果存在系统误差，是评价研究中最常犯的错误。由于人类认知的局限性，系统误差在实际经济评价研究中也不可能完全消除。

3. 抽样误差

当使用的数据资料不是来自研究对象全体，而是来自其中一部分时，评价得分称为样本统计结果。由于样本仅是研究对象的一个子集，因此不可能包含总体的全部信息，当使用的样本不同时，测量的结果也不相同。因此，如果用样本结果推断总体情况必然存在误差，由抽样导致的误差称为抽样误差。抽样误差是一种可以控制大小的误差，增加样本量通常可以减少抽样误差，当样本与总体重合时抽样误差即被消除。

随机误差和抽样误差不依赖于具体的研究学科，无论在自然科学、还是社会科学中都具有共同特点，因此形成了独立的研究领域。抽样误差只有在通过样本推断总体情况时才存在，只与抽样方法和使用的样本有关，而与经济理论和研究内容无关。因此如果使用的是总体模型，则模型中仅包括随机误差和系统误差。例如假设模型(1.1)为总体模型，则误差项 E_i 只包含两种类型的误差，即随机误差和系统误差。随机误差研究属于可靠性研究，衡量系统可靠性的指标称为信度。有关这一领域的研究至少已有二百多年的历史，目前已经形成了专门的研究领域。随机误差和抽样误差影响经济评价的有效性，是影响有效性的必要条件，但都不是充分条件。例如一个具有较高信度的测量结果，仅能保证在测量技术方面具有可靠性，但不能保证真正测量了想要测量的内容。

对系统误差的研究，需要结合具体学科理论和研究使用的技术方法展开。在评价研究中，虽然大多数有效性度量指标涵盖了整个误差范围，包括了系统误差、随机误差、抽样误差的影响，但有效性研究主要针对的是系统误差分析。

在本书中，我们不单独讨论某一种具体误差的影响，而把它们包含在一些具体的有效性测量中。测量有效性的指标通常称为效度。

今天，关于有效性的概念、有效性的研究意义，人们仍然存在很多不同的观点。早期的学者并不区分有效性是评价研究本身的的属性，还是评价结果的属性，或是使用的调查问卷、测量工具的属性。直到 20 世纪 50 年代，人们才认识到有效性的真正研究意义并非针对某份调查问卷，或者是某个使用的测量工具。“有效性不是一个问卷的属性，询问一个问卷是否有效是幼稚的”。(Cronbach 和 Meeh，1955)因为一份问卷对有些对象可能适宜，但对另外一些对象却不适宜。例如大学英语六级考试对测量大学生的英语水平很适宜，但对中小学生却很不适宜。脱离评价研究本身，我们就无法判断一份问卷的有效性。因此，有效性研究不是针对一份评价问卷，也不是针对使用的测量工具或评价指标体系，而是针对评价研究本身及其结果。正如 APA（American Psychological Association，1974）在其公布的测量标准中所阐述的：有效性永远是指证据支持从评价结果所得出推论的程度。

对有效性概念的争论经过了一个漫长的过程，直到 20 世纪 80 年代中期才形成了具有主流观点的有效性概念。目前主流观点的有效性概念是：“以经验证据和理论逻辑为基础，对基于评价得分和评价方法所得出的结论，以及由此引发的行为的充分性和适当性的综合性度量。”(Messick，1989)

在 20 世纪 70 年代以前，有效性的内涵仅局限在传统的测量误差概念范畴。直到 20 世纪 70 年代以后，才进一步扩展到重视评价结果的社会影响。Messick 是这一思想的倡导者和积极推动者。他认为：“一项评价的有效性依赖于该评价的社会影响，这一点必须得到公认。……在分析（评价的）有效性时，社会价值和社会影响不能被忽视。”(Messick，1980)

今天，人们已经普遍接受了对评价的社会有效性进行检验的观点。现代有效性的研究意义，已经远远不再局限于评价的误差问题，而是扩展到评价构想和评价结果的合理性，以及评价结果社会影响和社会后果的综合性考量。为了能够准确地理解和把握有效性的概念和意义，下面有必要先对有效性研究的历史发展过程作一个较为全面的考察和回顾。

二、有效性研究发展综述

（一）早期的有效性研究

根据 Lissitz 和 Samuelsen(2007)的考察，有效性概念在文献中的正式定义大约出现在20世纪30年代。但实际上，早在19世纪末期就已经出现了与有效性研究相关的思想萌芽。1890年，Cattell在他的名著《心理测验与测量》中提出：测量需要有常规标准以便于进行比较。根据Peterson(1926)在其书中的记载，1893年，Jastrow在美国芝加哥举办的哥伦比亚展览会上所做的实验，已经使用了将测量结果与常规标准之间进行比较的方法。在这一时期的心理学和教育评价研究中，出现了将被评价对象进行个体之间的关联性比较(Sharp，1898～1899)，[①]将评价结果与教师评价之间进行关联性比较(Bolton，1891～1892；Gilbert，1894)，将评价结果与学生学业表现之间进行关联性比较(Wissler，1901)，或将评价结果和被评价对象个人多方面表现的测量结果进行关联性比较(Spearman，1904)等研究方法的使用。Binet(1908)还针对个体的心理测验，建立了一个总体判别标准。[②] 研究者使用这些相关分析或判别分析方法的目的很明确，就是试图寻找到一种证据，以此来证明自己评价研究结果的正确性。这一时期存在的一种朴素认识是，只要评价结果与某个已经存在的、具有标准意义的结果相关，那么该评价结果就是有效的。这种思想可以看作是效标关联有效性检验的早期雏形。

大约在1915年，出现了所谓效标关联有效性(criterion-related validity)的概念(Lissitz和Samuelsen，2007)。Thorndike(1921)阐述了当时人们对这类有效性的认识："(因为)在实践中验证观点需要一些衡量标准，标准被假设反映或近似反映了变量的真实价值……。任何能为标准提供准确估计的测量就被认为是有效的。"通过使用测量以外的价值标准来判别测量的合理性，这说明人们当时已经认识到单纯依靠提高测量工具的精确度，即提高测量的可靠性并不能保证测量结果的正确性。因为提高测量精度，并不能告诉人们是否测量了想要测量的东西。如果不知道测量结果和预测意味着什么，也就无法对其进行应用(Gulliksen，1950)。

20世纪30年代以前，有效性研究仍然是作为可靠性研究的一部分，被包含在可靠性研究中。在20世纪30年代至40年代，有效性从可靠性研究范畴中分离出来，开始成为一个独立的概念。这一时期出现了很多关于有效性问题的专门讨论和研究成果(Thurstone，1931；Guilford，1936；Rapaport，Gill和Schafer，1945；Googenough，1949；Thorndike，1949；Weber，1949)。1931年，L. L. Thurstone在他编写的《测量的可靠性和有效性》一书中，明确区分了可靠性和有效性这两个在评价研究中具有重要意义的概念。J. P. Guilford

---

① 参阅J. Peterson, Early conception and tests of intelligence. Yonkers, N. Y.: World Book Co., 1926.

② 转引ANASTASI, A. Psychological testing (5th ed.). New York: Macmillan, 1982.

(1936)在《心理测量的方法》中对有效性的思想进行了系统总结。这些研究对后来有效性理论的发展和研究产生了很大影响。

为了寻找能够证明有效性的各种证据，早期的研究者们从不同的角度发展了不同的方法。只要一种证据能够证明评价结果确实测度了人们想要测量的信息，它就被定义为一种有效性。于是大量的有效性概念在这一时期相继出现，比较著名的定义有：效标关联有效性(criterion-related validity)、内容有效性(content validity)、实证有效性(empirical validity)。此外还有 Guilford (1946)提出的因子有效性(factorial validity)，Mosier 提出的表面有效性(face validity)，Gulliksen(1950)提出的内在有效性(Intrinsic validity)，Cronbach (1949)从实证有效性中分离出的逻辑有效性(logical validity)等。

虽然早期有效性的概念众多，但基本局限于将有效性仅仅作为对测量技术方面的评价标准。这使得有效性成为一种狭义的概念，其目的仅仅就是为了指导研究者如何去做好技术方面的测量工作而已。20 世纪 50 年代前后，这种狭义思想开始遭受到很多批评，其中 Rulon(1946)，Cureton(1951)等人的观点最具有代表性。显然，狭义的有效性检验没有将有效性与评价研究所依赖的学术理论背景相联系，也没有和评价结果的应用，及其引起的社会结果相联系。然而如果不能说明评价结果的理论价值和社会价值，就很难说一个评价是真正有效的。正如 Messick(1989)所言："检验有效性的关键在于(其理论的)解释力、关联度和应用性。"

(二)构想有效性概念的建立

经过 20 世纪 30 年代至 40 年代的探索和争论，人们对有效性问题的认识大大深化，有效性的概念进一步清晰。到了 20 世纪 50 年代初，有效性的概念被集中到少数几种类型，主要包括效标关联有效性、内容有效性、表面有效性和构想有效性，下面是对这些有效性概念的解释。

1. 效标关联有效性(criterion-related validity)

效标关联有效性是最早出现的有效性概念，它是指评价结果是否符合某个独立于评价之外的价值标准。所谓"效标"指的就是在该事物上已被人们普遍接受的独立价值标准。效标可以是一个已经存在的、或者是一个先前获得的、并被证明是有效的同类评价的客观结果。效标关联有效性通常使用评价结果和效标之间的相关系数来进行度量，也可以使用相关系数的平方来进行度量，称之为效标关联效度。

按选择的效标时间来划分，效标关联有效性又分为：预测有效性(predictive validity)和当前有效性(concurrent validity)。预测有效性是指以一个未来出现的标准为效标，考察评价结果与未来标准的关联程度。预测有效性效标的确定受研究所在学科的理论影响，具有明确的理论意义。一般说来，评价结果和效标之间应该存在明显的因果关系或相依关系。例如，以未来企业的经营业绩为效标，对企业竞争力的评价结果进行检验。显然这里的效标具有明确的理论含义，即随着竞争力的提高，企业的经济效益也将提高。当前有效性也称为同时有效性。它是指以一个当前存在的效标为标准，考察评价结果与现实标准的关联程度。与预测有效性一样，当前有效性的效标也具有明确的理论意义。例如，以当前企业的经营业绩为效标，对企业竞争力的评价结果进行检验。这里的理论含义是，竞争力强的企业应该比竞争力弱的企业有更高的经济效益。

2. 内容有效性(content validity)

根据 Lissitz 和 Karen Samuelsen(2007)的考察，内容有效性的概念大约出现在 20 世纪 40 年代。Rulon(1946)是最早在实践中使用这类研究的学者之一。所谓内容有效性是指：评价的内容是否很好的覆盖了所要研究的内容范围(通常称其为内容域)，调查问卷中提出的问题，或评价指标体系是否与所研究的内容相关，并且能够代表所研究的内容域。例如对学生某门课程的学习情况进行评价，其内容有效性检验，就是要验证评价内容是否很好的覆盖了学生所学课程的全部知识点，在测试使用的题目在全部可选题目中是否具有代表性。

通常规定，在检验内容有效性之前，需要根据研究的理论背景确定一个评价范围的内容域。然后将评价研究的内容和理论内容域进行比较，进而根据两者之间得吻合程度来确定内容有效性。在现实研究中，由于理论内容域往往比较复杂，研究者基于不同的研究目标和研究角度，对内容域的理解也不完全一致，因此很难建立评价内容和理论内容域之间比较的客观标准。所以对内容有效性的检验大多依赖专家的主观判断，专家的水平和专家数目都对内容有效性的检验结果有很大影响。内容有效性的度量结果称为内容效度。

3. 表面有效性(face validity)

表面有效性是指从被评价者或使用者角度来看待评价测量的目的。有些学者认为，表面有效性不是真正具有评价意义的有效性(Nevo，1985；Messick，1989)。Messick(1989)在对表面有效性的讨论中写道：从技术角度来看，表面有效性并不是真正意义的有效性。但是对于被评价者来说，他可以通过表面有效性形成对评价研究目标的看法。如果被评价者认为评价结果对其不利，他可能在测量中采取不合作态度。反之，如果被评价者认为某类评价结果对其有利，他可能会主动引导测量转向对其有利的结果。

由此可以看出，表面有效性实际是人们对评价结果用途的一种判断和推测。如果评价结果涉及被评价者的利益，那么被评价者可能会有意引导评价者，将研究结果引向对自己有利的方向，从而导致评价的有效性降低。

4. 构想有效性(construct validity)

构想有效性的概念出现在 20 世纪 50 年代，它是这一时期关于有效性研究最重要的标志性成果之一。所谓构想是指人们推测事物具有的某种本质属性，并假设本质属性(大小、高低等)可以通过评价来反映(Cronbach 和 Meehl，1955)。目前普遍使用的一种定义由 Messick(1989)给出：构想是研究对象的某种本质属性或称特质，是解释(研究对象)观测指标之间联系的原因变量。从 Messick(1989)给出的定义可以看出，对构想的研究还包括了事物本质和表象之间影响关系的研究。

从 20 世纪 40 年代末期开始，对有效性问题的研究，开始更加关注评价结果与研究主题理论背景之间的联系。比较一致的看法是，评价模型和评价结果应该具有清晰的理论解释力，它们和研究目标之间在理论上具有一致性。正如 Gulliksen(1950)所指出的：从评价究竟要测量什么内容、诠释什么理念、表现什么意图方面来看，评价结果和效标标准都应当具有理论上的意义。

构想有效性的研究起源于 APA 的一项调查工作。20 世纪 50 年代初，为了寻找心理评价有效性研究的新证据种类，APA 特别指定其委员会中的两名成员 Paul Meehl 和 Robert Challman 进行专门调查研究。该委员会根据调研结果在 1954 年发表的技术建议中，正式提出了构想有效性的概念，并说明其是指一个理论构想被有效测量的程度。

Cronbach 对构想有效性的研究做出了卓越贡献。他是 1954 年 APA 委员会的委员之一，参与了 1954 年标准的制定，并于 1957 年担任了该委员会主席。在 APA(1954)发布构想有效性的概念后，Cronbach 和 Meehl(1955)在前期研究基础上发表了著名的研究论文《心理学评价中的构想有效性》。文章对构想有效性的概念、内容和检验思想作了更加细致地阐述。他们认为，无论是内容有效性还是效标关联有效性，对有效性的检验都是不完整的。而构想有效性是效标关联有效性和内容有效性的补充和完善，与二者的地位一样，不是可有可无的。

在这篇文章中，他们还系统阐述了构想有效性产生的背景和意义，总结了构想的类型、构想有效性的经验验证方法、检验逻辑等。Cronbach 和 Meehl(1955)在研究中特别强调要重视建立构想的理论背景，并提出了一个包含六点要素的方法论原则，称之为法则网(The Nomological Net)。这些有关构想有效性的理论思想，以及他们陆续提出的一些观点，对后来的有效性研究产生了重大影响。由于在心理评价研究领域做出的卓越贡献,1973 年美国心理学会授予 Cronbach 杰出科学贡献奖。

(三)统一有效性概念的形成

1954 年,APA 在其发布的《心理测试和诊断的技术建议》报告中明确提出了四种类型的有效性,即:内容有效性、预测有效性、同时有效性和构想有效性。其中中间两项又统称为效标关联有效性。1966 年,APA 在其发布的《教育和心理测量标准手册》中将四种有效性减少到三种,即内容有效性、效标关联有效性和构想有效性。其中内容有效性和构想有效性的概念与 1954 年发布标准的含义相同。对效标关联有效性概念的解释是:它是通过将评价结果与一个或者多个外部标准比较,对研究特质或研究目标的一种直接检验方式。效标关联有效性检验包含两种类型:①同时有效性,它表示以一个已经存在的标准作为效标,来检验评价结果的有效性;②预测有效性,它表示以一个未来出现的标准作为效标,来检验评价结果的有效性。这实际上是将 1954 年标准中的同时有效性和预测有效性进行了合并。

20 世纪 50 年代中期以后,有效性的研究重点主要集中在构想有效性研究方面。实际上,构想有效性的概念一经提出,即成为该领域的研究热点。这一时期有关有效性理论的研究,大量集中于构想有效性的概念、检验逻辑,以及它与其他有效性之间的相互关系方面。存在分歧的一个主要焦点问题是:是否存在多种有效性,构想有效性是否可以代表全部的有效性内容?

包括 Cronbach 在内的一批知名学者(Loevinger,1957;Ebel,1961,1967;Guion,1980;Cronbach,1980,1984;Mossick,1975,1980,1989;Fitzpatrick,1983;Landy,1986;Ellis 和 Blustein,1991),纷纷对存在多种类型的有效性提出了质疑,下面的评论代表了对存在多种有效性的批评观点:

用科学的观点来看,预测有效性、同时有效性、内容有效性都是基本要素,而构想有效性代表的是有效性整体(Loevinger,1957)。

在很多情况下评价就是为了测度所要研究的特质。因此,如果测量系统对于要测度的内容具有充分的代表性,那么除了内容有效性外,不再需要检验其他的有效性(Ebel,1961,1977)。

所有的有效性都是一个(Cronbach,1980)。

在有效性检验中,内容、效标、构想三个方面的证据都是不可缺少的。有效性的最终目标是解释和理解,因此所有的有效性观点都是构想有效性(Cronbach,1984)。

虽然主流观点倾向于只存在一种有效性,但究竟现存的哪种有效性应该成为有效性的唯一代表，学者们之间仍然存在很大的分歧。有些学者和机构，如 Ebel（1961，1977，1983），Ylow 和 Popham（1983），EEOC（Equal Employment Opportunity Commission，1978）等倾向于将内容有效性作为单一有效性。然而这种观点受到了很多学者的反对（Cronbach，1971；Messick，1975，1980；linn，1982；Gardner，1983）。

1966 年 APA 标准中关于有效性问题，使用大量篇幅阐述了构想有效性的内容，以及构想有效性和其他有效性之间的相互关系。关于内容有效性、效标有效性和构想有效性三者之间的关系，APA 在标准中作了如下阐述：每种有效性都与测量目的相互联系，这些目的是确定如何在一个形式（内容）体系下评价个体，在一个测量之外（标准）的重要变量上估计个体的现有水平，或预测个体的未来水平，推断个体拥有测量假设的特质（构想）程度。有效性的三个类型只是在概念上相互独立，只有在极少数情况才会强调单独一方面的重要性，一项完整的测量通常会涉及所有类型的有效性（APA，1966）。Messick（1989）认为 APA 的这一观点，实际是向有效性概念的统一迈出了实验性的一步。

1974 年 APA，AERA（American Educational Research Association，美国教育研究协会）和 NCME（National Council on Measurement in Education，美国国家教育测量委员会）三个教育学研究和心理学研究的权威机构共同发表了《教育学和心理学测量标准》，该标准继续保持了 1966 年 APA 发表标准中的三个有效性类别，但同时也明确指出：各种有效性之间不是相互孤立的，而是在操作上和逻辑上等方面都存在相互联系的。

同一时期，由另一位在评价研究领域有重要影响的心理测量学家 Anastasi 领导的研究，在 1954 年至 1982 年间先后发表了五版《心理学测量》研究著作，在该领域的研究中产生了很大影响。1954 年第一版中提出了表面有效性、内容有效性、因素有效性和实证有效性四种类型。在 1961 年发表的第二版中，使用了内容有效性，预测有效性，同时有效性，构想有效性概念。在 1968 年和 1976 年出版的第三版和第四版中，有效性分类仍然使用了内容有效性、效标关联有效性、构想有效性三种分类。但在 1982 年出版的第五版中，有效性成为了一个独立的概念，而验证有效性的证据，则来源于对内容、效标、构想等方面的检验。

随着讨论的不断深入，主流观点逐渐形成：有效性向一个统一的概念方面转变（Anastasi，1982）。1985 年 APA，AERA，NCME 发布的《教育学和心理学测量标准》提出了建立统一的有效性概念的建议，认为有效性是指根据评价结果作出推断的合理性、有意义性。原来标准中定义的所谓内容有效性、效标关联有效性、构想有效性其实都是证明有效性的证据，这些证据共同组成了对一项评价研究所具有价值的反映。

1999年，在APA，AERA和NCME联合发布的最新标准中，有效性成为了一个独立概念，即只有一种有效性。新标准摒弃了存在多种类型有效性的争论，更加注重如何利用各种证据开展有效性检验。至此，经过整整一个世纪的探索和发展，有效性终于完成了从一个包含于可靠性中的内容，到多种有效性并存，再到成为一个独立、统一概念的发展过程，有效性检验也成为评价研究的一个基本组成部分。[①]

（四）评价的社会影响成为有效性证据

20世纪中叶，以应用为目的的评价研究大量出现。这不仅推动了评价理论和方法的快速发展，也使得评价研究在工作内容、工作性质等方面发生了根本性变化——从单纯的测量研究，发展为一种具有广泛社会性的工作。正如Rossi，Lipsey和Freeman(2005)所描述的那样："20世纪50年代，项目评价已经非常流行……。到20世纪60年代末期，用华尔街的话说，评价研究已经变成了一个成长中的产业……。到1980年，评价研究已经成为美国社会科学中最有活力的前沿阵地……。现在，评价研究的持续发展主要源于决策者、项目计划者和行政管理人员的推动。他们利用评价的研究结果，并认为研究结果值得信赖。当然，评价结果还得益于公众和项目研究对象的支持。尽管评估研究不能制造新闻，但是研究的发现却总会牵动主持项目的一方、决策者、公众和其利益直接或间接受项目影响的人，影响范围十分广泛。"

随着评价研究的广泛应用，评价结果对社会的影响也越来越大。政府部门、企业、社会团体和机构越来越多地使用评价研究结果作为决策的依据，进一步放大了评价的社会价值和社会影响力。然而，评价研究本身是一种主观性研究，也存在科学与谬误之分。有些评价结果与实际结果之间产生了明显偏差，甚至出现了使用评价来谋取不正当利益的现象。评价被不恰当地使用，导致了社会公众思想认识的混乱。针对评价应用中出现的种种社会问题，1974年APA，AERA和NCME三个机构联合发布的标准中，明确提出了要对评价的社会偏见，不利影响，以及使用和滥用评价引起的社会后果给予关注。1999年APA，AERA和NCME三个机构在联合发布的新标准中指出：一项评估的正面社会影响应该多于其可能引起的负面影响。

Messick是最早关注评价结果社会性的学者之一，他提出应该把评价的社

① 本书赞同有效性是一个统一概念，但为了便于理解和表述，书中仍使用内容有效性、构想有效性等称呼代表研究在某一方面有效。

会价值和社会影响纳入到有效性检验中(Messick,1980)。1989 年,Messick 在其发表的名著《有效性》一文中,对统一的有效性概念,以及有效性的理论价值和社会价值进行了系统分析,并将有效性理论、应用、社会价值、以及它们之间的联系进行了归纳。将理论与应用、设计有效和社会后果有效相结合,提出了从各方面收集有效性证据的指导性意见。其具体思想如表 1.1 所示。

表 1.1　有效性的各个方面及证据基础

证据	评价的解释	评价的应用
(直接)证据	构想有效性	构想有效性+关联/实用
进一步的证据	价值含义	社会后果

表中第二列元素表示评价对于理论和现实的解释能力,第三列表示评价结果的可应用性,它们共同构成了评价的理论价值和应用价值。表中证据一栏包含对有效性进行检验的两个层面证据。第一栏是对评价的直接效用检验的证据,第二栏是对进一步产生效用进行检验的相关证据。

从表 1.1 中可以看出,证明评价是否具有解释能力和应用性的证据可以从两个层面来收集。证明解释能力的第一层证据是,评价构想与支撑评价构想设计的理论原理和实践基础的吻合度,例如测量一个潜在特质(构想),测量系统的设计是否具有较完备的理论依据;证明解释能力的第二层证据是,评价结果所具有的理论意义和现实意义。证明可应用性的第一层证据是,评价结果与效标的吻合性;证明可应用性的第二层证据是,评价结果导致或可能导致的社会后果。每个方面的第一层次可以看作是评价的直接效用,第二层次则是随着第一层次发生之后进一步产生的效用。

Messick 也是构想有效性的积极推动者之一。在上面的总结中,Messick 突出强调了构想有效性作为有效性检验基础。可以看出,在所有评价展现的直接效用方面,即对理论的解释力和结果应用的有效性检验基础都以构想有效性为主。此外,Messick 认为关联性证据和应用效果方面的证据,也可以作为检验评价应用有效性的基础。Messick(1989)指出,这些证据的使用将使得对评价应用性的检验更为全面和巩固。对评价理论解释性的检验基础是关于构想内容和意义的判断,它依赖于研究所对应学科的理论基础和实践背景。对于评价展现的进一步理论价值,检验的核心问题是,评价所解释的内容是否与该理论的意义和价值含义相同。实际上在六年以后,Messick(1995)在他的另外一篇著名论文中,将价值含义和社会后果两项内容正式引入了有效性检验中,并成为此后有效性研究的主流观点。

综合前面三节和本节的内容,我们可以得出一个对有效性的全面认识。下面参考 Gronlund(2003)的总结,给出一个完整的有效性性质:

(1)有效性不是由测量得出的,而是由所获得的证据推论得出的。

虽然评价分数是由测量得出的,但评价是否具有有效性不能由分数直接判断,而是通过实验和分析各种证据,然后进行推论得出。

(2)有效性包含许多不同类型的证据。

单一形式的证据不能全面体现评价的有效性,通常需要从多方面搜集不同类型的证据才能全面展示,如内容代表性和充分性,效标关联性,理论与实际资料的吻合度等证据。

(3)有效性是程度的概念,并非全有或全无的概念。

有效性的检验结果一般不采用评价完全有效或完全无效的二分法,而是通过高、中、低等说明评价的有效程度。

(4)有效性是针对特定评价对象的有效性。

评价具有特殊的研究背景和特殊研究对象,脱离这些特殊背景和对象来讨论评价的有效性是没有意义的。

(5)有效性是针对评价本身和评价结果的,而非评价使用的工具。

评价工具本身不具有有效性。只有使用这些工具并获得评价结果,通过评价结果解释理论并指导应用,评价才具有了有效性。

(6)有效性是一个统一概念。

只有一种有效性。所谓内容有效性、效标关联有效性、构想有效性等都是有效性的证据。

(7)有效性检验应包括评价的社会后果检验。

评价往往具有社会性、政策性。检验评价的有效性应该评估评价结果应用后产生的社会后果。

(五)关于有效性的一些新观点

APA,AERA 和 NCME(1999)发布的关于有效性的标准已经过去十多年了,目前该标准仍然是指导评价领域研究的主流标准。但近年来一些学者,特别是在实践领域开展研究的学者对该标准提出了很多改革建议(Shepard,1993;Fremer,2000;Linda Crocker,2003;Borsboom,Mellenbergh 和 Heerden,2004;Borsboom,2006;Lisstiz 和 Samuelsen,2007;Sireci,2007)。这些新观点可以总结为以下几个方面:

1. 是否只存在单一的有效性

这种观点认为,单一有效性的概念模糊、过于复杂,很难被非专业人员理解。下面是一些主要的批评言论:有效性理论家所关心的概念和(实际)工作者考虑的概念看起来存在相当大的偏差(Borsboom,Mellenbergh 和

Heerden,2004);单一有效性在如何验证评价使用情况方面仅提供的指导很少(Shepard,1993);单一有效性没有明确的检验步骤和单一度量指标(Gregory,2004);进行有效性检验总需要(专家)详细和具体的指导,单一有效性概念对他们(实际工作者)毫无帮助(Brennan,1998);单一有效性给有特定研究目标的实际工作者,在检验评价有效性方面带来了困难(Sireci,2007)。上述言论在当前具有一定的代表性,一些国际权威组织和机构也对进一步完善有效性概念、内容等表现出积极态度。未来无论作为单一有效性,还是作为多个有效性存在,对其进行简化,使之更具有可操作性是发展的必然趋势。

2. 单一有效性是否指的是构想有效性

长期以来,Cornbach(1980),Messick(1989,1995)等一批权威学者都认为单一有效性指的就是构想有效性,这已经成为近几十年的主流观点(Sireci,2007)。近年来出现的反对观点认为,构想有效性没有经过对其传统含义进行修改,就作为统一有效性概念来使用是不合适的,它削弱了其他一些有效性(如内容有效性)的作用。此外,构想有效性的理论、概念、检验逻辑等过于复杂,如潜变量等在一些实际评价中很难被描述和测量。构想有效性的概念被提到如此之高的水平,以至于它似乎是一个够不着的目标(Fremer,2000)。

已有学者提出了一些简化的方案,如 Lisstiz 和 Samuelsen(2007)提出了一个使用内部有效性和外部有效性替代构想有效性的理论框架,但这些观点目前并没有被多数学者接受。

3. 强调内容有效性更具有实践意义

Ebel 也是一位在有效性研究领域很有影响的学者,他长期坚持重视内容有效性的观点,这一观点受到一些机构和学者的赞同(EEOP,1978;Ylow 和 Popham,1983;Shepard,1993;Crocker,2003;Kane,2004;Nitko,2004)。

Crocker(2003)在给 NCME 主席提交的报告中,明确建议有效性应回归到内容有效性概念。强调内容有效性观点的学者认为,与构想有效性相比,内容有效性直接讨论评价内容,因此更为简单,其对于决策者和大众来说更加合适和易于理解。一些学者认为,在实际评估中,内容有效性和构想有效性区别不大,因为确定评价的内容域是通过理论分析来认识的,是对客观事物分析得到的(Shepard,1993)。甚至有学者认为内容有效性和构想有效性是同一种有效性,构想有效性就是内容有效性。目前在很多应用研究中,仍然以内容有效性作为检验评价是否有效的主要标准。

像所有科学理论一样,未来有效性理论还将进一步发展变化。笔者认为在当前的评价检验研究中,我们不必过于拘泥一种或多种有效性类型的争论,也不必拘泥把哪一种有效性作为代表来研究。最重要的是要从各个方面收集有效性证据，通过证据来证明我们所做的评价是客观的、科学的、正确的，对所有被评价对象和使用者是公平的、公正的，对整个社会是有价值的、有积极意义的，这是每一位评价工作者的职责。

三、有效性的证据来源

（一）寻找有效性证据的理论基础和实践基础

虽然有效性本身是一个整体概念，但证明一项评价是否具有有效性的证据往往来自不同方面。从有效性的定义可以看出，内容有效性证据、效标有效性证据、构想有效性证据都是检验有效性的证据来源。因此有效性的证据是多方面、综合性的，这些证据与评价得分的解释和意义相关，它不是依据一种操作定义的狭义概念，而是一个开放的概念。综合有效性证据的各个方面可以看出，有效性证据都来源于理论和实践两个方面。下面我们先从这两个方面阐述寻找有效性证据的基础。

1. 理论基础

所谓理论基础是指从学科理论的角度，去寻找能够证明评价研究具有有效性的证据。评价研究离不开理论的指导，在研究的初始阶段，研究人员必须先根据被研究领域的理论原理，设计一个基本的理论框架。理论框架的设计依赖学科理论和研究目标，应该很好地覆盖所研究的内容域。例如在企业国际竞争力评价理论中，Porter(1980)从五个方面总结了研究所覆盖的理论内容域：①企业所在行业的竞争者；②企业供应商的议价能力；③企业客户的议价能力；④企业所在行业潜在进入者的威胁；⑤企业产品替代品的影响。该理论框架以经济学、管理学和企业理论为依托，较全面地阐明了企业竞争力所包含的基本内涵，成为该领域研究的经典理论框架。

在实际研究中，由于研究者的学科背景不同，或者是研究视角不同，或者是研究目标不同，理论框架的设计往往存在一定差异，这是很正常的现象。即便如此，一项好的研究也不能脱离学科理论的指导，研究结果应该有助于人们从理论角度去理解、去思考。所以一个理论框架的设计被证明与学科原理吻合的程度越高，则其研究的价值就会越大。

理论证据包含的另一项内容是构想的测量基础。在评价研究中，大多数构想都是抽象的、潜在的特质（在模型中称为潜变量或隐变量）。这些抽象构想的数量特征是什么，它们与现实中所能观测到的表象和行为要素之间的关系如何，都不是研究者所能规定的，而是由客观事物运行规律决定的。有些规律已经在理论和经验研究中被很好的认识，也有一些规律尚未被人们所认识，需要做进一步探索。在综合评价研究中，通常都包含一个（或多个）隐变量测量系统，即通过可观测变量体系去测量隐变量体系。此时，被测特质和观测指标的关系如何，不同特质彼此之间的关联关系如何，可观测变量体系与被测隐变量体系的结构如何，也都是由客观事物运行规律决定的。研究者的工作是根据学科理论去设定符合理论的结构安排，或者依据理论去设计探索性的方案，而绝非可以脱离于理论之外。

理论证据包含的第三项内容是评价结果的理论价值考量。评价结果不仅仅是一组简单的得分或排名，而是蕴含着相关的理论价值和现实意义。很多时候，开展一项评价研究本身就包含理论和应用方面的双重目的，例如一项区域国际竞争力评价结果，其蕴含的理论价值可能是：一个地区在全球化的市场经济竞争环境中，在与其他国家或区域的竞争中，实现经济可持续的、稳定的、协调的、较快的增长，实现科技进步、制度创新以及不断地提高人民生活水平的系统能力（肖红叶，2004）。评价结果的理论价值还在于，它可以指导使用者确定其对未来的判断，进而进行决策。根据评价结果，人们常常可以发现研究对象特质方面存在的优势（或者不足），结合学科理论还可以进一步确定导致优势（或者不足）的原因。从而为决策者，特别是政府部门、企业、机构等使用这些分析结果制定相应的政策提供了理论方面的依据。

如果我们能够从理论角度发现一项评价结果具备上述理论特征或理论价值，我们也就发现了其有效性的理论证据。

2. 实践基础

评价研究的主要目的在于应用，因此有效性的另一类证据来源是经验证据。如果评价结果被证明与社会主流的价值标准相吻合，那么可以认为评价是有效的；如果人们使用评价结果去指导实践，实践结果又被后来的事实证明是正确的，那么也证明了评价是有效的。例如在企业竞争力评价中，从社会主流价值观来看，那些具有竞争力的企业应该具有较好的经济效益，反之则可能不具有良好的经济效益。如果被评价企业发展的事实能够证明，那些竞争力评价得分高的企业，与竞争力评价得分低的企业相比取得了更好的经济效益，则可以证明这项企业竞争力评价是有效的。

值得注意的是，搜集实践证据的方法有时和收集理论证据的方法很不相同。理论证据的收集往往是及时的、短期的，而实践证据的收集则可能是未来的、长期的。对于那些用于制定政策的评价研究，实践证据应该包括政策执行后的效果评价。如果正面的效果大大超过负面的效果，则从实践角度提供了评价有效性的证据。在收集实践方面的证据时，除了考虑政策执行的经济效果外，还应该考虑政策执行引起的社会效果。由于政策具有阶段性、持续性、修正性、范围性等特点，实践证据的收集也应该遵从这些特点。

(二)不同方面的有效性证据来源

上面我们分析了有效性的理论证据和经验证据。这两类证据主要是起到证据来源的指导作用，并不能用来指导具体的证据收集工作。因为评价研究通常包含很多的工作环节和不同的工作层面，如理论框架的设计、评价模型的设计、抽样调查与数据准备、数据分析、结果的解释、结果应用等。所以对有效性的检验，也是在这些工作环节和工作层面上进行的。一个可操作的有效性检验框架，需要和评价的研究过程和各层面相结合。

1999 年 APA、AERA 和 NCME 三个机构联合发布的标准中，将有效性定义为一个统一概念。新标准建议要更加重视对有效性的检验工作，并提出从五个具体方面收集有效性证据，这五个方面是：

1. 反映内容有效的证据

反映评价内容有效的证据以传统的内容有效性为基础。证据主要反映评价采用的理论框架、系统结构，以及调查使用的问卷等所涉及的内容，与评价依赖的学科理论内容域之间的关联程度及代表性。一个评价系统的内容域覆盖理论内容域的程度越高、代表性越强，则其内容有效性的程度就越高。

2. 反映基础有效的证据

这里的所谓基础(或称根据)指的是调查和数据收集结果，它们构成了评价的数据基础。正如我们前面所看到的那样，如果评价有一个明显的表面效度，当评价结果对被评价者不利时，他们可能在调查中采取不合作态度。如果结果对其有利，被评价者又可能会主动引导调查的结果。另一种情况是，调查问卷中存在一些晦涩难懂的问题很难被评价者理解，或者存在难于准确回答结果的问题，这也会导致调查结果失真。上述这些情况，都使得评价者不能收集到真实反映理论构想的数据资料，丧失了基础素材。

考察基础方面的证据，目的是通过观察被调查者回答问题时的表现，或者是对取得资料的信度分析，来确定所收集的数据是否真实、有效，是否能够保证评价建立在高质量的数据基础之上。

3. 反映构想有效的证据

反映构想有效的证据以传统的构想有效性为基础。此类证据可以证明：①评价模型提出的构想和使用的测量结构，包括在模型的各个层面，行为指标与特质指标之间的关系，是否符合理论的描述和理论对要素之间关系的定义；②评价模型描述的关系结构，包括模型中各种特质之间的关系，以及其他参数之间的关系应该与理论原理中构想的内在结构，或人们在实践中获得的经验关系相一致。通过这些证据，可以确定评价模型结构与理论结构的吻合程度，评估所建模型在多大程度能反映构想的理论结构。

4. 反映效标关联有效的证据

反映效标关联有效的证据以传统的效标关联有效性为基础。这类证据可以来源于对评价结果与其他同类型研究结果的一致性检验，也可以来源于其与理论目标的一致性检验，还可以来源于评价预测结果与未来实际结果之间的一致性检验。前者通常被看作是经验证据，后两者则被看作是基于构想目标的理论证据。有效的效标关联证据应该显示：评价结果与所认为相关的标准之间存在相关性，而与认为无关的标准之间不具有相关性。

5. 反映社会结果有效的证据

所谓社会结果是指评价结果应用后引起（或可能引起）的后果。有些评价结果直接影响被评价者利益，有些评价结果甚至影响社会公众的利益，有些评价结果直接导致政策的制定。无论是个体影响、社会影响，还是政策影响，都可能存在积极因素和消极因素。因此，反映社会结果有效性的证据，为我们提供了评价这些积极性和消极性的检验基础。评价社会有效性时应该把握的一个基本原则是，研究结果对社会的积极影响应该大于消极影响。

以上五种有效性证据来源，从不同角度测度了一项评价的有效性。在实际应用中还需要注意以下几点：①无论从哪个角度进行测度，一项证据都不可能证明评价结果完全具备有效性，或者说它完全不具备有效性。因此有效性不是一个非“是”即“否”的绝对性答案，而是利用从不同方面获得的证据，推断评价在某些方面有效的程度。②有效性推断不仅针对评价结果的意义，而且还针对评价构想和评价结果蕴含的社会经济价值，特别是关于应用性、政策性的价值，以及评价可能产生的社会后果。因此经济评价有效性检验的关键在于，评价对现象的解释能力，与预定目标的相关程度，以及评价结果的政策性和应用性。前面两项是对有效性的基础性检验，后面一项则是对评价研究社会影响、道德责任方面的评价。③有效性检验不是某个单一检验过程能够完成的，有时常常是一个反复不断的检验问题，即检验—修正—再检验——再修正。随着时间推移或背景转移，有效性标准也会发生变化，即有效性是一种进化属性。因此，“有效性检验是一个从许多不同方面去积累证据的持续验证过程。”（Messick，1995）

四、有效性检验的思路与方法

(一)有效性误差分解

分析导致有效性降低的原因,需要把评价过程的所有方面都考虑在内。因为评价过程的每个环节,都会影响评价结果。这些方面包括理论设计、评价模型设计、指标选择、资料收集与调查、数据录入与计算、结果使用等。将这些过程产生的误差汇集在一起,从对有效性误差影响性质方面可以分解为三种类型:

$$\sigma_t^2=\sigma_a^2+\sigma_b^2+\sigma_e^2 \quad (1.2)$$

其中 σ_t^2 表示评价结果的总方差;σ_a^2 表示评价了所研究真实特质产生的方差;σ_b^2 表示由于评价包含了所研究真实特质之外内容所引起的方差;σ_e^2 表示其他测量误差产生的方差。根据(1.2)式有效性可以表示为,

$$有效性=\frac{\sigma_a^2}{\sigma_t^2} \quad (1.3)$$

Messick(1995)分析了不同性质的误差影响。他认为存在两种主要的误差来源,并称之为不相关方差结构。第一种不相关方差结构称为不相关构建缺失。它是指由于种种原因,导致测量无法获得真实的信息。这种情况在很多工作环节都有可能发生。如在理论设计时,由于设计方案包含的内容太少,未能包括重要的理论内容和结构,或者设计内容不具有代表性,从而导致测量遗漏了真实的信息。再比如在数据采集时,不正确的采集方法也常导致不相关构建缺失。实践中产生不相关构建缺失的例子很多,如在国际奥林匹克数学竞赛中,一些非英语语系国家的学生受英语水平限制,无法在原本已经掌握相关知识的测试题目中获得应有的分数。当产生不相关构建缺失时 σ_a^2 将减小,减小的部分被理解为测量误差的影响,因此归入误差项的方差 σ_e^2,式(1.3)的比值将减小,评价的有效性将降低。

实践证明,不相关构建缺失是导致评价结果偏斜,以及评价研究结果对研究对象不公平的主要原因。

另外一种不相关方差结构称为不相关构建冗余。它包含两种类型:①测量结果包含了研究特质以外的其他特质的测量信息;②测量结果包含了研究特质的不真实信息。与不相关构建缺失相同,不相关构建冗余也同样会在很多工作环节内发生。如在理论设计时,设计方案评价的内容太广泛,包含了过

度的理论范畴。在数据采集时,不正确的采集方法也常导致不相关构建冗余。例如,在问卷调查中,由于外部因素(并非被研究对象本身特质因素)使得被研究对象作出正确(或不正确)回答,导致测量结果包含了研究特质的不真实信息。当产生不相关构建冗余时 σ_b^2 将增加,式(1.3)的比值将减小,评价的有效性将降低。

有时我们在研究中仅考虑模型方差和误差方差的二元结构,如公式(1.4)所示。使用模型方差与总方差之比表示有效性,如公式(1.5)所示。

$$\sigma_t^2=\sigma_m^2+\sigma_e^2 \tag{1.4}$$

$$\text{有效性}=\frac{\sigma_m^2}{\sigma_t^2} \tag{1.5}$$

其中 σ_m^2 表示模型方差。

比较式(1.2)至式(1.3)和式(1.4)至式(1.5)可以看出,σ_m^2 包含了 σ_a^2 和 σ_b^2 两方面来源。如果模型中包含了较多不相关构建内容,此时如忽略了不相关方差结构的影响,把 σ_b^2 加入到 σ_a^2 中,会导致有效性被严重高估。

不相关构建冗余也是导致评价结果偏斜和不公平的主要原因。它经常使得一些研究对象得到不应得到的高分数,导致出现虚假的理想后果,扭曲了评价构想的真正意义,并对社会价值产生一个虚假的拟合结果。

上面两种威胁几乎在所有评价研究中都经常出现。因此,提高有效性的一个核心任务就是防止出现评价不足和不相关信息对分数的污染。

(二)有效性检验的思路

1. 内容有效性检验思路

如果在设计评价的理论框架之前,已经存在一个完备的理论内容域,那么检验内容有效性应该并不困难。但在实际研究中,人们往往可以容易地确定具体的研究目标,也可以确定研究的主要内容,但却很难确定一个包含全部理论内容的内容总体(即内容域)。实际上,评价的理论内容域大多是不完备的,内容边界也不十分清晰。因此很多时候,评价研究的理论框架是基于研究者学术背景、研究视角、研究目标来构建的,而不是理想中所描述的那样——通过抽样来获得的。

Laudon 和 Traver(2011)对系统构建理论进行了详细的阐述。简单地说:一个普遍的系统构建方法是,先把一个大的系统构想分成子系统,再把各子系统分为更小的子系统,并对每个子系统赋予权重,这就是通常所说的自顶向下设计方法。另一种思路与之相反:先确定子系统和权重,再把子系统并为更大的子系统,最后合成一个系统,也就是通常所说的自底向上设计方法。无论使用哪种设计方法,合并的内容覆盖理论内容域越多,与理论内容的相关性越高,对理论内容的代表性越强,评价内容的有效性就越高。因此,对于内容有效性检验来说,主要的任务就是判断这种主观构建的内容域和内容结构,在多大范围和多大程度上与理论内容域相吻合。

虽然有很多统计方法可以用来判断相关性和代表性,但是在不能确定一方全部内容的情况下,用统计方法判断两者内容的一致性几乎是不可能的。而且内容有效性还不是指判断评价使用的题目,或指标体系与表面内容的一致性。其真正的含义是指评价所要衡量的特质、要解释的内容理论之间的一致性。因此,在内容有效性评价中,理论权威的意见发挥着关键作用。专家们可以重点提供以下几方面的意见:①评价设计是否包含了与评价理论内容不相关的内容;②是否包含了不明确目标;③设计内容覆盖理论内容域的程度;④设计内容的代表性;⑤设计内容结构与理论结构的吻合度;⑥问卷问题和答案的清晰度;⑦可能干扰被调查者正确理解和回答的其他因素。

最后,如果有可能,应该尽量避免仅听取一两位很少量专家的意见,尽可能广泛地征询专家意见。专家们还应该给出每个层次级别内容符合度的判断,并尽量以数值或等级形式给出,这样就可以使用统计方法进行概括总结。

以上讨论的检验思路主要考虑了内容不足的问题。在实际评价研究中,还普遍存在一种涉及内容包含过度的情况,可以称之为扩大理论边界(Messick,1995)。这类内容设计错误具有很强的隐蔽性,使用常规的内容关联性和代表性检验往往很难发现。因此对于这类问题,需要结合评价目标和结构分析等方面进行检验。Ebel(1956)认为,模棱两可或有缺陷的内容设计很容易引出不相关回答,所以任何和内容域有较弱相关性的项目都不应该采纳。

研究者在设计时遵循一些准则,有助于提高内容有效性的检验效果。例如在自顶向下设计或自底向上设计中,对每个子内容域建立内容边界,以及内容重要性说明书。Hambleton(1980,1984)建议,在研究中建立一些必要的核查表和评价表以使判断过程变得形式化。

2. 构想模型设计的检验思路

虽然构想有效性能否代表全部的有效性这一问题仍然饱受争议,但是它仍然是有效性研究最重要内容之一,也是评价测量模型设计质量的重点。检验构想有效性的主要任务,是验证测量模型能够测度理论构想或特质的程度(Anstasi 和 Urbian,1997)。

评价研究中,很多被测量的特质不能直接观测,这类特质被称为潜在特质或抽象特质,潜在特质需要通过可观测指标间接测量。个体潜在特质如何与其可观察行为表现相联系，并能够通过行为表现来准确测量，从而反映个体潜在特质之间存在的差异性，对于评价的有效性至关重要。评价研究中，有关特质和特质之间的结构关系由测量模型表示。因此构想有效性检验的一个主要内容，是针对测量模型的检验。测量模型必须能够正确反映特质的测度关系，以及特质与特质之间、特质与其他影响因素之间的理论关系。

在设计构想有效性检验时，应该把握以下两点思路：首先，测量一种特质时往往使用多个问题（或指标），这在调查量表和综合评价指标体系中是十分普遍的。但如果测量同一特质的问题（或指标）不具有同质性，那么通常除了测量了想要测量的特质外，往往还测量了研究之外的构想。此时研究者以为已经达到了测量目的，但实际上测量结果包含了其他不该测量的内容。因此，构想有效性检验应该分析测量问题（或指标）的同质性。同质性分析通常采用指标之间的一致性关联，或指标与总分的一致性关联来进行。

应该把握的另一点思路是重视检验构想的结构关系。设计模型首先要有明确构想结构说明，构想有效性检验判断模型关系和理论关系的吻合度。为了便于进行构想有效性检验，Embreton(1983)建议在设计中遵循以下四个方面的准则：①应明确规定具体表现和评价构想之间的关系；②应该使用明确的方法比较构想的设计选择，尤其是通过数据拟合模型进行定量比较；③设计应该将理论构想量化，并在每个构想的关系方面指定参数；④设计应遵从通过测量可以反映个体之间的差异原则。

3. 模型收敛性和区分性检验思路

一项复杂的评价，一般需要同时测量两种或者两种以上的不同特质。每种特质一般使用两个或两个以上的问题进行测量。有时同一种特质还可能采用不同的方法进行测量，例如在选拔人才的评价中，常常同时使用自我评价、群众评价、领导评价等多种方法。测量同一种特质的指标，彼此之间具有较高的相关性，称为测量指标的收敛性。测量不同特质的问题，彼此之间应该具有较低的相关性，称为测量指标的区分性。同理，使用不同方法测量同一种特质的结果，彼此之间应该有较高的相关性，称为测量方法的收敛性。使用不同方法（或相同方法）测量不同特质的结果，彼此之间应该有较低的相关性，称为测量方法的区分性。一个良好的评价设计方案，在同种特质的测量方面应该显示出一致性，在不同特质的测量方面应该显示出区分性。Zumbo(2007)认为，有些时候分析区分的有效性，比仅用收敛证据所提供的信息要广泛得多。

4. 法理学有效性检验思路

法理学有效性的基本思路是，一项评价结果和与它具有相同理论结构的同类评价结果之间，应该具有总分结果和各层次得分结果上的一致性。如果证明存在这种一致性，那么就从实验角度支持了构想理论，也支持了对评价结果的解释。Embretson(1983)认为法理学有效性检验应该有一个更宽泛的思路：一项评价和其他与其具有相同目标的研究，即使使用的研究方法不同，它们之间研究结果之间的关联性，也可以作为关联准则的证据。

5. 外部有效性检验思路

评价研究都有其特定的研究背景，主要表现为不同工作目标或任务、不同时间、不同地点、不同研究对象或组织类型。评价结果及结果的应用，与其研究背景密切相关，这已经是一个被广为接受的观点。但在实践中仍然常常看到，把在某个特定背景下产生的研究结论，用于其他背景对象的推断。例如在企业问题研究中，使用对少数样本企业的评价结果，推断多数样本外企业的情况。

关于研究背景的另外一个问题是，有效性的效标检验有时具有局部性。这种情况经常发生在研究对象转换，或者是研究时间发生变化的时候。因此，如果研究者想要将评价结果用于样本(或时间等)以外的范围，就需要通过必要的检验。Cook 和 Campbell(1979)称这类问题为评价的外部有效性。① 外部有效性扩大了评价对象的范围，因此具有较强的社会性，检验的重点思路应该放在与制定政策有关的检验方面。

有学者提出对外部有效性可以进行“概化”研究。目前对这一方面研究具有指导性的一个意见是：从特定意义方面来说，有效性是可以概化的。即预计的真正有效性分布，大部分价值都是在积极、肯定范围内，也就是说，尽管存在研究背景的特殊性因素，但是真正(外部)有效性不可能为零或近于零。(Messick，1989)

(三)有效性检验统计方法的发展

如果把评价结果作为推断结果，那么有效性分析就是假设检验。从前面的分析可以看出，有效性检验包含很广泛的内容。因此一般说来，有效性分析包含所有的实验的、统计学的和其他科学的方法，人们可以通过这些分析对假说和科学理论进行评价。但不可否认，统计学方法是当前有效性检验中应用最广、最有效的检验方法之一。

从 19 世纪末开始，统计分析已经大量用于评价研究，Galton 是这一领域统计应用的先驱者之一。② 从 20 世纪初开始到 50 年代中期，各种相关分析技

---

① 本书中定义的外部有效性是指将结论边界外延，与经济理论中所说的外部性没有任何联系，请读者注意区分。

② 有关这方面的评价读者可参阅 Anastasi(1980)的论著。

术、均值检验技术，如线形相关、等级相关、区分分析被用于有效性检验。但是这些分析基本都是针对效标关联效度的检验。

1959 年，Campbell 和 Fiske 提出了使用多元混合矩阵对不同方法测量不同特质的统计分析方法，从而允许通过对收敛性与区分性的直接比较，对设计结构的有效性进行检验。1961 年，Stanley 在研究中使用了方差分析技术。

20 世纪 70 年代以后，随着统计学在各领域应用的快速发展和计算机技术的大量使用，在大量的有效性检验中使用了统计分析技术。① 主要包括主成分分析和因子分析（Jackson，1969，1975；Golding 和 Seidman，1974；Golding，1977；Lansdell 和 Donnelly，1977），方差分析（Kavanagh，MacKinney，和 Wolins，971），非参数检验（Hubert 和 Baker，1978），多元回归分析（Ghiselli，Campbell & Zedeck，1981）。其中主成分分析和因子分析主要是面向构想有效性的检验。

同一时期，随着路径分析、验证性因子分析、结构方程分析等潜变量分析和结构检验等统计分析方法的发展，这些分析技术被广泛用于有效性的检验。如 Werts 和 Linn(1970)，Werts，Joreskog 和 Linn(1973)，Schmitt(1978)在研究中使用了路径分析技术。Werts，Joreskog 和 Linn(1972)，Kallenberg 和 Kluegel(1975)，Kenny(1976)使用了验证性因子分析对构想的设计结构进行了检验。Mcdonald(1985)，Loehlin(1987)，Joreskog 和 Sorborn(1988)等使用结构方程对复杂构想的设计结构进行了检验。Loehlin(1987)，Joreskog 和 Sorborn(1988)还使用结构方程方法对不同构想设计进行了拟合比较。Marsh(1989)建立了适用于 Campbell 和 Fiske 提出的多元混合矩阵的验证性因子分析模型。

在内容有效性检验方面，Lawshe(1975)设计了一种使用专家量表，并根据量表得分统计计算内容效度的方法，此后 Martuza(1977)等进一步发展了这种方法。针对专家意见存在分歧的情况，Gregory(2004)设计了一种列联表检验方法。

近十多年来，相继出现了一些用于复杂构想设计的统计检验方法。Probst(2003)对探索性因子分析和验证性因子分析在构想研究中的作用进行了比较。Gregory(2004)提出了在基于强弱有效性判断的定性指标的统计分析方法。随着人们对外部有效性的关注，概化技术得到了发展。Byrne(1994)，Marsh(1994)，Vandenberg 和 Lance(2000)在研究中使用了多组检验的结构方程模型，验证不同对象或不同背景下构想设计的有效性。Meta 方法

---

① 有关这方面的考察读者可参阅 Schmitt 等(1977)，Jackson 和 Paunonen(1980)的论著。

是另一类通过合并独立研究进行有效性分析的统计技术，在外部有效性检验方面得到了较好的应用效果（Salgado，2003；Landy，2003 ；Murphy，2003；Huffcutt ，2004；Hershcovis 等，2007；，McDaniel，2007）。

本章小结

本章试图对有效性理论和研究历史与现状进行概括。主要要点如下：

1. 综合评价是一种测量技术，检验测量结果的有效性是评价研究的一项基本内容。

2. 有效性是以理论逻辑和经验证据为基础，对评价系统设计和评价结果得分，及其应用后果合理性和正确性的综合检验。

3. 有效性研究的主要内容包括：检验评价理论内容的有效性；检验构想模型和构想结构设计的有效性；检验评价结果的有效性；检验应用评价结果产生的效果的有效性；检验评价的适用范围。

4. 有效性具有以下性质：①有效性是一个统一概念；②有效性是由所获得的证据推论而来的，并非是由测量而来的；③有效性包含多种类型的证据；④有效性是程度的概念，并非全有或全无的概念；⑤有效性是针对特定评价对象的有效性；⑥有效性是针对评价设计和评价结果，而非评价使用的工具；⑦有效性包括评价的社会效果是否有效。

5. 有效性证据来自于理论和实践。收集有效性证据可以从五个具体方面进行：①反映内容有效的证据；②反映基础有效的证据；③反映构想有效的证据；④反映效标关联有效的证据；⑤反映社会结果有效的证据。

6. 针对不同环节，应该有不同的检验思路。不相关构建缺失和不相关构建冗余是导致有效性降低的重要原因。对检验内容有效性要注重内容的关联性和代表性；检验模型有效性要注重收敛性和区分性；对应用检验要注重外部有效性和社会有效性。

7. 统计方法是检验有效性的重要方法之一。

8. 有效性检验的意义在于，通过具体证据证明：评价研究的结果是科学的、高质量的，对所有被评价对象是公平的、公正的，对整个社会是有价值的、有积极意义的。

第二章 经济系统综合评价有效性检验的研究框架

经济系统综合评价（以下简称经济评价）是在经济学领域开展的评价研究。同在其他领域开展的评价研究一样，有效性检验也应该是经济评价研究的一项基本任务。[①] 经济评价的有效性可以理解为是以经济学理论逻辑和经验证据为基础，对经济评价系统设计和评价结果得分，及其应用后果合理性和正确性的综合性检验。

经济研究有其自身的特点，在基本理论体系、知识结构、研究背景、研究对象、研究任务、研究方法和研究目标等诸多方面，与其他学科都存在显著区别。因此，经济评价有效性检验也具有自身的研究目标、研究特点和主题内容。目前在经济评价研究领域，关于有效性检验的研究仍然是一个十分薄弱的环节，缺少系统性的理论指导。因此在本章中，我们将探索建立一个经济评价有效性检验的理论框架。进而在理论框架的基础上，针对应用研究，提出一个指导经济评价有效性检验的统计研究框架。为了更好地说明经济评价有效性检验的内容和特点，我们首先看一个简单的例子。

---

① 经济系统综合评价是经济评价的一种类型，综合评价在理论和构想方面较普通评价（指单一特质的评价）复杂，普通评价可看作是综合评价的特例。因此本书阐述的内容也适用于普通经济评价研究。

一、一个简单经济综合评价的例子

(一)基于 Shift-Share 方法的产业结构效率评价模型

按可持续发展思路调整区域经济结构，是我国当前和今后相当长时期内区域发展的重大问题。作为调整前提的区域经济结构效率评价，自然成为人们普遍关注和研究的热点。Shift-Share 模型在国际上被广泛用于空间经济结构问题研究，也是目前区域经济结构效率评价最常用的方法之一。该方法直接使用政府统计资料进行经济评价，数据可靠性高、容易取得。模型计算简便，结果具有直观的经济意义，便于不同空间的比较。鉴于以上优点，该方法成为空间经济结构问题研究的重要统计分析工具，在国内外研究中被广泛使用。

1960 年，Dunn 在总结前人研究基础上，提出 Shift-Share 区域经济结构效应评价模型。该模型的基本思想是：将区域经济总效应分解为有独立意义的分效应，进而计算各分效应的数量结果，并根据计算结果进行评价分析。

Shift-Share 模型的基本原理如下：设 y 表示某地区经济总量的实际指标，y' 是按经济理论得到的该地区经济总量 y 的预期值，则 $(y-y')$ 表示实际结果与理论期望的经济离差。假设在空间经济结构问题研究中，以全国总体经济发展结果为参照系，这样就可以把区域经济总量实际指标分解为两部分。第一部分是假定区域与国家具有相同发展水平时区域增长的理论期望，反映地区受国家整体发展水平的影响，称之为国家效应。第二部分是区域实际发展与理论期望(第一部分)的离差，反映地区个体发展特征，称之为区域效应。显然，这两类效应都有十分明确的经济意义，并可以用于不同区域之间的比较研究。

以产业结构研究为例，采用形式化可将上述逻辑描述为：设区域个数为 R，产业数为 S，y_{ij} 表示地区 $j(j=1,2\cdots,R)$ 产业 $i(i=1,2\cdots,S)$ 的基期产出，r 表示全国平均增长率，r_i 表示产业部门 i 全国平均增长率，r_{ij} 表示 j 地区 i 产业的实际增长率，Δy_{ij} 为研究期内 j 区域 i 产业产出增长，则有

$$\Delta y_{ij}=y_{ij}r+y_{ij}(r_{ij}-r) \tag{2.1}$$

模型(2.1)中的第二项又可以分解为两项：

$$y_{ij}(r_{ij}-r)=y_{ij}(r_i-r)+y_{ij}(r_{ij}-r_i) \tag{2.2}$$

(2.1)式右边的第一项描述区域产业按国家总体增长速度发展的理论份额，称为国家效应，第二项为区域效应。(2.2)式中第一项描述区域产业结构

对增长的贡献，称为产业结构效应。第二项描述区域产业发展对增长的贡献，称为竞争效应。使用模型(2.1)和模型(2.2)可以对区域产业结构效应和竞争效应进行评价。

针对传统 Shift-Share 模型仅对单一特质进行评价的不足，董麓等学者(2011)对其进行了拓展，建立了一个区域产业结构效率综合评价模型。该模型可以反映两方面信息：一是区域某产业发展的基础是否优于全国平均水平，二是该产业是否具有竞争效应。如果一个产业同时具备上述两种特征，则认为该产业具有结构效率。显然，这一综合性指标包含的信息更加丰富，更具有应用价值和政策指导意义。模型的具体形式如下：

$$\text{产业结构效率 } e_{ij}=\begin{cases}(c_{ij}-c'_{ij})(r_{ij}-r_i), & c_{ij}-c'_{ij}>0 \text{ 且 } r_{ij}-r_i>0\\ 0, & \text{否则}\end{cases} \tag{2.3}$$

$$\text{理论资产 } c'_{ij}=\sum_{i=1}^{S}c_{ij}\frac{\sum_{j=1}^{R}c_{ij}}{\sum_{i=1}^{S}\sum_{j=1}^{R}c_{ij}} \tag{2.4}$$

其中，c_{ij} 和 c'_{ij} 分别表示区域产业实际资产和理论资产，e_{ij} 即为区域产业结构效率综合评价得分。

新模型使用资产指标取代了产出指标，更适于准确反映区域产业发展的基础。把区域产业结构按资产分解为两个部分：一是地区产业资产理论结构，假定它与国家产业资产结构相同；二是地区实际产业资产结构与理论结构之间的差，反映了区域产业基础在国内的优势或不足。改进后的新模型可以从三个不同角度对区域产业发展情况进行评价：

1. 产业基础特质

如果 $c_{ij}-c'_{ij}>0$ 表示产业结构基础高于全国平均基础，说明该地区产业基础特质具有优势，否则则不具优势。产业基础指标可以选择单一产业基础指标，如固定资产总值，此时反映地区产业某一侧面的基础能力。也可以选择综合型基础指标，如包含人才、技术、物质、历史积淀等的综合指标，此时反映地区产业综合的基础能力。

2. 产业竞争力特质

如果 $r_{ij}-r_i>0$ 表示产业竞争力高于全国平均基础，说明该产业竞争力特质具有优势，否则则不具优势。产业竞争力指标可以选择单一生产指标，如总产值，此时反映地区产业某一侧面的生产能力。也可以选择综合型生产指标，如包含产值、生产能力、市场占有率、市场销售能力、赢利能力等的综合指标，此时反映地区生产的综合竞争能力。

3. 产业结构效率特质

如果 $e_{ij}=0$ 表示该地区不具有产业结构效率，$e_{ij}>0$ 说明该地区相关产业结构效率特质具有优势。产业结构效率是反映一个地区产业基础和产业竞争力的综合特质指标。

比较由公式(2.1)、式(2.2)构成的传统评价模型和式(2.3)、式(2.4)构成的综合评价模型可以发现，传统模型仅从区域产业发展的一个侧面进行评价，而不能提供综合性、深层次的信息。实际上，具有结构效应的产业如不具有较高的增长率，说明该产业资源配置效率不高；而具有高增长率的产业，如果在区域总产出中所占份额无足轻重，其经济意义也不会受到重视。因此，两个独立指标都不能为评价和决策提供充分信息。新模型则提供了两方面的综合信息，为区域优势产业、支柱产业的发现和培育提供了科学判断依据。

(二)区域产业结构效率评价案例分析

下面以我国浙江省为例分析该地区制造业结构效率。根据国家工业产业分类目录(2003 年)，剔除变化较大行业后，确定了可用于比较的 18 个产业(见表 2.1)。[①] 研究的时间周期为 2001 年至 2007 年，产出使用行业增加值，并用工业品出厂价格指数进行价格调整。

从表 2.1 的计算结果可以看出，在 18 个制造业中，浙江省有五个产业(纺织、医药、化学纤维、金属和仪器仪表)具有结构效率，说明浙江制造业总体结构效率较优。

表 2.1　浙江省制造业结构效率分析

项目	食品	饮料	纺织	造纸	石油加工	化学	医药	化学纤维	非金属矿
$c_{ij}-c'_{ij}$	9.15	14.63	259.50	26.31	−59.76	−82.84	10.70	31.51	−21.15
$r_{ij}-r_i$	−0.72	−0.79	0.37	−0.57	−0.78	2.64	0.23	3.58	−0.84
e_{ij}	0	0	96.02	0	0	0	2.46	112.81	0
项目	黑色	有色	金属	机械	专用设备	交通	电气机械	通信	仪器仪表
$c_{ij}-c'_{ij}$	−192.70	−42.42	11.69	58.74	2.00	−41.04	65.11	−53.00	3.55
$r_{ij}-r_i$	0.88	−0.60	0.33	−0.51	−0.65	1.13	−0.37	0.58	0.45
e_{ij}	0	0	3.86	0	0	0	0	0	1.60

资料来源：根据 2002 年、2008 年《中国工业经济统计年鉴》数据计算。为方便列表，对产业名称进行了简化，以下均使用简称。

① 为便于列表，表中对名称进行了简化。

从结构效率构成因素来分析，浙江有 11 个产业在国内具有结构优势，它们分别是食品、饮料、纺织、造纸、医药、化学纤维、金属、机械、专用设备、电气机械、仪器仪表，说明该省产业发展基础雄厚。结构效率分析显示出的问题是：多数结构优势产业（食品、饮料、造纸、机械、专用设备、电气机械）还处于结构无效率状态，这就制约了这些产业基础优势的有效发挥。因此下一步应把工作重点放在提高这些产业的产出效益，增强其产业竞争力方面。

表 2.1 还显示，浙江省在 9 个产业上具有竞争优势（纺织、化学、医药、化学纤维、黑色、金属、交通、通信、仪器仪表）。但其中四个产业（化学、黑色、交通、通信）处于结构无效率。导致这一结果的原因是结构效应不足，即这些产业尚未形成明显的规模优势。考察这些产业在该省制造业中的地位可以看出，交通、化学两个产业研究期末，增加值在 18 项制造业中分居第四、五位，应该属于支柱型产业。因此下一步应重点加强这两个产业结构效应的提高，增加投入、扩大产业规模。

二、经济评价的对象和任务

总结经济评价研究案例的特点可以看出，经济评价在研究内容、研究目标、研究对象等方面都有经济学科自身的鲜明特色，与心理学和教育学领域开展的评价研究相比，虽然有一些共同的地方，但区别仍然是主要的。在心理学和教育学评价中，自然人是最主要的研究对象，如学生、患者、求职者等，而经济评价大多针对企业、区域、机构等开展。在以自然人为调查对象的研究中，心理学和教育学大多关注个体之间存在的差异，而经济学首先假定人都是理性的、自利的。经济评价中以自然人为对象的研究，大多关注的也是总体结果。例如大学生消费习惯、农村居民消费习惯，关注的都是大学生或农村居民等特定群体的总体结果。因此，经济评价的研究对象主要侧重于对经济体进行评价，或者说经济评价是以经济体为研究对象的评价研究。

同其他研究对象一样，经济体也具有自身的特质——经济特质。例如国家竞争力是表现国家社会经济发展能力的一种特质，公司治理结构是表现企业经营管理能力的一种特质。经济评价的任务是对经济体一种或多种特质，以及特质之间的结构关系进行测量，并使用测量结果检验经济理论、评估经济体状态，预测未来经济结果，以及为检验和制定经济政策服务。

并非经济体的所有特质都具有经济评价意义，可以被评价的特质一般需要满足以下条件：

1. 稳定性和可测性

在经济评价中，大多数被研究的特质通常都是抽象的、不能直接测量的。例如企业竞争力、公司治理能力，都是不可直接测量的抽象特质。待评价的抽象特质虽然不能被直接测量，但必须在研究周期内具有相对稳定性，这样才具有评价的意义。另一方面，被评价的特质应该是可以测量的，可以使用数值或性质指标来说明测量结果的高低、大小、次序或差异。需要注意的是，有些时候无法得到个体特质的测量结果，其原因并非特质不可测量，而是因为评价设计和实施上的原因。例如测量的问题不能被调查对象完全理解，或者理解了但无法准确回答；或者每个对象对问题有自身的理解，但彼此之间理解却不同。这些情况都会导致特质无法被测量，或者产生不正确的测量结果。

2. 差异性

被评价的特质，在不同研究对象之间应该表现出显著的差异性。如果不存在显著差异，说明被研究的全部经济体在该特质方面具有同质性。同质性特质不是影响经济体总体运行水平的主要因素，也不影响经济体之间的差异性，因此它们不是人们关注的对象，也不是经济评价研究的重点。经济评价研究关心的是个体之间的差异性，以及导致这些差异性的根本原因。因为特质之间的差异，可能导致研究对象个体或群体之间行为表现和总体运行结果的差异。通过调整、改变研究对象特质的水平，可以改变个体和总体行为表现和运行结果。

3. 经济性

被研究的特质，应该对经济体的社会经济行为和经济运行结果具有重要影响。例如企业的公司治理能力特质，直接影响企业在管理、生产、投资、融资、分配、社会责任等一系列经营环节上的行为、策略，也影响企业取得的经济效益和公司市场价值等。研究对象总体的特质水平，还可能影响总体经济表现和经济运行结果。例如，一个国家的企业国际竞争力特质，直接影响到该国整体经济实力和社会经济发展。

4. 社会性

经济特质的社会性表现在它影响经济体的社会价值取向。例如一个企业的公司治理能力特质，影响该企业对政府、股东、职工、债权人、客户、消费者及其他相关利益者所持的态度和经营中采取的行为，还会影响该企业对关系到国家、社会、环境等一系列问题的决策。另一方面，经济特质的社会性还表现为经济体内部和外部群体、社会大众对其的关注程度。经济体的规模越大，对社会经济发展的影响越大，其经济特质的社会关注程度就越高。例如国家竞争力、公司治理能力等，都是社会各界广泛关注的内容。一般说来，它们应该和社会普遍认同的标准具有相同价值观。当前，一个显著存在的事实是，评价结果引导并改变着人们的价值观。从以上两方面可以看出，经济特质具有广泛的社会性。

三、经济评价研究的主要特点

经济评价具有很强的经济目的性和社会目的性，它的评价结果经常与社会经济政策和政府主导的改革相联系。经济学研究有自身的理论体系和研究特点，经济问题本身的复杂性，也使得经济评价研究有时需要采取一些特殊的方法和工作程序。这些都决定了经济评价研究区别于其他领域的评价研究，具有自身的特点，主要表现在以下几个方面：

1. 经济评价是系统性研究

经济评价研究既关心对经济个体的评价结果，也关心根据个体样本反映的总体信息。既重视评价结果反映的现状，也关心评价结果的应用与应用后果。很多时候，评价结果的产生仅仅意味着工作的开始，而不是结束。因为此时的评价是为了选择和制定政策、制定改革措施而进行的。根据评价结果制定的政策，其执行后果如何，仍然是评价有效性研究的一个具体内容。即便是那些不与政策联系的经济评价，由于评价结果产生的社会经济影响具有长期性和广泛性，也需要对其进行系统跟踪研究，以便对评价的效果进行检验。因此经济评价是一项系统性的研究。

2. 经济评价内容追求理论和应用的创新

在很多教育学和心理学评价研究中，被评价特质的内容域是清晰的。例如一项 GRE 语言能力测试，具有清晰的理论内容域。但经济评价具有很强的时代性，面对的是一种不断发展、进化的社会经济环境。例如在我国经济改革初期，公司治理评价的对象仅仅是单纯的国有或国有控股企业，市场背景是从计划经济体制向市场经济体制过渡。而今天我国已经建立了具有一定基础的市场经济体制，评价研究的背景转化为经济全球化的市场经济体制下，面向多元化的企业所有制结构。经济评价的另一个特点是前瞻性，通过评价向社会宣传一种面向未来发展的先进理念。例如从每年一度世界经济论坛全球竞争力主题的变化，我们很容易捕捉到这一特点。因此，经济评价研究不仅在内容域方面面临理论的不断创新，其研究目标本身也常常存在理论和应用创新的必要性。当前，我国正在进行的社会经济改革面临很多前所未遇的新问题、新矛盾，当经济评价研究是为制定政策服务时，理论和应用的创新更显得尤为重要。

3. 经济评价设计受研究者价值观影响

从理论上来说，一个评价系统应该是客观的。然而在实际研究中，评价系统的构建大都受研究者自身价值观的影响。要求每个研究者抛弃个人价值观，保持一个客观、中立的态度往往是不切实际的。正如 Guba 和 Lincoln (1989)所说的："每一个现代社会都具有多元的价值观，……，很明显，那些所谓价值观中立的方法论在这种环境中不起作用。"有些时候，评价设计的价值取向并不一定被人们普遍接受，与社会认同的主流价值观可能存在不一致性。因此应该对每项评价的价值观与主流价值观之间的关系进行考量。

4. 经济评价特质结构关系复杂

经济评价的特质一般都是抽象特质，其真实面目隐藏在纷繁复杂的经济现象中，很难被人们轻易发现。在大小、方向、取值上也不能被直接测量，只能根据受其影响的行为表现进行间接测量。在综合评价研究中，同时有两个或两个以上的特质被测量，这些特质之间往往相互作用、相互影响，形成了比较复杂的经济结构关系。因此在设计综合评价模型时，需要同时考虑以下两种关系：一是研究对象潜在特质和其行为表现之间存在的影响关系，另一种是研究对象各种特质彼此之间构成的经济结构关系。有时这些关系已经在经济理论中被描述，或者被人们通过实践活动中所认识，有时则需要我们进行更多地探索和检验。

5. 经济评价强调应用的外部性

经济评价大多使用样本进行研究。从统计学的角度来看，样本研究的结论仅适用于解释样本和它所代表的总体。但在实践中，研究者常常希望能够把通过样本研究获得的结论，应用于更加广泛的研究对象。决策者希望根据一个样本评价结果制定的政策，能够具有更加广泛的应用性。这就是所谓评价应用的外部性问题。例如使用一个样本对上市公司治理结构进行综合评价，研究者希望使用样本结论去说明上市公司、乃至全国企业的整体治理水平。然而在大多数情况下，经济评价使用的样本很难做到随机性和客观性，因此要将评价结果应用于样本之外的研究对象，必须进行严格的证明检验。

6. 经济评价大多具有多特质、多方法性

潜在特质的测量是一种复杂测量。现代测量理论已经证明，在复杂指标的测量中，使用多种测量方法进行混合测量，可以充分发挥不同方法在测量不同问题或不同阶段的技术优势，从而有效提高测量精度。在综合评价中人们经常使用多种不同方法(虽然这不是必需的)测量同一潜在特质，例如在公司治理结构评价中，经常同时使用企业自我评价、用户评价、供货商评价等多种方法。又因为综合评价实质上是一种多特质评价研究，因此经济评价研究大多具有多特质、多方法性。

7. 经济评价具有广泛社会性

最后，正如前面所阐述的，在现代社会，一项经济评价研究往往引起广泛的社会影响。其研究发现总是引起社会公众和有关各方的密切关注，具有广泛的社会性。当一项评价研究与经济政策相联系时，它的社会影响还将是长期的。因此经济评价研究既要服务于政策选择，也要追踪政策执行后产生的结果和导致的社会影响。

四、经济评价有效性研究的理论框架

根据第一章中讨论的有效性理论，结合经济评价的任务和特点，我们试图建立一个经济评价有效性检验的理论框架。该理论框架包含三个部分：一是经济评价有效性的概念与研究内容；二是经济评价有效性检验的基本思路；三是经济评价有效性的性质。下面分三节进行讨论。

（一）经济评价有效性的概念与研究内容

根据经济评价研究的特点我们认为，经济评价的有效性是指：以经济学理论逻辑和实际经验证据为基础，对经济评价系统设计和评价结果得分，及其应用后果合理性和正确性的推断。经济评价有效性的研究内容主要包括以下几个方面：

1. 内容有效性

内容有效性主要检验研究者在评价内容设计中，对经济理论的把握程度和运用的准确性，对经验知识的把握和应用是否准确性与合理性。

如前所述，经济综合评价研究强调内容的创新性。因此评价研究设计的内容域，大多是研究者根据自身对经济理论的理解，以及为满足创新研究目标而构建的。实践证明，独立构造的内容域往往很难做到内容完备性，常常忽略了一些重要的理论内容（通常称为内容缺失），或加入了一些研究范围以外的其他内容（通常称为内容冗余）。因此，必须检验设计内容反映理论和经验内容的合适性，与理论和经验内容的关联性、对理论和经验内容的代表性。必要时还需要检查调查问卷提出的问题，检查其是否与设计内容相符，是否能够被调查对象准确理解，并使其能够提供设计内容所需的客观、准确答案。

2. 构想有效性

这里所说的构想有效性是指，评价使用的评价模型对于构想和构想结构关系的测量，与构想的理论解释和理论描述的构想结构关系的吻合程度。构想设计与理论构想的关联性实际也是内容有效性检验的一部分，因为构想描述的要素间关系和结构，是根据经济理论和实践经验确定的，不能随意搭建。但由于经济要素之间的关系十分复杂，在使用评价模型进行描述时常常出现这样一种现象：即内容相同、研究目标也相同的两个评价研究，评价模型设计却不相同，模型中使用的经济要素指标也是不相同的。实际上，一项独立的评价研究，经常需要在众多可行的模型设计方案中进行选择。构想有效性检验的主要任务，就是检验模型选择的适当性和合理性，评价系统设计的要素之间相互关系、要素之间结构关系的正确性。

3. 外部有效性

一般认为，内容有效性和构想有效性是评价研究必须检验的两种有效性。与上面两者不同，外部有效性检验并不总是必需的，但有时它又是一类非常重要的工作。这是因为评价研究结果，常常影响对策选择和政策制定。甚至有时经济评价研究就是为制定政策才开展的，而政策大多具有外部性。

样本调查是制定政策和改革的一项基础工作。但社会经济政策一旦制定实施，其结果不仅影响样本中的个体，而且影响全体相关利益者。开展外部有效性检验，主要目的是判断将评价研究结果用于样本以外研究对象的可行性和适用范围。或者用来判断当社会经济环境背景发生变化后，或者随着时间的推移，原来的评价结果是否还具有经济学意义。

在制定重大决策时，不能仅依赖一次评价研究结果，应该综合多方面的研究成果。当这些研究成果之间存在不一致性时，可以合并检验同类研究的有效性，以获得更为科学、准确的结论。

4. 社会价值有效性

经济评价的社会价值有效性标准主要面向两个方面：一是经济性。它反映了经济体经济责任的执行情况。如企业作为经济体，应该努力实现股东利益最大化的经济目标。二是社会性。它反映了经济体所承担社会责任的执行情况，例如企业除了经济责任外，还应该对社会、环境、以及企业的所有相关利益者负有社会责任。

为了保证研究的公正性，保证研究结果符合社会主流价值观，社会价值的检验标准不能由研究者指定，一般在选择上应该遵循以下原则：

①社会价值标准应该具有公理的性质，其正确性在所研究领域内被普遍接受；

②社会价值标准应该与评价所研究的内容、目标具有较高的关联性；

③社会价值标准应该具有可得性，已经量化或可以被量化，且量化结果具有准确性；

④社会价值标准可以是客观的，也可以是主观的，在可选择情况下应尽量选择客观标准。

(二)经济评价有效性的检验思路

1. 内容有效性的检验思路

内容有效性的证据来源于经济理论和实践经验。在检验内容有效性时，往往容易确定一项存在的内容是否是理论和实践包含的内容，但却忽略了那些应该包括但却没有选入研究框架的内容。还容易犯把那些不应该包括的内容，选入研究框架的错误。因此，研究者应该尽可能充分掌握相关理论和经验方面的内容，构建一个尽量正确的内容域。将理论内容域与设计内容进行比较，设计内容覆盖理论内容域越全面其有效性越高。

由于经济评价研究本身的特点，往往不存在现成的完备内容域，这给内容有效性检验带来了困难。建议内容有效性检验要广泛听取专家的意见，可以聘请多名专家，并将评价内容设计成量表形式，从而获得专家评价的量化结果。内容有效性检验主要应该重视以下几个方面的内容：

①构建内容的理论和经验依据是否充分，设计方法是否规范。是否遗漏了重要的内容，或者包含了不相关的内容；

②构建内容是否可以被准确测量。是否包含了那些不能被准确测量，或者概念不清晰，容易造成被调查者回答错误或理解不一致的内容；

③要素之间的关系和结构安排是否符合经济理论描述的关系和结构。

由于不同专家对理论和实践方面内容的理解存在差异，因此在内容有效性评价方面经常出现专家意见不统一的情况。因此，在专家评价中要尽可能使用量化方法，或使用那些容易将专家意见转化为数量结果的方法，这样就便于结合统计分析来进行检验。

2. 构想有效性的检验思路

习惯上，构想有效性检验经常安排在模型设计完成之后。实际上，也可以在模型设计之前就进行探索性分析，在模型设计完成之后再进行验证分析，这样有助于提高设计效率和构想的有效性。

探索性分析尤其适用于创新性研究。当经济系统结构和要素关系比较复杂，而研究者对内容域的把握又不够全面时，使用探索性分析有助于发现和揭示一些表面上难以发现，或者影响关系复杂、抽象的理论构想。运用探索性分析时需要注意的是，不能以探索获得的统计关系作为决定构想的依据，这样很容易犯主观臆测错误。而要将探索发现的要素之间统计关系，结合经济理论和实践经验进行分析才能得出结论。

验证构想有效性包括两个基本内容：第一项内容是，从经济理论和实践经验出发，检验构想模型中要素关系和要素结构的正确性。因为模型描述的要素关系和要素结构，是根据经济理论和研究目标确定的，测量结构应该与理论结构和经验知识吻合。通常这一部分检验可以结合内容有效性检验来进行。使用效标效度检验也可以验证构想。当评价结果与理论效标之间具有较高的相关时，可以认为构想具有较高的有效性。

验证构想有效性的第二项内容是，检验测量模型是否能够达到理论预期的测量效果。检验的思路是使用具体样本资料，考察测量模型的测量效果。包括特质测量的收敛性与区分性；特质之间相关性和结构关系的显著性；多特质、多方法测量的有效性等。

3. 外部有效性的检验思路

检验外部有效性时，首先要准确确定内部样本和外部样本的边界。边界有时是指研究时间不同，有时是指研究对象不同，有时是指研究背景不同。确定外部边界之后，需要取得一个外部研究对象的样本资料用于检验。如果检验针对某个外部总体，那么在选择外部样本时，应该保证抽样的客观性和随机性。

外部有效性检验主要侧重于两个方面：一是检验评价模型构想设计的外部有效性，检验的重点是模型在外部样本中的适用程度和适用范围。通过将模型与内部和外部样本的总体拟合情况进行比较，模型在不同样本间是否具有相同的结构形式和参数关系等来进行判断。

外部有效性检验的第二个方面是评价结果的一致性。此时检验的重点是内部样本评价结果，与外部样本评价结果效标关联关系的一致性。可以先确定一个基准效标，然后分别计算两类（或多类）效标关联效度，再进行比较。也可以直接比较两类（或多类）样本结果之间的一致性。

在经济评价应用研究中，经常出现对同一问题的独立研究结果彼此之间互不相同，甚至互相对立的情况，这对于评价研究的应用是非常不利的。此时，可以通过将同类型独立研究进行合并统计分析的方法进行有效性检验。合并研究以独立研究资料为样本，能够提供更为精确的检验结果。特别是当各独立研究结论存在不一致性时，合并研究有可能给出一个明确的结论，从而为政策选择指明方向。利用合并研究，还可以进一步分析导致独立研究结果存在不一致性的原因，这对于制定经济政策具有重要的参考价值。

4)社会价值有效性的检验思路

社会价值有效性是指评价结果与社会主流价值标准的吻合程度,或者是根据评价结果做出的选择是否正确。

社会价值有效性主要通过效标关联效度来检验。检验的成功与否,取决于能否确定一个正确的价值标准。一个良好的标准应该具有公理性、客观性,还应该符合评价研究的研究内容和研究目标。

大多数评价结果都具有理论预测功能。例如一项公司治理评价,通常可以预期:评价结果得分高的企业比得分低的企业未来将取得更好的经济效益。此时,社会价值有效性检验,可以直接以未来的实际结果为效标,检验预测结果与实际发生情况的相关关系,从而确定评价的社会价值有效性。很多时候经济评价的研究目的就是社会价值有效性检验的效标。例如,企业竞争力评价研究的社会价值有效性,可以使用未来企业在市场竞争中的实际表现为效标,对竞争力评价结果进行有效性检验。

(三)经济评价有效性的性质

1. 经济评价有效性是评价研究本身的属性

经济评价的有效性是指评价是否准确测量了想要测量的内容。它是结合研究目的、理论设计、测量模型、评价对象、研究背景、评价结果的一个整体考量。离开任何一个方面去单独讨论有效性,都是没有意义的,有效性检验应该作为经济评价研究本身的一个组成部分。

2. 经济评价有效性侧重政策性和社会性

经济评价有效性研究侧重研究的政策性和社会后果检验。在政策评价中,除了要检验评价结果与社会主流价值观的吻合程度外,还要对政策可能引起的后果进行预测。这些预测结果,也是未来进一步检验评价应用效果的基本依据。对于具有特定范围的研究,还有要特别注意检验评价结果的适用范围和有效边界。

3. 经济评价有效性应该从多方面验证

要从多渠道、多角度收集经济评价有效性证据。重点包括内容有效性、构想有效性、外部有效性和社会价值有效性的证据。将上述各方面的检验结果,合并成一个单一指标有效性,并不利于人们认识评价的有效性。因为单一指标无法反映各方面的有效性特征。而上述各有效性,特别是内容有效性、构想有效性、社会价值有效性等都不是可有可无的。因此,经济评价的有效性应该从每个方面单独进行考量。

4. 经济评价有效性是一个程度概念

经济评价有效性的检验结果不适合使用完全有效、或完全无效这样的结论来表示,适合使用程度指标来表示。相关系数、拟合优度等统计指标是描述有效性的合适指标。研究者可以根据实际应用中,对研究精度和置信度的不同要求,对评价的有效程度进行解释和判断。

5. 经济评价有效性检验是一个持续过程

有些评价的效性检验发生在评价结果产生之前,如内容有效性、构想有效性。也有一些检验发生在评价结果产生之后,如价值标准有效性。还有一些在评价结果产生之前和产生之后都要进行检验,如外部有效性。如果评价影响了决策,那么决策引起的效果也是有效性检验的内容。如果同一类型评价结果意见不一致,还可能进行合并研究,并进一步研究导致不一致的原因。如果评价结果被长期应用,那么随着时间、环境等一些条件的变化,评价的有效性也需要重新评估。因此,经济评价有效性检验是一个持续过程。

五、经济评价有效性检验的程序和统计研究框架

经济评价有效性检验的理论框架指示了检验的各个方面。但在具体收集有效性证据时,需要根据评价工作进行的不同环节有序进行。统计检验工作和评价的具体工作进程相关联。下面根据经济评价研究工作的基本特点,设计了一个有效性检验的基本工作流程。具体内容如图 2.1 所示。

1. 定义评价研究

在这一工作环节中,研究者根据已经掌握的经济理论和经验知识,建立经济评价研究的理论结构,提出具体的研究目标、研究内容。这一过程实际也是研究者根据经济理论和实践经验,进行评价内容和构想内容设计的过程。虽然这一环节不是有效性检验的具体环节,但在这一环节的工作中遵从规范的设计准则,对于后面的有效性检验具有重要意义。

2. 探索性分析内容有效性检验

在这一环节中,研究者可以根据收集的数据资料进行探索性分析,目的是更好地揭示理论内容结构和构想结构。应该征询专家意见,尽可能完善理论内容结构和构想结构。对于设计完成的评价模型(包括理论模型和构想测量模型),可以组织专家进行内容有效性分析,并综合专家意见进行内容有效性检验。最后,综合上面两方面的信息,提出一个较完善的经济评价研究模型。

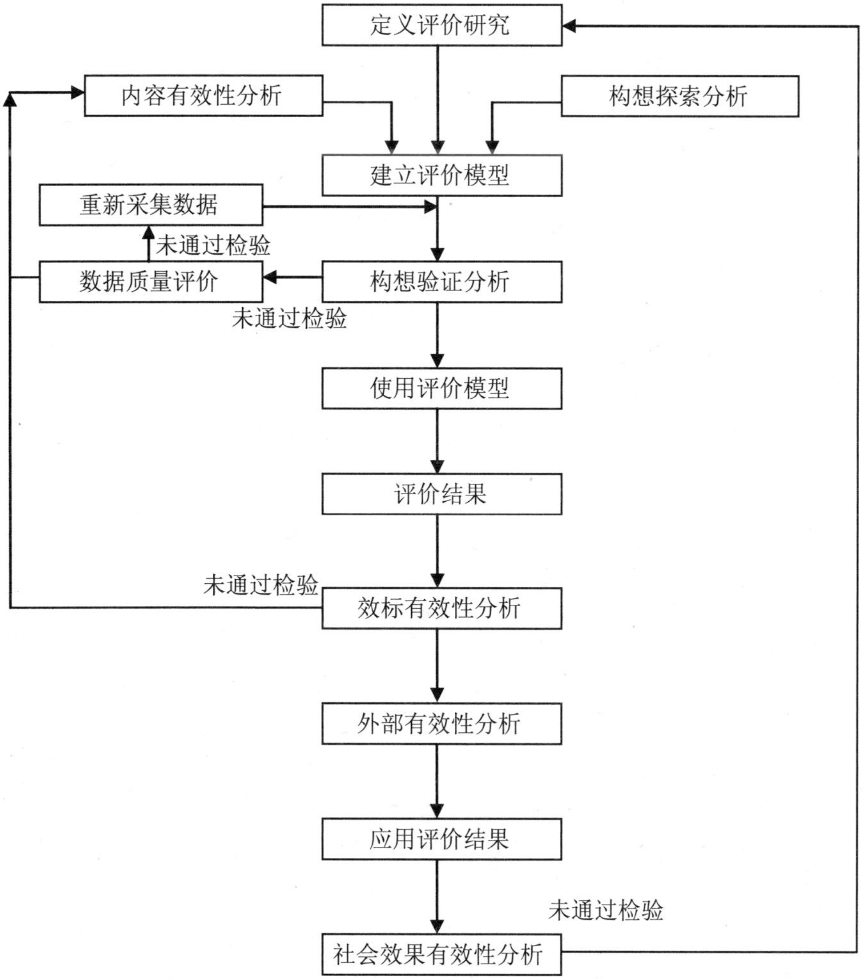

图 2.1　经济评价有效性检验的理论框架

适用于这一步骤的统计学方法主要有：探索性因子分析、聚类分析等。在聘请专家进行内容有效性检验时，主要使用量表，并可结合列联表分析。

3. 检验模型设计构想

在这一环节中，研究者可随机抽取研究对象的子样本，对评价模型进行构想有效性检验，考察构想和构想结构测量安排的准确性。如果模型不能通过这一检验，研究者应该首先分析数据资料的质量。如果是数据质量问题，应该查找调查和资料收集中存在的问题。如果有必要，可以重新设计调查问卷和数据采集方法，最终确保数据的质量。如果不是数据质量问题，应该将工作程序返回到内容有效性检验一步，重新查找研究内容和理论构想设计存在的问题，对评价模型进行修正，并重新进行各步骤的检验工作。

适用于这一步骤的统计学方法主要有：验证性因子分析、多质多法相关矩阵分析，相关特质相关方法分析，结构方程模型方法等。

4. 使用评价模型计算评价结果

在这一环节中，研究者利用收集的全部数据资料，使用评价模型计算每个研究对象的评价得分，并完成必要的整理和汇总工作。

5. 结果的效标检验

在这一环节中，研究者首先要定义效标，确定效标应该遵照前面理论框架提出的选择标准来进行。效标被确定之后，研究者使用该效标对评价结果进行效标关联有效性检验。如果通过了检验，则可以进行下一步外部有效性检验。如果不能通过效标有效性，应该返回到内容有效性检验，重新查找内容和构想设计存在的问题，对评价模型进行修正，并重新进行各步骤的检验工作。

适用于这一步骤的统计学方法主要有：相关分析、列联表分析，回归分析，区分分析、随机变量的分布检验等。

6. 外部有效性检验

如果需要将评价研究结果的适用范围外推，则需要进行外部有效性检验。否则，这一环节可以跳过。检验外部有效性，要先定义外部对象的范围、边界，然后抽取外部研究对象样本，并进行必要的外部有效性检验（根据研究需要可能是跨样本检验，也可能是合并检验）。如果不能通过检验，说明模型仅对内部样本有效，而不适用于外部样本。在很多情况下，可能是有条件的适用于外推，或是在一定程度上适用，这时应该说明具体的使用条件和程度。

在作外推检验时，主要使用跨样本验证性因子分析、相关分析等统计方法。当对独立研究结果进行合并检验时，可以使用 Meta 分析。在分析导致独立研究结果不一致的原因时，可以使用 Meta 回归分析。

7. 社会效果检验

社会效果有效性检验一般采用效标关联检验。检验的方法和过程与前面介绍的效标关联有效性检验类似，但检验的对象不一样。社会效果检验的对象不是评价结果，而是评价结果被应用后产生的结果。如果不能证明评价结果在应用后取得了良好的社会效果，那么研究者应该对评价的研究目的和理论设计重新进行审视。

本章小结

本章的目的是结合经济评价研究特点，建立一个适用于经济评价有效性检验的理论框架。主要要点如下：

1. 经济评价的研究对象是经济体，它的主要任务是对经济体一种或多种特质进行测量，并使用测量结果检验经济理论、评估经济体状态，预测未来经济结果，以及为检验和制定社会经济政策服务。

2. 经济评价研究的主要特点是：系统性、理论和应用的创新性、社会性、政策性，要素之间关系的复杂性，以及测量手段的多样性。

3. 经济评价有效性检验的理论框架主要包含三个部分：一是经济评价有效性检验的内容；二是经济评价有效性检验的基本思路；三是经济评价有效性的性质。

4. 经济评价有效性主要包括：内容有效性、构想有效性、外部有效性、社会价值有效性。它具有以下性质：①有效性是评价研究本身的属性；②有效性应该从多方面验证；③有效性强调政策边界和社会性；④有效性是一个程度概念，有效性检验是一个持续检验过程。

5. 不同方面的有效性检验，要根据评价工作进行的不同环节有序进行。统计方法是有效性检验的重要工具方法，在有效性检验的不同方面应该选择不同的统计方法。

6. 效标关联效度既可以用于构想有效性检验，也可以用于社会价值有效性检验。

第三章

构想探索与内容有效性检验

构想是本书中除有效性一词外出现频率最多的专业词汇之一，也是最重要和最难理解的概念之一。迄今为止，我们对构想含义的阐述仍然是片断式的，没有一个系统性的阐述。在本章的开始部分，我们将试图对经济评价构想的概念给出一个较为全面的认识。

所谓构想，狭义的概念就是被评价对象的某种特质。例如在企业竞争力评价中，企业竞争力就是一种企业特质，也是一种评价构想。经济评价大多是综合评价，研究中往往包含多种被评价的特质。例如在公司治理评价中，可能同时研究企业公司治理结构基础、治理机制发挥效能、董事会与经理层效率等特质。一般情况下，特质是研究对象的一种潜在本质，无法轻易地准确识别。在经济研究中，定义和识别对象的潜在本质常常具有创新性。

由于特质的潜在性、隐蔽性，所以通常被冠以潜变量、隐变量的称呼，这些变量需要通过可以直接观测的表象（显变量）进行测量，所以表现为特质和表象之间的某种测量关系。实际上从经济学理论的角度看，表象就是由特质支配的行为，或者说特质是影响表象的潜在因素。有些特质和特质之间也存在影响关系，此时一些特质可能起支配作用，另一些特质成为其支配特质的一种表象，形成了表象与特质之间的多层关系。因此，从广义上看，构想还应该包括特质和表象之间的联系。进一步，还应该包括特质与特质之间的联系。为便于读者的理解，本书在需要强调特质和表象之间联系，特质与特质之间联系的时候，使用了构想结构一词进行说明。

关于构想有效性和内容有效性问题,如前所述,有些学者认为两者表示的是同一内容。但笔者认为,构想有效性和内容有效性之间具有较强的联系,但在检验目标上具有显著差别。内容有效性侧重于检验评价系统与理论内容域的吻合度,或对理论内容域的代表性。构想在内容域范畴内,受理论内容域限制,应该具有代表性。但构想有效性侧重于检验特质的程度,以及特质与表象、特质与特质之间的影响关系。由于经济问题的复杂性,构想结构也具有多样性,有些构想结构甚至是未知、变化的、多样化的。因此内容有效性强调完整性、代表性,一般具有相对静态性。构想有效性则强调结构性、可测性,一般具有动态性特点。

毋庸置疑,经济评价属于经济学的研究范畴。在这类研究中,往往需要确定或假设经济要素之间存在的关系,如要素彼此之间具有因果关系或独立关系等。这些关系毫无例外都是要素之间的经济联系,所以是根据经济学原理和经验知识来确定的,因为只有经济理论和实践才能告诉人们这些经济联系。因此在经济研究中,希望使用单纯的统计学方法去确定要素之间的经济学联系是不符合科学研究规律的,统计学研究描述的仅仅是变量之间数学上的关联性或独立性。

虽然统计学方法不能确定经济变量之间的因果关系,但是它可以用来研究变量之间的关联关系。通过统计分析发现要素之间的关联后,可以再运用经济理论去分析统计研究的结果,从而确定要素之间的统计关联是否反映了它们之间的某种经济联系。这种将统计学与经济学相结合的研究方法,对于检验经济理论假设,或探索新的经济学理论都是十分有益的。所以统计学在现代经济研究中又是不可或缺的。

为了测度经济要素的强弱或彼此之间的相互影响,需要把它们设定为变量(统计研究中也常称其为指标),并建立统计模型去进行分析研究。这类模型可以称之为经济统计模型,其最显著的特点是:变量之间的关系是根据经济理论建立或假设的,并使用恰当的统计学形式予以描述。由于经济系统内部联系和外部影响的复杂性,要素之间的相互影响往往是错综复杂的。此时,为了发现、理清要素之间的关系,我们可以使用统计方法进行探索性分析。探索性分析是一种利用统计技术,发现、揭示变量之间关联关系的统计学方法。它不仅可以揭示要素之间的简单相关关系,还可以揭示那些复杂的、抽象的、不能被直接观测到的深层联系,例如探索支配一些行为表现的潜在性因素。

经济评价的研究对象是复杂经济系统,因此开展探索性分析,把统计上的发现用经济理论加以剖析,可以使得综合评价构想的建立更加科学、全面和准确。本章讨论如何利用统计学方法,进行综合评价构想的探索性分析,如何将经济理论和统计技术相结合去完善综合评价的构想设计。最后，还将介绍使用量表结合统计分析的内容有效性检验。

一、综合评价构想的测量基础

综合评价是根据研究目标，对研究对象多种不同方面特质的高低，以及特质之间内在结构进行的综合性研究。在大多数情况下，需要评价的特质是比较复杂和抽象的，没有办法直接进行测量和评价。例如在公司治理评价中，"企业对股东的平等待遇"是待评价的治理结构特质之一。显然这是一个十分抽象的概念，我们无法从平常可以明显观测的某个指标，直接对该特质的高低程度进行准确评价。虽然抽象特质常常不能被直接观测到，但它们又是确确实实存在的。大量的研究证明，经济对象的很多特质具有相对稳定性，这充分说明它们是完全有可能被测量的。

理论认为，一个经济对象所具有的特质，会影响和支配它自身的行为。或者说一个经济对象之所以存在某种现象，或产生某些行为是由其所具有的经济特质决定的。有相同或相似特质的对象，在同类行为方面也往往会表现出很强的一致性。例如，"企业对股东的平等待遇"治理特质，决定了企业在利润分配、公司决策等诸多方面对不同类型股东所采取的基本态度。具有较高这类特质的企业，往往会执行更为公平的利润分配原则，在公司决策中更多听取各类股东的意见，决策更具有公平性，更能照顾到全体股东的利益等。反之，则可能更容易出现侵犯股东权益的情况。因此，特质和行为是互相联系的，特质影响行为、行为表现特质。特质是影响对象行为的支配性因素，是抽象的、内在的、本质的。行为是对象特质的具体表现，是具体的、外在的、反映特质的。两者之间的关系可以用图 3.1 来表示。

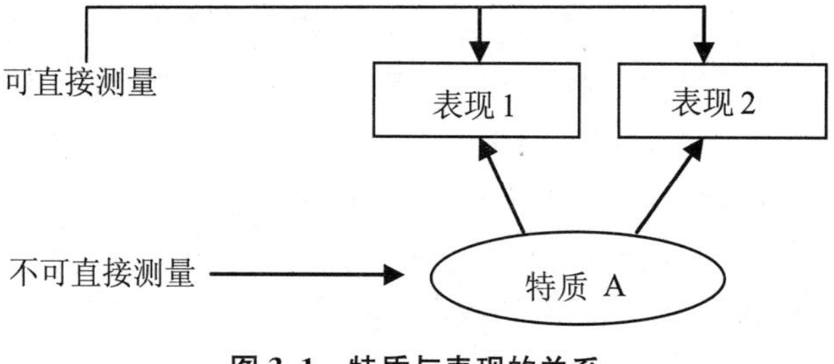

图 3.1　特质与表现的关系

图 3.1 显示了经济对象的一种经济特质和受其影响的二种经济表现之间

的联系。特质 A 影响表现 1 和表现 2，是支配对象作出表现 1 和表现 2 的潜在因素。表现 1 和表现 2 反映了对象具有特质 A 的程度，它们可以直接被观察、测量。由于它们与特质 A 都具有较高的相关性，所以可以把它们作为间接测量特质 A 的基础和依据。

在统计研究中，通常把抽象的、不能直接测量的要素称为隐变量或潜变量（latent variables），而把可以直接观察和测量的行为表现称为显变量（manifest variables）或测量变量（observational variables）。很显然，在图 3.1 中特质 A 是隐变量，表现 1 和表现 2 是显变量。

一般说来，隐变量都可以通过显变量来反映、表现，所以我们可以通过测量显变量来达到间接测量隐变量的目的。但要获得准确测量结果也绝非易事，除了要保证测量的可靠性之外，更重要的是要正确理解和设定两者之间的经济关系。在建立综合评价构想模型时，为了达到有效测量隐变量的目标，必须遵循以下几条基本原则：

1. 要明确规定构想的内容和范围

在建立模型之前，研究者应该根据项目的研究内容和研究目标，设定综合评价构想的经济理论框架和内容。内容和理论结构阐述得越细致，要素边界和范围规定得越清晰，越有利于对构想的要素进行测量。

2. 要评价的特质必须具有相对稳定性

要评价的特质在规定的时间范围或空间范围内，必须具有统计上的稳定性。如果研究是对个体进行评价，需要个体的特质具有稳定性。如果是对总体进行评价，则个体的特质可以是随机的，而总体特质具有统计上的稳定性。如果同时对两者进行评价，则个体特质和总体特质都应该具有统计上的稳定性。

3. 设定特质和观测变量之间的关系

为了进行统计分析，必须明确设定每一个特质和与其对应的观测变量，即设定隐变量和显变量之间的关系。一般情况下，测量一个隐变量使用的观测指标应该不少于两个，每个测量指标的数据资料都是可以直接测得的。

4. 测量同一特质指标之间具有相关性，不同特质指标之间具有区分性

在经济评价中，被评价的特质之间应该具有明显的区分度。因此在选择观测变量时，应尽量避免挑选那些与二个或多个特质都相关的测量指标。从统计学角度来看，就是用于测量同一特质的指标之间应该具有相关性，用于测量不同特质的指标之间相关性尽可能低。图 3.2 显示了一个简单综合评价系统构想示意图。

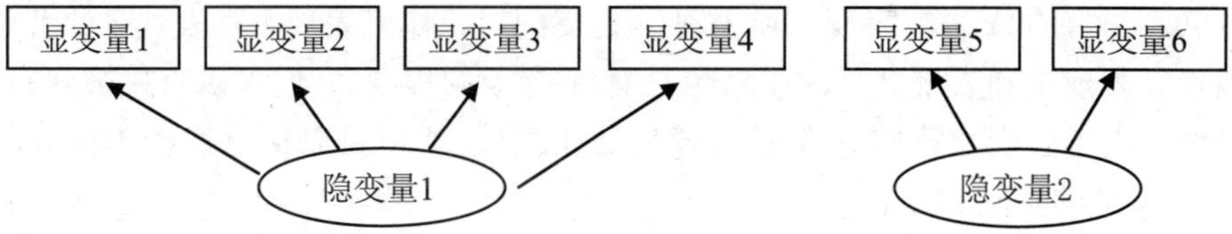

图 3.2　综合评价系统构想示意图

在图 3.2 显示的系统中有两个隐变量，根据经济理论和研究目标，它们是我们要评价的特质。假设已知隐变量 1 影响显变量 1，显变量 2，显变量 3 和显变量 4，隐变量 2 影响显变量 5 和显变量 6，且显变量 1 至 6 是可以直接测量的，则我们可以通过测量显变量 1 至 4 来测量隐变量 1，通过测量显变量 5 和 6 来测量隐变量 2，从而评价整个系统。

如果研究的经济系统比较复杂，研究者可能在初始时无法给出清晰的构想结构。这时可以利用统计方法进行构想的探索性分析。通常探索性分析需要遵循一些具体工作步骤，主要包括：

1. 建立构想的探索性分析模型
2. 收集样本数据
3. 利用样本数据进行统计推断
4. 对统计推断结果做出经济学解释

下面我们首先讨论建立模型的基本思路。

二、特质与测量变量关系的统计学描述

设在综合评价构想中有 k 种潜在特质（隐变量）需要评价，X 是研究对象的某种经济表现，称为显变量或测量变量。它受 k 种潜在特质的影响，则两者之间的经济关系可以用如下函数形式来表示，

$$X = f(\xi_1, \xi_2, \cdots, \xi_k)$$

上式中 $\xi_1, \xi_2, \cdots, \xi_k$ 是隐变量，代表 k 种潜在特质。

在现实中，隐变量和显变量一般不会是一一对应的关系，我们无法通过测量一个显变量去度量一个隐变量。隐变量对显变量的影响也不一定是一一对应的影响，往往一个显变量受多个隐变量的影响。两者之间的关系可以使用下面方程组来描述，

$$X_1 = f(\xi_1, \xi_2, \cdots, \xi_k)$$
$$X_2 = f(\xi_1, \xi_2, \cdots, \xi_k)$$
$$\cdots$$

$$X_p = f(\xi_1, \xi_2, \cdots, \xi_k)$$

等号左边列出了 p 个显变量(用 $X_1, X_2 \cdots, X_p$),它们受 k 个隐变量(用 $\xi_1, \xi_2, \cdots, \xi_k$)影响。模型描述的是理论关系,是经济理论的数学描述。

在实际研究中,由于存在模型设定误差和测量误差,所以实际数据不能满足上面的等式关系。因此,使用随机方程来描述显变量和隐变量之间的关系更符合实际情况。通常是在模型中加入一个随机误差项来建立恒等方程。引入随机误差项后模型的形式如下,

$$X_1 = f(\xi_1, \xi_2, \cdots, \xi_k, \delta_1)$$
$$X_2 = f(\xi_1, \xi_2, \cdots, \xi_k, \delta_2)$$
$$\cdots$$
$$X_p = f(\xi_1, \xi_2, \cdots, \xi_k, \delta_p) \tag{3.1}$$

其中,$\delta_1, \delta_2 \cdots, \delta_p$ 称为随机误差项。引入该项后,我们对每一个研究个体都可以建立一个恒等方程。式(3.1)即为综合评价构想的统计学描述。

由于非线形模型的复杂性,在实际研究中我们经常使用线性(或分段线性)模型进行逼近。一个线性构想统计模型的一般形式如下,

$$X_1 = \lambda_{11}\xi_1 + \lambda_{12}\xi_2 + \cdots + \lambda_{1k}\xi_k + \delta_1$$
$$X_2 = \lambda_{21}\xi_1 + \lambda_{22}\xi_2 + \cdots + \lambda_{2k}\xi_k + \delta_2$$
$$\cdots$$
$$X_p = \lambda_{p1}\xi_1 + \lambda_{p2}\xi_2 + \cdots + \lambda_{pk}\xi_k + \delta_p \tag{3.2}$$

式中,λ_{ij} 称为显变量 X_i 在隐变量 ξ_j 上的载荷,它反映了两者之间的线性相关程度;δ_i 称为随机误差项,它反映了除方程中列出的隐变量外其他因素对显变量 X_i 的影响。考虑到显变量数目不少于隐变量数目,所以 $p \geqslant k$。

需要再次强调的是,在经济评价研究中,上面描述的关系不是由统计学模型决定的,也不是由评价方法决定的,而是由经济理论决定的。这里的统计模型仅仅是对经济理论进行统计学描述而已。当然统计方法经常可以帮助我们更好地认识经济规律,检验经济理论,完善经济理论体系,构建经济研究的理论框架,正如我们在下面要做的那样。

三、构想的探索分析

(一)探索性因子分析

探索性因子分析是一种多元统计分析方法,常用于通过显变量揭示隐变

量的探索性研究。在建立综合评价构想时，我们可以通过探索性因子分析探查支配观测要素的潜在因素。借助探索性分析获得的统计信息，可以在经济理论指导下完善构想的设计。

设 $X_1, X_2 \cdots, X_p$ 是被研究对象的 p 种经济表现，它们可以用显变量来度量。若这些经济表现受 $\xi_1, \xi_2, \cdots, \xi_k$，$k$ 种潜在经济特质的影响，又设两者之间的影响是线性的，则它们之间的关系可以用如下方程组来描述，

$$X_1 = a_{11}\xi_1 + a_{12}\xi_2 + \cdots + a_{1k}\xi_k + \delta_1$$
$$X_2 = a_{21}\xi_1 + a_{22}\xi_2 + \cdots + a_{2k}\xi_k + \delta_2$$
$$\cdots$$
$$X_p = a_{p1}\xi_1 + a_{p2}\xi_2 + \cdots a_{pk}\xi_k + \delta_p \tag{3.3}$$

$\xi_j (j=1,2,\cdots,k)$ 是隐变量，称为影响观测变量的公因子，它可能影响全部或部分观测变量；$\delta_i (i=1,2,\cdots,p)$ 为影响观测变量 X_i 的特殊因子，一般假设它仅影响观测变量 X_i；a_{ij} 称为变量 X_i 在公因子 j 上的因子载荷，它反映了观测指标 X_i 与对应的公因子 ξ_j 之间的相关程度。(3.3)式也可以用矩阵形式表示如下：

$$X = A\xi + \delta$$

其中，$X = \begin{pmatrix} X_1 \\ X_2 \\ \cdots \\ X_p \end{pmatrix}$，$A = \begin{pmatrix} a_{11}, a_{12}, \cdots, a_{1k} \\ a_{21}, a_{22}, \cdots, a_{2k} \\ \cdots \\ a_{p1}, a_{p2}, \cdots, a_{pk} \end{pmatrix}$，$\xi = \begin{pmatrix} \xi_1 \\ \xi_2 \\ \cdots \\ \xi_k \end{pmatrix}$，$\delta = \begin{pmatrix} \delta_1 \\ \delta_2 \\ \cdots \\ \delta_p \end{pmatrix}$

称 A 为因子载荷矩阵，因子载荷绝对值越高说明对应因子与对应观测变量之间的相关程度越高，从下面的介绍可以知道它是我们要进行统计估计的重要参数。

假设 $X_1, X_2 \cdots, X_p$ 已被中心化，①且

(1)随机误差项 δ 的期望为零，即 $E(\delta)=0$；

(2)随机误差项彼此之间不相关，即 $Cov(\delta_i, \delta_j)=0$；

(3)随机误差项与隐变量之间不相关，即 $Cov(\xi, \delta)=0$；

(4)隐变量之间不相关，即 $Cov(\xi_i, \xi_j)=0$。

满足上面假设条件的模型称为正交因子模型。可以证明对正交因子模型有，

$$Var(X_i) = a_{i1}{}^2 + a_{i2}{}^2 + \cdots + a_{ik}{}^2 + \psi_i{}^2$$

其中 $Var(X_i)$ 是观测变量 X_i 的方差；a_{ij} 等于公因子 ξ_j 与变量 X_i 之间的

---

① 设 X 为随机变量，令 $X' = X - E(X)$，则 X' 为 X 中心化后的随机变量，两者具有相同的量纲、方差和协方差。

相关系数，a_{ij}^2 等于公因子 ξ_j 对变量 X_i 的方差贡献，它们为考察 ξ_j 对变量 X_i 的影响，分析其经济学意义等提供了判断依据。ψ_i^2 等于随机误差项 δ_i 对变量 X_i 的方差贡献，它为考察 δ_i 对变量 X_i 的影响提供了判断依据。图 3.3 是因子载荷的示意图，假设系统中有两个隐变量因子 ξ_1，ξ_2 和六个观测变量 X_1，X_2，…，X_6。在 ξ_1 和 ξ_2 构成的平面直角坐标系下，根据各观测变量在各因子上的载荷绘制出相应的点。

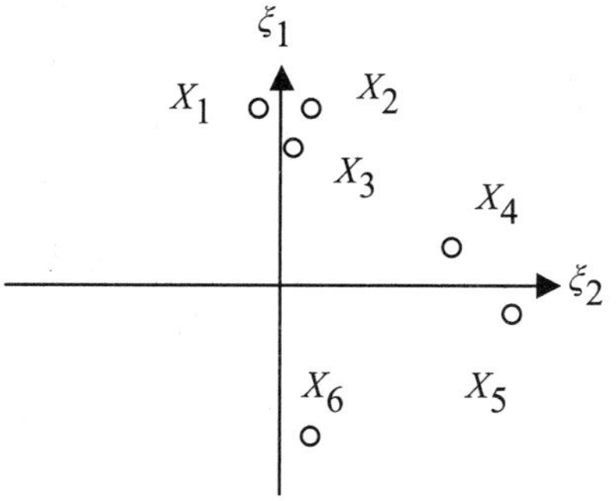

图 3.3　因子载荷示意图

从图 3.3 中可以看出，X_1，X_2，X_3，X_6 的因子载荷在纵轴（ξ_1 轴方向）有较高的绝对值，而在横轴（ξ_2 轴方向）的绝对值较低，说明它们与 ξ_1 的相关程度远远高于与 ξ_2 的相关程度。因此，在分析 ξ_1 的经济学意义时，应该更多地从 X_1，X_2，X_3，X_6 等指标的角度分析。同样，X_4，X_5 的因子载荷在横轴（ξ_2 轴方向）有较高的绝对值，而在纵轴（ξ_1 轴方向）的绝对值较低，说明它们与 ξ_2 的相关程度远远高于与 ξ_1 的相关程度。因此，在分析 ξ_2 的经济学意义时，应该更多地从 X_4，X_5 等指标的角度分析。此外，X_1，X_2，X_3 与 ξ_1 之间，X_4，X_5 与 ξ_2 之间是正相关关系，而 X_6 与 ξ_1 之间是负相关关系。

令

$$h_i^2 = a_{i1}^2 + a_{i2}^2 + \cdots + a_{ik}^2$$

$$g_j^2 = a_{1j}^2 + a_{2j}^2 + \cdots + a_{pj}^2$$

h_i^2 为因子载荷矩阵第 i 行元素的平方和，根据 a_{ij}^2 的意义可以看出，h_i^2 是全部公因子对变量 X_i 的方差贡献，称之为共同度。如果 X_i 是标准化后的指标①，则其共同度即为公因子累计方差贡献率，取值在 0 到 1 之间，其值越接近 1 反映方程中的公因子对 X_i 的影响力越强。反之则影响力越弱，此时观测变量的变化主要受随机误差项影响。

① 设 X 为随机变量，令 $X'' = [X - E(X)]/\sigma_x$，则 X'' 为 X 的标准化随机变量，X'' 无量纲，均值为 0，方差为 1。

g_j^2为因子载荷矩阵第j列元素的平方和，也是公因子ξ_j在方程中全部系数的平方和。根据a_{ij}^2的意义可以看出，它描述了公因子ξ_j对全部观测变量的方差贡献。这为考察某个具体公因子对构想体系影响的重要性提供了判断依据。

在经济研究中，为了更好地实现研究目标，我们往往会忽略一些无足轻重的影响因素，集中去研究对经济系统有重要影响的特质。从统计上看，就是选择那些对经济系统方差贡献大的特质进行研究。这一思想可以用公式表示如下，

$$g=\frac{\sum_{i=1}^{k}\sigma_i^2}{\sigma^2} \tag{3.4}$$

其中分母σ^2为系统总方差，分子$\sum_{i=1}^{k}\sigma_i^2$为一组特质对系统的方差贡献，g为该组特质的累计方差贡献率。g值越高说明特质反映整个系统的信息越多。

当系统中存在的特质较多时，为了突出研究重点，往往可以忽略一些不重要的特质。但选择的特质数目过少，累计方差贡献率过低，说明研究者可能遗漏了一些重要变量，对整个系统信息反映不充分。选择的特质数目越多，反映系统信息越充分。但选择的数目过多，会增加系统的复杂性，导致研究重点不突出、不清晰。因此，研究者经常需要在系统复杂性和系统信息充分性之间进行选择。在很多实际研究中，累计方差贡献率达到80%被认为是一个可以接受的标准(通常称为阈值)，超过90%被认为是一个较高的标准。

通过调查获得样本数据，利用样本协方差矩阵或相关系数矩阵就可以求解模型(3.3)中的因子载荷矩阵$\boldsymbol{A}$。[①] 目前，几乎所有统计软件都提供了关于探索性因子分析的估计方法。

通过样本估计因子载荷矩阵和模型其他参数，就可以获得隐变量和观测变量之间的关联信息，进而进行经济学分析。然而，特别需要引起注意的是，通过样本估计获得的因子载荷矩阵并不是唯一的。通过正交变换，可以从一个因子载荷矩阵获得一个新的因子载荷矩阵，且两者之间具有相同的共同度。[②] 因子载荷矩阵变换(也称为因子载荷矩阵旋转)对于探索性数据分析是非常有价值的，图3.4描述了其统计分析价值。从图中可以看出，变换前，观测变量X_1至X_6在因子ξ_1和ξ_2上载荷的绝对值比较接近，说明它们的变化受隐变量ξ_1和ξ_2的共同影响，ξ_1和ξ_2的区分度较低。而变换后，观测变量X_1至X_6在因子ξ_1和ξ_2上载荷的绝对值存在显著差异，说明它们的变化受隐变量ξ_1'和ξ_2'的影响也存在显著差异，ξ_1'主要影响X_1、X_2、X_3、X_6，ξ_2'主要影响X_4、

① 有关估计方法请参阅张尧庭、方开泰，1997，多元统计分析引论(第三版)，北京：科学出版社。

② 有关因子载荷矩阵不唯一性的讨论，请参阅注解①文献。

X_5，两者在统计学上具有显著的区分度。

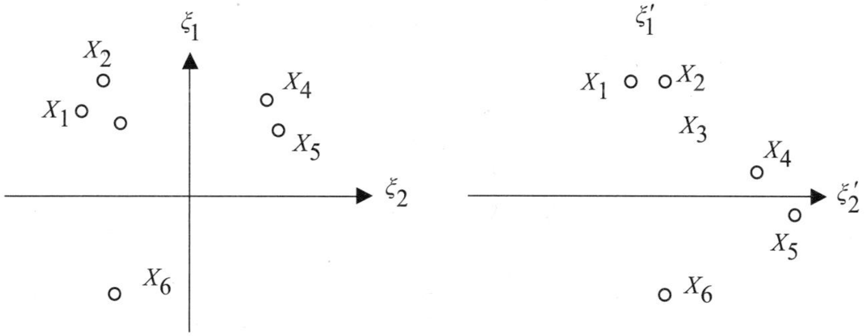

图 3.4　因子载荷矩阵变换示意图

上面载荷矩阵变换前后因子区分度的变化具有显著的统计学意义，但是否具有经济学意义必须结合经济理论进行分析。虽然载荷矩阵变换没有改变共同度，但因子载荷发生了变化。选择不同的因子载荷矩阵，意味着选择的因子与观测变量之间的相关性不同，这必然给模型的经济意义解释带来不唯一性。因此，探索性因子分析结果具有很强的主观性，这需要引起我们的高度重视。此时，对于建立评价构想来说，经济理论的准确理解和把握是极为重要的。

在实际研究中，由于很多经济要素之间存在关联性，往往需要放宽对模型(3.3)的基本假设。如设隐变量之间彼此相关，即 $Cov(\xi_i,\xi_j)\neq 0$，此时建立的模型称为斜交因子模型，该类模型在实际应用中更为普遍。

(二)探索性因子分析的应用

下面我们使用一个公司治理研究的例子，来说明探索性因子分析在探索综合评价构想方面的应用。

设在公司治理研究中，需要对企业效益进行评价，已收集到反映企业经济效益的客观指标一共有六个，分别为：①每百元固定资产原值实现的利税；②资金利税率；③产值利税率；④每百元销售成本实现的利润；⑤流动资金周转次数；⑥总资产周转次数。

从经济理论知，这些观测到的现象，受一些潜在因素影响，潜在因素就是指企业内在的、创造经济效益的能力。潜在能力影响观测变量，从统计上来说，就是内在能力和观测变量相关。此外，潜在能力之间也可能相关，潜在能力影响的观测变量之间也可能相关。同一能力影响的观测变量之间相关度高，不同能力影响的观测变量之间相关度，应低于同一能力影响的观测变量之间相关度。

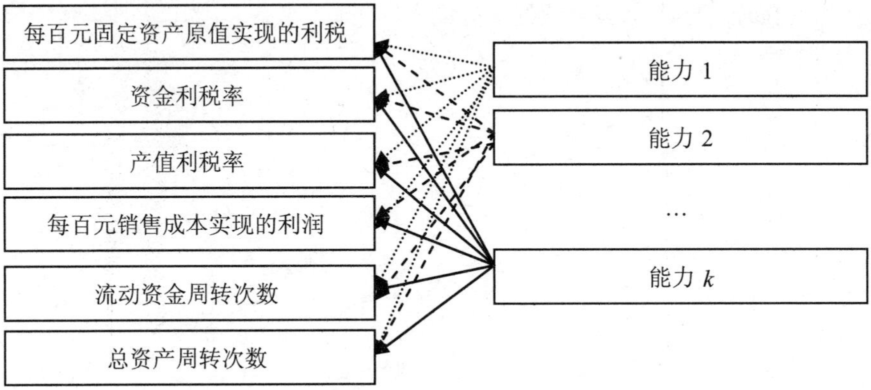

图 3.5　企业创造经济效益潜在能力探索设计

图 3.5 显示了针对这一问题的探索性研究思路。根据图 3.5 和模型(3.3),我们可以建立企业经济效益评价探索性因子分析模型。具体如下:

$$X_1 = a_{11}\xi_1 + a_{12}\xi_2 + \cdots + a_{16}\xi_6 + \delta_1$$
$$X_2 = a_{21}\xi_1 + a_{22}\xi_2 + \cdots + a_{26}\xi_6 + \delta_2$$
$$\cdots$$
$$X_6 = a_{61}\xi_1 + a_{62}\xi_2 + \cdots + a_{66}\xi_6 + \delta_6 \tag{3.5}$$

根据收集的样本数据,计算观测变量相关系数矩阵,计算结果列在表 3.1 中。表中交叉项上的元素是对应变量的相关系数。因为相关系数矩阵具有对称性,为简单起见,此处只列出下三角矩阵,本书其他部分也均采用这种列表方式。

从表 3.1 中的计算结果可以看出:①每百元固定资产原值实现的利税,资金利税率,产值利税率,每百元销售成本实现的利润,四个变量之间相关系数较高。设其为第一组。②流动资金周转次数和总资产周转次数二者之间相关系数较高。设其为第二组。③上面两组变量之间的相关系数较低。

表 3.1　企业效益观测变量之间的相关系数

	①	②	③	④	⑤	⑥
①	1.000					
②	0.804	1.000				
③	0.699	0.863	1.000			
④	0.627	0.770	0.957	1.000		
⑤	0.195	0.269	0.051	−0.072	1.000	
⑥	0.113	0.199	0.016	−0.084	0.967	1.000

注:①每百元固定资产原值实现的利税;②资金利税率;③产值利税率;④每百元销售成本实现的利润;⑤流动资金周转次数;⑥总资产周转次数

根据样本相关系数进行的探索性因子分析结果列在表 3.2 中。由于目前还不清楚支配企业获得经济效益的能力具体包含几方面要素，所以这里假设的隐变量数目与观测变量数目相同，从前面的分析知，这是隐变量的最大可能数。

表 3.2 企业经济效益分析因子载荷矩阵

Factor Pattern						
	ξ_1	ξ_2	ξ_3	ξ_4	ξ_5	ξ_6
X_1	0.851	−0.001	−0.501	0.149	0.002	−0.006
X_2	0.95	0.041	−0.077	−0.294	0.042	0.009
X_3	0.946	−0.197	0.22	0.019	−0.103	−0.073
X_4	0.887	−0.31	0.296	0.137	0.067	0.069
X_5	0.246	0.961	0.024	0.001	−0.082	0.081
X_6	0.192	0.966	0.118	0.06	0.08	−0.074

根据公式(3.4)计算的公因子累积方差贡献率列在表 3.3 中。表中按公因子方差贡献大小命名并排序，如 ξ_1 的方差贡献最大，等于 3.4105，列在第一行。表中的第二列是每个公因子的方差贡献值，第三列是相邻两个公因子方差贡献值之差，如 ξ_1 和 ξ_2 的方差贡献值之差等于 1.4153。表的第四列是每个因子的方差贡献率，如 ξ_1 的方差贡献率等于 56.84%。第五列是公因子的累积方差贡献率。如因子 1 和因子 2 的累积方差贡献率为 90.10%，这是一个比较高的水平，因此在本例中确定 ξ_1 和 ξ_2 两个公因子反映企业获得经济效益的两种能力。

表 3.3 公因子方差贡献

Eigenvalues of the Correlation Matrix				
Factor	Eigenvalue	Difference	Proportion	Cumulative
ξ_1	3.4105	1.4153	0.5684	0.5684
ξ_2	1.9952	1.5860	0.3325	0.9010
ξ_3	0.4092	0.2771	0.0682	0.9692
ξ_4	0.1321	0.1018	0.0220	0.9912
ξ_5	0.0303	0.0079	0.0051	0.9963
ξ_6	0.0224		0.0037	1.0000

为了解释 ξ_1 和 ξ_2 的经济意义，我们需要考察它们和观测变量的关联性。从表 3.2 中的因子载荷来看，前四个观测指标在 ξ_1 上有较高的因子载荷，说明这四个观测变量与 ξ_1 的相关性高。后两个观测指标在 ξ_2 上有较高的因子载荷，说明这两个观测变量与 ξ_2 的相关性高。但是，后两个观测指标在 ξ_1 上也

有一定载荷，分别达到了0.246和0.192。X_4 和 X_3 两个观测指标在 ξ_2 上的载荷，也分别达到了－0.310和－0.197，说明两个特质反映的系统信息有一定重合。为了获得更为满意的区分度，我们希望继续探索新的结果。

对上面的因子载荷矩阵进行正交变换，获得的新载荷矩阵如表3.4所示。因为共同度不变，所以新系统中公因子的数目不变。故下面表中只列出公因子1和公因子2的因子载荷。

与表3.2相比，表3.4的因子载荷矩阵给出了公因子更加明确的统计意义。图3.5显示了因子载荷矩阵旋转前后，观测变量在第一公因子和第二公因子构成的平面直角坐标系下的分布情况。

表3.4　旋转后的企业经济效益分析因子载荷矩阵

指标	ξ_1	ξ_2
①	0.831	0.116
②	0.918	0.169
③	0.966	－0.067
④	0.933	0.178
⑤	0.030	0.986
⑥	－0.022	0.983

注：①②③④⑤⑥各指标含义同表3.1。

从表3.4和图3.6可以得出共同的结论：① 前四个观测指标在第一公因子 ξ_1 上有较高的载荷，说明 ξ_1' 与前四项指标具有较高的相关关系，ξ_1' 是影响变量 X_1, X_2, X_3, X_4 的主要潜在因素。② 第五、六两个观测指标在公因子 ξ_2' 上有较高的载荷，说明它们与 ξ_2' 之间具有较高的相关关系，公因子2是影响 X_5、X_6 两个变量的主要潜在因素。

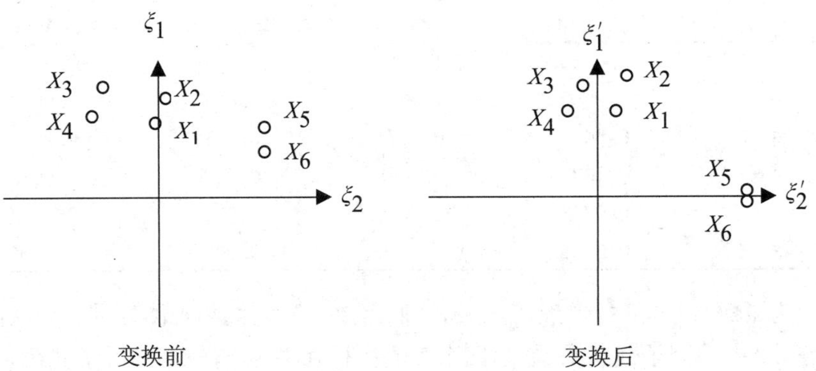

图3.6　企业经济效益分析因子载荷矩阵变换示意图

将探索性因子分析结果和经济学理论结合分析可以看出：① 隐变量 ξ_1' 与每百元固定资产原值实现的利税，资金利税率，产值利税率，每百元销售成本实现的利润等企业表现之间高度相关。这四项指标从经济意义上来看，主要反映了企业创造利润的能力。因此我们把 ξ_1' 命名为企业盈利能力，它反映了企业在创造利润方面的特质。② 隐变量 ξ_2' 与流动资金周转次数与总资产周转次数等企业表现之间高度相关。这两项指标从经济意义上来看，主要反映了企业运用资金的效率。因此我们把 ξ_2' 命名为企业运用资金能力，它反映了企业在运用资金效率方面的特质。

此时我们对图 3.5 的构想设计有了一个更加明确认识，新的构想设计如图 3.7 所示。图中建立了一个关于企业经济效益评价构想的理论框架。指出，企业经济效益评价主要从两个方面进行考察。一是考察企业盈利能力特质，它反映了企业运营过程中为股东创造财富的基本能力。二是考察企业运用资金的能力，它反映了企业运营过程中使用资金效率的能力。

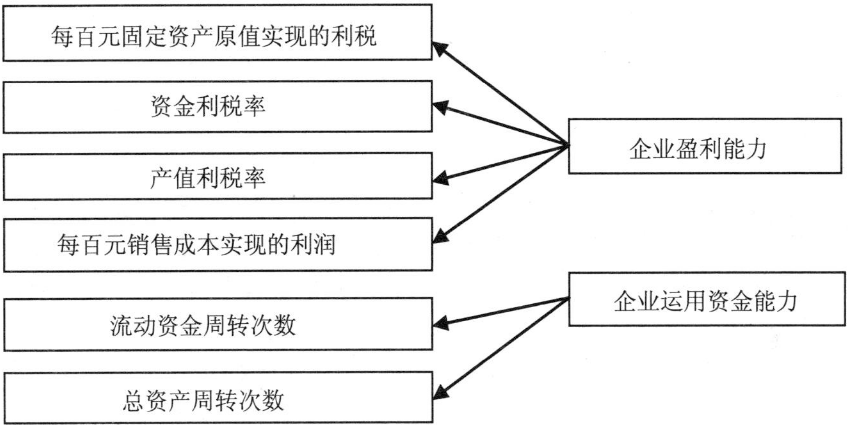

图 3.7　企业创造经济效益潜在能力探索设计

四、基于客观判断的构想结构分析

探索性因子分析在辅助构想设计方面具有很好的应用价值，是最常用的统计分析方法之一。但我们也应该看到，该方法在隐变量选择和解释上带有很强的主观性。特别是通过正交旋转、或斜交旋转获得的公因子，可能在统计学上具备很高的显著性，但这并不代表其一定具有经济学意义的显著性。在进行探索性因子分析时，有时人们可能会热衷于追求一种统计上的显著性，而把结果强加于经济理论之上，这是十分错误的。因此，如果不能结合经济理论和实践经验去分析统计结果，必然会犯主观臆断的错误。

使用探索性因子分析经常犯的另一类错误，可以形象称之为按图索骥。即在探索性分析之前，我们已经根据掌握的经济理论和经验知识有了一个初步的构想。为了进一步从统计上得到验证，就有意识地去收集一些特定的观测指标。此时，在选择观测指标时已经不是客观的了，是主观的、有针对性的。这种做法往往会忽略很多重要的观测信息，如果我们的理论内容和构想设计本身不完善，实际已经丧失了通过探索性分析完善构想的机会。

在研究中结合使用一些客观性较强的统计学方法进行探索性分析，往往可以减少探索性因子分析的主观影响。聚类分析是一种客观性较强的多元统计分析方法，可以辅助进行构想的探索分析。当所研究的经济系统比较复杂，或对系统观测指标的性质理解不清楚时，应首先进行聚类分析，而不是探索性因子分析。

(一)变量聚类

聚类和我们生活中常说的物以类聚是相同的概念。在经济研究中，聚类的对象主要有两类：一是对研究对象个体进行聚类，一般称之为样品聚类。例如在公司治理评价时，经常将企业按经济规模大小进行分类，或按不同所有制类型进行分类。个体分类经常选择对象属性、地域、形状、关联性等作为类型判别依据。二是对研究对象的观测指标进行聚类，一般称之为变量聚类。例如在企业经济效益评价时，我们将每百元固定资产原值实现的利税，资金利税率，产值利税率，每百元销售成本实现的利润，流动资金周转次数，总资产周转次数六个观测指标按指标特性进行分类。变量聚类的主要依据是各变量之间的统计关联性。对构想进行探索性分析时，使用的是变量聚类方法。

要聚类的变量可以是数值型的，也可以是性质变量，只要能够计算变量之间的关联性就可以进行聚类分析。对于连续性数值变量常使用 Pearson 线性相关系数。设 X_1 和 X_2 为样本观测变量，n 为样本量，则它们之间的 Pearson 线性相关系数计算公式如下：

$$r=\frac{\sum_{i=1}^{n}(X_{1i}-\bar{X}_1)(X_{2i}-\bar{X}_2)}{\sqrt{\sum_{i=1}^{n}(X_{1i}-\bar{X}_1)^2}\sqrt{\sum_{i=1}^{n}(X_{2i}-\bar{X}_2)^2}} \tag{3.6}$$

对于性质变量之间的关系，可以使用相合系数(coefficient of association)进行计算。当每个变量仅有两种取值时，可以假设一种情况取值为 1，另一种情况取值为 0，则可用下面四格表来统计观测频数。

表 3.5　四格表来统计观测频数

X_1 \ X_2	1	0
1	n_{11}	n_{12}
0	n_{21}	n_{22}

其中 n_{11} 是样本中 $X_1=1$ 且 $X_2=1$ 的观测频数，n_{12} 是 $X_1=1$ 且 $X_2=0$ 的观测频数，n_{21} 是 $X_1=0$ 且 $X_2=1$ 的观测频数，n_{22} 是 $X_1=0$ 且 $X_2=0$ 的观测频数。则 X_1 和 X_2 的相合系数定义为，

$$r_q=\frac{n_{11}n_{22}-n_{12}n_{21}}{n_{11}n_{22}+n_{12}n_{21}} \tag{3.7}$$

在本书第五章中将讨论更多有关相合系数的计算方法。

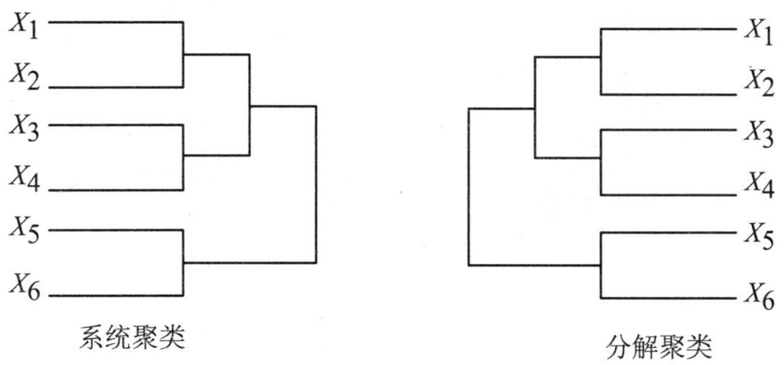

图 3.8　系统聚类和分解聚类

统计上判别类别的方法有很多，常用的计算方法有：最小距离法、重心距离法、类平均距离法、离差平方和法、密度估计法等。从聚类工作过程来看，系统聚类和分解聚类是最常用的聚类分析方法。前者在工作开始时，首先把每个变量看作自成一类，然后根据指标之间的相关性，把相关程度最高的聚为一类，依此循环直到将全部变量聚合为一类。分解聚类的一般步骤是，首先把全部变量看作一大类，然后根据指标之间的相关性，把相关程度最低的分裂出去，形成单独的类，依此循环直到将全部变量分解为自成一类。图 3.8 显示了系统聚类和分解聚类过程。

关于聚类结果的类数选择问题，目前还没有一种绝对的统计判别方法。[①]但在大多数情况下，综合各种信息统计量，如 R^2 统计量，观测变量与所属类和相邻类的相关统计量等，再结合专业理论知识，都能够达到较好的判别目的。

① 类数判别的相关研究请参阅 Everitt(1979)，Hartigan(1985)，Bock(1985)等的研究。

(二)变量聚类分析的应用

使用上一节的例子,假设预先不设定任何框架,尽可能收集更多的指标信息。数据收集结果包含了有更多的观测指标,具体如下:①每百元固定资产原值实现的利税;②资金利税率;③产值利税率;④每百元销售成本实现的利润;⑤流动资金周转次数;⑥总资产周转次数;⑦主营业务收入;⑧主营业务利润占全部利润比例。

这里增加了两个新的观测指标,系统结构的复杂性有所增加。为了便于将探索性因子分析和聚类分析两种方法进行比较,我们首先使用探索性因子分析进行分析。表 3.6 列出了全部公因子方差贡献,从表中最后一列可以看出,前两个公因子的累积方差贡献率达到了 80.16%,这是一个可以接受的阈值。因此,我们主观判定选择两个隐变量作为研究构想的特质。

表 3.6 公因子方差贡献

Eigenvalues of the Correlation Matrix				
Factor	Eigenvalue	Difference	Proportion	Cumulative
ξ_1	3.9106	1.4082	0.4888	0.4888
ξ_2	2.5024	1.1949	0.3128	0.8016
ξ_3	1.3075	1.0813	0.1634	0.9651
ξ_4	0.2262	0.1955	0.0283	0.9933
ξ_5	0.0307	0.0082	0.0038	0.9972
ξ_6	0.0225	0.0225	0.0028	1.0000
ξ_7	0.0000	0.0000	0.0000	1.0000
ξ_8	0.0000		0.0000	1.0000

表 3.7 是斜交旋转后的企业经济效益分析因子载荷矩阵。

表 3.7 斜交旋转后的企业经济效益分析因子载荷矩阵

Rotated Factor Pattern		
指标	ξ_1	ξ_2
X_1	0.96141	0.11655
X_2	0.81767	0.22644
X_3	0.83537	0.1205
X_4	0.79973	0.00071
X_5	0.04774	0.96805
X_6	−0.01904	0.9687
X_7	0.73893	−0.13301
X_8	0.62207	−0.19716

注:前 6 项指标含义同表 3.1。X_7 为主营业务收入;X_8 为主营业务利润占全部利润比例。

分析表 3.7 中的因子载荷，我们容易得出以下结论：①X_1，X_2，X_3，X_4，X_7，X_8六项指标在 ξ_1 上有较高的因子载荷。说明 ξ_1 与这些指标之间具有较高的相关关系，ξ_1 是影响变量 X_1，X_2，X_3，X_4，X_7，X_8的主要潜在因素。②X_5和X_6两个观测指标在公因子 ξ_2 上有较高的载荷，说明它们与 ξ_2 之间具有较高的相关关系，ξ_2 是影响 X_5、X_6 两个变量的主要潜在因素。根据这一分析建立的构想结构如图 3.9 所示。

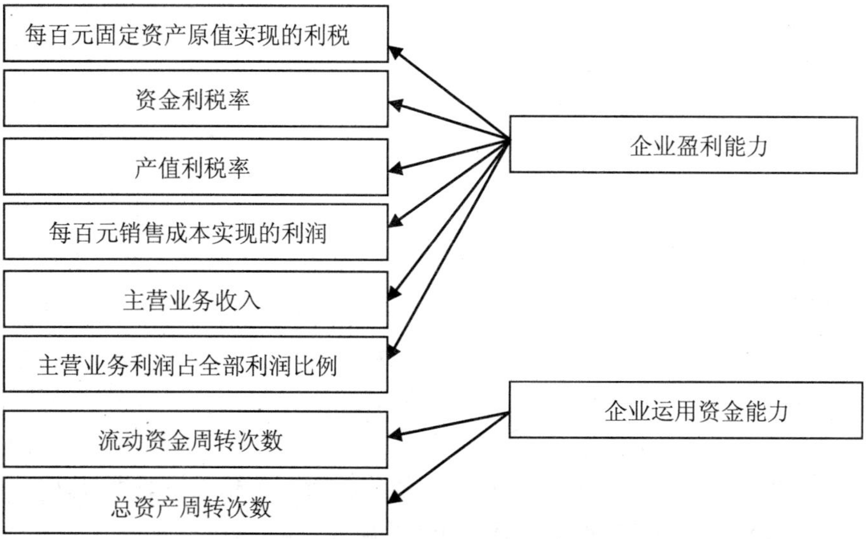

图 3.9　企业创造经济闪闪潜在能力探索设计

由于我们对上述经济系统结构的掌握还不够全面，为了进一步探索构想的合理性，下面我们使用聚类分析做进一步探索。表 3.8 列出了对 8 个观测变量的聚类分析结果。

表 3.8　企业经济效益评价观测指标聚类分析结果

3 Clusters		R-squared with		
		Own	Next	$1-R^2$
Cluster	Variable	Cluster	Closest	Ratio
Cluster 1	X_1	0.8432	0.1859	0.1926
	X_2	0.9742	0.1434	0.0301
	X_3	0.9124	0.1182	0.0994
	X_4	0.7792	0.461	0.4096
Cluster 2	X_5	0.9835	0.0071	0.0166
	X_6	0.9835	0.0019	0.0165
Cluster 3	X_7	0.9828	0.0845	0.0187
	X_8	0.9108	0.0189	0.0909

表 3.8 的左上角列出了建议分类数，此处建议分为三类。表中第一列和第二列分别为类名和该类包含的变量。如第一类命名为 Cluster1，它包含 X_1，X_2，X_3，X_4 四个观测指标。表 3.9 列出了类指标的得分，根据观测指标的标准化值可以计算每一类类指标值。

表 3.9 类指标得分

Cluster	1	2	3
X_1	0.297628	0.000000	0.000000
X_2	0.270017	0.000000	0.000000
X_3	0.249296	0.000000	0.000000
X_4	0.212057	0.000000	0.000000
X_5	0.000000	0.504171	0.000000
X_6	0.000000	0.504171	0.000000
X_7	0.000000	0.000000	0.590912
X_8	0.000000	0.000000	0.537065

表 3.8 第三列为对应观测指标与其所在类指标相关系数的平方，该指标越高说明指标归类越准确。第四列为对应观测指标与其最接近类（所属类除外）的类指标相关系数的平方，该相关系数低说明观测指标与其他类指标的相关性低，其所在分类位置准确；最后一列使用前面两个相关系数平方计算，得到一个综合相关度与区分度的比较指标，计算方法如下：

$$1-R^2_{\text{ratio}}=\frac{1-R^2_{\text{with own cluster}}}{1-R^2_{\text{with next closest}}} \tag{3.8}$$

从计算公式可以看出，$1-R^2_{\text{Ratio}}$ 的值越低，说明对应元素与所属类相关程度较高，而与非所属类有较高区分度，分类位置确定较准确。反之，则说明对应元素与所属类相关程度不高，或与非所属类区分度低，分类位置确定不准确，应该考虑调整或进一步细分。

综合各项指标对聚类分析结果进行分析后认为，原始观测指标分为三类较为适宜。即 X_1 至 X_4 为一类，X_5 和 X_6 为一类，X_7 和 X_8 为一类。结合经济学理论进行分析认为，主营业务利润和企业利润虽然都反映了企业的盈利能力，但主营业务利润还有更丰富的经济学内涵。企业利润可以来自于多方面，如投机收益、政府补贴等。主营业务利润则反映了企业在主要经营业务上的盈利能力，是企业自身持续发展能力的一种体现，因此应该作为一个独立的经济特质进行研究。基于上述观点，我们对图 3.9 确定的构想进行了修正，新的构想绘制在图 3.10 中。

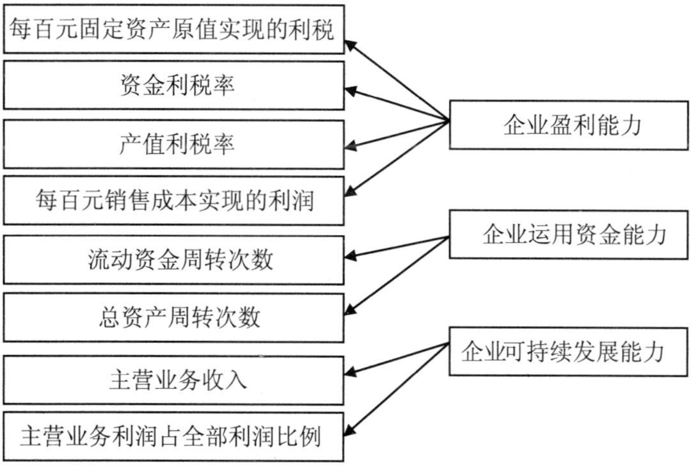

图 3.10 修正的企业创造经济效益潜在能力构想设计

五、内容有效性检验的统计方法

(一)结合量表的统计检验

如前所述,在确定经济评价内容时通常缺乏完备的理论内容域和内容域结构,常常是研究者采用自顶向下或自底向上的累积构建。在这种情况下,单独使用统计方法无法检验内容的关联性和代表性,有效的做法是结合专家分析和统计分析共同进行检验。

Lawshe(1975)提出了一种专家评价和统计分析相结合的检验方法,Martuza(1977)对分数统计方法进行了改进。该方法分为两步:第一步先由专家通过内容量表,对评价设计内容的有效性进行检验。表 3.10 是一个公司治理评价的内容有效性评价量表。设 C_i 为每个题目的内容效度,C 为总的内容效度,则

$$C_i = \frac{R_i}{S_i} \tag{3.9}$$

$$C = \frac{\sum R_i}{\sum S_i} \tag{3.10}$$

其中 S_i 为专家人数乘以第 i 项内容量表满分分值,表示全部专家都给出最高评价的得分。R_i 为第 i 项内容专家实际评分总和。显然,C_i 和 C 的值均在 0—1 之间。值越接近 1,则说明专家给出的打分越高,内容效度越高。值越

接近0,则说明专家给出的打分越低,内容效度越低。

表 3.10 公司治理评价内容有效性评价量表

评价指标	最重要	重要	一般	不重要	最不重要
1. 确保有效的公司治理结构基础(ξ_1)	2	1	0	−1	−2
X_1 1.1 治理结构安排是否遵循市场化原则	2	1	0	−1	−2
X_2 1.2 公司治理原则的可执行性	2	1	0	−1	−2
X_3 1.3 公司治理原则的合法性、公平性、可监督性	2	1	0	−1	−2
2. 股东的基本权利(ξ_2)	2	1	0	−1	−2
X_4 2.1 对股东基本权利的保证	2	1	0	−1	−2
X_5 2.2 股东被通知公司重要事项的及时性	2	1	0	−1	−2
X_6 2.3 股东行使权力的方便性、有效性	2	1	0	−1	−2
3. 股东的平等待遇(ξ_3)	2	1	0	−1	−2
X_7 3.1 同类股东是否受到平等对待	2	1	0	−1	−2
X_8 3.2 对控股股东的监督机制及发挥作用	2	1	0	−1	−2
X_9 3.3 受害股东能否获得有效赔偿	2	1	0	−1	−2
4. 其他相关利益者在公司治理中发挥的作用(ξ_4)	2	1	0	−1	−2
X_{10} 4.1 银行参与治理的制度与机制	2	1	0	−1	−2
X_{11} 4.2 机构投资者参与治理的制度与机制	2	1	0	−1	−2
X_{12} 4.3 职工参与治理的制度与机制	2	1	0	−1	−2
5. 信息披露及透明度(ξ_5)	2	1	0	−1	−2
X_{13} 5.1 财务信息披露质量与及时性	2	1	0	−1	−2
X_{14} 5.2 财务审计的独立性、规范性	2	1	0	−1	−2
X_{15} 5.3 控制权、资产变更等信息的公开性与及时性	2	1	0	−1	−2
6. 董事会与董事评价(ξ_6)	2	1	0	−1	−2
X_{16} 6.1 董事会及董事工作制度的明确性	2	1	0	−1	−2
X_{17} 6.2 董事会及董事决策的公正性、独立性	2	1	0	−1	−2
X_{18} 6.3 董事会及董事工作监督与考核机制完备性	2	1	0	−1	−2

需要注意的是,有时候虽然总的内容效度得分C的得分很高,但仍存在单项内容效度C_i得分很低的情况。这时说明某些个别内容的有效性仍然较低,因此不能认为设计通过了内容有效性检验。此时,应该对出现问题的个别内容进行修改,并重新进行有效性分析。

在实际研究中还经常出现专家意见分歧的情况。由于每位专家对于经济理论、评价内容和评价目标有各自的理解,所以专家们的意见并非总能取得一致。随着专家人数的增加,可能出现专家评价总得分占量表总分比例逐渐降低的情况(Lawshe,1975),研究者应该根据实际情况具体分析。

针对专家意见存在分歧的情况,Gregory(2004)提出了一种简洁的检验方法。请每位专家独立对内容进行评价,答案只有两种选择:①内容弱相关;②

表 3.11 Gregory 内容有效性评价方法四格表

专家1 \ 专家2	弱相关	强相关
弱相关	n_{11}	n_{12}
强相关	n_{21}	n_{22}

内容强相关。对专家评价结果随机分组，每组有两个专家评价结果。统计每组情况后可得到如表 3.11 的四格表。n_{11} 表示两名专家都认为内容为弱相关的组数，n_{12} 和 n_{21} 都为专家意见不同的情况，n_{22} 表示两名专家都认为内容为强相关的组数。如果专家认为内容为弱相关，则意味项目内容不可靠，所以任何被判断与内容域弱相关的项目都是不可信的(Ebel，1956)。因此，Gregory (2004)把内容效度定义为强相关组数占总组数的比例，每项内容的内容效度计算公式如式(3.11)所示：

$$C_i = \frac{n_{22}}{n_{11} + n_{12} + n_{21} + n_{22}} \tag{3.11}$$

总的内容效度可按单项内容的评价方法评价和计算。C_i 的取值范围在 0—1 之间，值越接近 1，则说明同时认为强相关的专家组越多，内容效度越高。值越接近 0，则说明同时认为强相关的专家组越少，内容效度越低。

(二)量表检验方法的应用

表 3.12 公司治理评价设计内容专家评价结果

专家1 \ 专家2	弱相关	强相关
弱相关	1	2
强相关	1	6

表 3.12 列出了 10 组(20 位)专家对表 3.10 中公司治理评价设计，内容相关性和代表性的评价结果。根据表中的数据可以计算评价设计的内容效度，具体结果如下：

$$C = \frac{n_{22}}{n_{11} + n_{12} + n_{21} + n_{22}} = \frac{6}{1+2+1+6} = 0.6$$

统计结果显示，该设计总的内容效度为 0.6，处于一个较高水平。

(三)德尔菲法的应用

德尔菲法(Delphi Method)是一种由研究者控制的专家调查法。与常规的专家调查法相比，该方法具有以下特点：①专家意见独立性；②反馈性；③检验结果收敛性。

专家意见独立性是指，在收集专家意见时采用独立收集法，不召开任何专家讨论会，而是独立收集每位专家的意见。专家彼此之间不知道他人的意见，甚至不知道还有哪些专家参与了调查。这样可以避免专家意见受某些权威人士意见的影响，或者产生从众心理，最终使每位专家能够充分表达个人意见。

反馈性的含义是指，研究者在收集了每位专家的意见后，立即对专家结果进行统计分析、并形成报告。然后将报告反馈给每位专家，在提供反馈报告时还可以结合研究内容和专家回答情况提供进一步背景资料，询问专家是否根据反馈报告和资料对以前的回答进行修改。如此可反复多次。

通常情况下，大多数专家会根据反馈报告和资料对以前的回答进行修改（为避免专家因自尊心而拒绝修改，研究者应在实施德尔菲法时向专家明确该方法的工作程序）。经过多次反复后，每个专家的个人意见将趋于收敛。当专家个人意见达到研究者预先设定的收敛度时，调查即可结束。

表 3.13 显示了对六位专家使用德尔菲法，对表 3.10 中第一项特质 ξ_1 的内容结构进行专家调查的结果。

从表中显示的三次调查结果可以看出，六位专家中大多数人的回答在第三轮调查中出现明显的收敛性。例如对于 X_3 是否重要的提问，第三轮有四位专家的回答与前一轮相同，即达到了收敛。而对于同一问题，在第二轮提问中仅有两位专家没有修改前一轮的结果。据此可以认为，使用第三轮调查结果进行内容有效性检验，所得出的推断有效性更高。

表 3.13　使用德尔菲法对特质 ξ_1 内容结构的专家评价结果

专家代码	第一次调查结果			第二次调查结果			第三次调查结果		
	X_1	X_2	X_3	X_1	X_2	X_3	X_1	X_2	X_3
01	1.5	2	2	1	2	2	1	2	2
02	0.5	1.5	1	0	1.5	1.5	0	1.5	2
03	1	2	0.5	1	2	1.5	0.5	2	1.5
04	2	1	2	1.5	1.5	2	1	2	2
05	0	0.5	1	0	1	1.5	0	1.5	2
06	1	2	2	0.5	1.5	1.5	0	1.5	1.5
均值	1	1.5	1.4	0.7	1.6	1.7	0.4	1.8	1.8

本章小结

本章主要讨论了如何利用统计方法进行内容构想的探索性分析，以及内容有效性检验的两种统计方法，主要要点如下：

1. 在复杂经济研究中，利用统计方法进行内容构想的探索性分析，有助于建立一个更为清晰、准确的理论设计框架。

2. 探索性因子分析是探索构想的有效方法，在使用探索性因子分析时要强调经济理论的指导性，构想关系的最终确立必须符合经济理论原理。

3. 使用探索性因子分析时要避免主观性。可以结合其他的统计分析方法，特别是客观性较强的方法，如变量聚类分析等进行探索分析。

4. 在内容有效性检验中，既要重视总体内容效度，也要重视个体内容效度。将专家评价与量表统计分析相结合，可以提高检验的全面性和客观性。

第四章

构想效度的统计检验

经济评价构想和各构想之间构成的结构关系可以看作是一种经济学假设，它是在经济理论和实践指导下，为达到某种经济目标或政策目的而建立的假设。如前所述，当研究者对所研究系统的知识、结构等信息了解还不够充分、不够完整，或者研究目标还不够明确时，使用探索性因子分析进行构想的辅助设计是十分有益的。当建立了一个评价模型后，不能立即应用于实践。因为此时建立的评价构想是基于主观认识的，仍然是一种先验假设。应该收集一些客观资料，对构想的有效性进行评估，这项工作就是构想有效性检验。目前人们已经开发了很多专门用于构想有效性检验的统计学方法，研究者可以很方便地利用这些方法，对构想和构想结构关系的有效性进行检验。与探索性分析不同的是，评价构想有效性检验是一种验证性分析。本章主要讨论使用验证性因子分析模型，进行构想的有效性研究。下面首先对验证性因子分析方法做一个简要介绍，然后结合具体案例讨论综合评价构想有效度检验的统计方法。

一、验证性因子分析

（一）分析方法

假设显变量和隐变量之间存在线性关系，则描述两者之间关系的总体线性模型一般形式如下：

$$X_1=\lambda_{11}\xi_1+\lambda_{12}\xi_2+\cdots+\lambda_{1k}\xi_k+\delta_1$$
$$X_2=\lambda_{21}\xi_1+\lambda_{22}\xi_2+\cdots+\lambda_{2k}\xi_k+\delta_2$$
$$\cdots$$
$$X_p=\lambda_{p1}\xi_1+\lambda_{p2}\xi_2+\cdots+\lambda_{pk}\xi_k+\delta_p \tag{4.1}$$

其中，λ_{ij}称为显变量X_i在隐变量ξ_j上的因子载荷，它反映了两者之间的线性相关程度。δ_i称为随机误差项，它反映了除方程中列出的隐变量外，其他因素对显变量X_i的影响，并且假设这些影响是随机的。

模型(4.1)也可以使用矩阵形式来表示，具体如下：

$$X = \Lambda_X\xi + \delta$$

其中，$X=\begin{pmatrix}X_1\\X_2\\\cdots\\X_p\end{pmatrix}$，$\Lambda_X=\begin{pmatrix}\lambda_{11},\lambda_{12},\cdots,\lambda_{1k}\\\lambda_{21},\lambda_{22},\cdots,\lambda_{2k}\\\cdots\\\lambda_{p1},\lambda_{p2},\cdots,\lambda_{pk}\end{pmatrix}$，$\xi=\begin{pmatrix}\xi_1\\\xi_2\\\cdots\\\xi_k\end{pmatrix}$，$\delta=\begin{pmatrix}\delta_1\\\delta_2\\\cdots\\\delta_p\end{pmatrix}$

综合评价研究侧重于对事物多种不同特质的探究。设计者不会考虑同时评价两种属性和作用完全相同(或高度相关)的特质，所以在一个评价模型中，不同特质之间应该具有较高的区分度。设定显变量时，应尽量选择那些与某个被测特质相关度程度高，而与其他特质相关程度低的指标。最简单的构想模型结构是每个方程中只包含一个隐变量，它表示模型中每个观测指标仅受一种特质的影响。下面的例子是一个包含两种特质、六个观测指标，每个观测指标仅受一种特质影响的构想模型：

$$X_1=\lambda_{11}\xi_1+\delta_1$$
$$X_2=\lambda_{21}\xi_1+\delta_2$$
$$X_3=\lambda_{31}\xi_1+\delta_3$$
$$X_4=\lambda_{41}\xi_1+\delta_4$$
$$X_5=\lambda_{52}\xi_2+\delta_5$$
$$X_6=\lambda_{62}\xi_2+\delta_6$$

在上面例子中两个隐变量用ξ_1，ξ_2表示，六个显变量用$X_1,X_2,\cdots,X_6$表示。每个显变量只受一个隐变量的影响，每个隐变量只影响一组显变量，不影响其测量组之外的显变量。

在实际研究中，经济变量之间的关系可能比上面描述的要复杂得多，很少存在这种单纯的构想结构。但很多时候，研究者可能人为地忽略一些不重要的影响因素，来达到简化模型、突出某种重要构想的目的，这在研究设计中是许可的。必须强调的是，模型中变量之间关系的安排依据，应该完全来自经济学理论和实践经验，绝非主观臆测。任何模型安排，都应该进行构想有效性检验。

式(4.1)表示的模型称为验证性因子分析模型，可以使用验证性因子分析(confirmatory factor analysis)技术进行有效性检验。验证性因子分析方法是一种基于协方差矩阵，分析隐变量与显变量之间关系的多元统计分析方法。从20世纪60年代出现以来，该方法伴随结构方程理论的发展而快速发展，目前在教育学、心理学、社会学、经济学等研究领域得到了广泛应用。利用收集到的样本数据，研究者可以通过验证性因子分析，对隐变量和显变量之间的结构关系进行统计检验，从而检验构想的有效性。下面首先对该方法的基本原理作一个简要介绍。

设包含 p 个显变量和 k 个隐变量的验证性因子分析模型如式(4.2) 所示。为简化研究，设式中各变量已被中心化。[①]假设：

(1) 随机误差项 δ 的期望为零，即 $E(\delta)=0$

(2) 随机误差项与隐变量之间不相关，即 $Cov(\xi,\delta)=0$。

(3) 随机误差项彼此之间不相关，即 $Cov(\delta_i,\delta_j)=0$。

若 $\Phi,\Theta,\sum$ 分别表示隐变量、随机误差项和显变量的协方差矩阵[②]，则

$$\Phi=E(\xi\xi')=\begin{pmatrix}\sigma_{\xi 1}^2 & & & \\ \sigma_{\xi 2\xi 1} & \sigma_{\xi 2}^2 & & \\ \cdots & & & \\ \sigma_{\xi k\xi 1} & \sigma_{\xi k\xi 2} & \cdots & \sigma_{\xi k}^2\end{pmatrix}$$

$$\Theta=E(\delta\delta')=\begin{pmatrix}\sigma_{\delta 1}^2 & & & \\ 0 & \sigma_{\delta 2}^2 & & \\ \cdots & & & \\ 0 & 0 & \cdots & \sigma_{\delta p}^2\end{pmatrix}$$

$$\sum=E(XX')=\begin{pmatrix}\sigma_{X1}^2 & & & \\ \sigma_{X2X1} & \sigma_{X2}^2 & & \\ \cdots & & & \\ \sigma_{XpX1} & \sigma_{XpX2} & \cdots & \sigma_{Xp}^2\end{pmatrix}$$

又有

$$\sum=E(XX')$$

---

① 设 X 为随机变量，$X'=X-E(X)$，X' 为 X 中心化后的随机变量，两者具有相同的量纲、方差和协方差。

② 考虑协方差矩阵的对称型，为简化起见本书均使用三角阵表示。

$$
\begin{aligned}
&= E[(\Lambda_X\xi + \delta)(\Lambda_X\xi + \delta)'] \\
&= E(\Lambda_X\xi\xi'\Lambda_X') + E(\Lambda_X\xi\delta') + E(\delta\xi'\Lambda_X') + E(\delta\delta') \\
&= \Lambda_X E(\xi\xi')\Lambda_X' + \Lambda_X E(\xi\delta') + E(\delta\xi')\Lambda_X' + E(\delta\delta') \\
&= \Lambda_X E(\xi\xi')\Lambda_X' + E(\delta\delta') \\
&= \Lambda_X \Phi \Lambda_X' + \Theta
\end{aligned}
$$

其中，Λ_X，Φ，Θ 都是总体模型中的未知参数。设 θ 表示总体未知参数组成的向量，则 X 的总体协方差矩阵可以记为 $\sum(\theta)$，简写为 $\sum$。

由统计学原理知，通过收集样本数据，我们可以估计观测指标 $X_1, X_2 \cdots, X_p$ 的方差 $\sigma^2_{X_i}(i=1\cdots p)$ 和协方差 $\sigma_{X_iX_j}(i=1\cdots p, j=1\cdots k, i\neq j)$，从而得到 $\sum$ 的估计矩阵。利用 $\sum$ 的样本估计结果，可以建立总体未知参数和估计量之间的对应方程组，进而利用该方程组求解未知参数。下面我们使用一个包含两个隐变量，四个观测变量的评价系统来说明上面的求解过程。

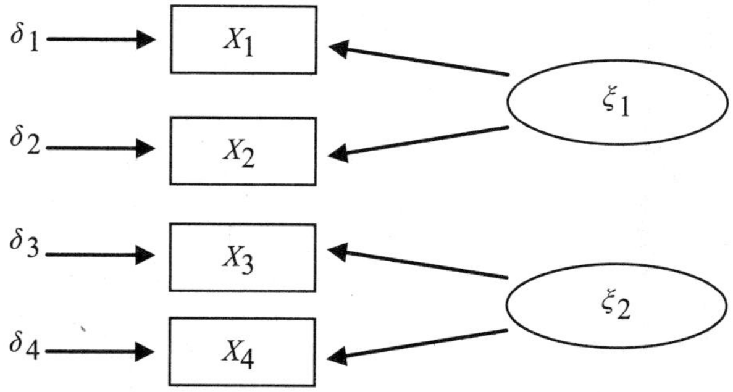

图 4.1　两个隐变量，四个观测变量的简单评价体系构想

本例中 ξ_1 和 ξ_2 分别表示两个隐变量，X_1 和 X_2 为两个观测指标，受 ξ_1 影响，X_3 和 X_4 也是两个观测指标，受 ξ_2 影响，δ_1，δ_2，δ_3，δ_4 为对应的随机误差项。变量之间的结构关系如图 4.1 所示，这可以用以下模型来表示：

$$
\begin{aligned}
X_1 &= \lambda_{11}\xi_1 + \delta_1 \\
X_2 &= \lambda_{21}\xi_1 + \delta_2 \\
X_3 &= \lambda_{32}\xi_2 + \delta_3 \\
X_4 &= \lambda_{42}\xi_2 + \delta_4
\end{aligned}
$$

模型的矩阵形式可以表示如下：

$$
\begin{pmatrix} X_1 \\ X_2 \\ X_3 \\ X_4 \end{pmatrix} = \begin{pmatrix} \lambda_{11} & 0 \\ \lambda_{21} & 0 \\ 0 & \lambda_{32} \\ 0 & \lambda_{42} \end{pmatrix} \begin{pmatrix} \xi_1 \\ \xi_2 \end{pmatrix} + \begin{pmatrix} \delta_1 \\ \delta_2 \\ \delta_3 \\ \delta_4 \end{pmatrix}
$$

模型中隐变量、随机误差项和显变量的协方差矩阵分别为：

$$\boldsymbol{\Phi}=\begin{pmatrix}\sigma_{\xi_1}^2 & \\ \sigma_{\xi_2\xi_1} & \sigma_{\xi_2}^2\end{pmatrix}$$

$$\Theta=\begin{pmatrix}\sigma_{\delta 1}^2 & & & \\ 0 & \sigma_{\delta 2}^2 & & \\ 0 & 0 & \sigma_{\delta 3}^2 & \\ 0 & 0 & 0 & \sigma_{\delta 4}^2\end{pmatrix}$$

$$\Sigma=\begin{pmatrix}\sigma_{X1}^2 & & & \\ \sigma_{X_2X_1} & \sigma_{X_2}^2 & & \\ \sigma_{X_3X_1} & \sigma_{X_3X_2} & \sigma_{X3}^2 & \\ \sigma_{X_4X_1} & \sigma_{X_4X_2} & \sigma_{X_4X_3} & \sigma_{X_4}^2\end{pmatrix} \tag{4.2}$$

若使用未知参数表示的 X 总体协方差矩阵记为$\Sigma(\theta)$，则有

$$\Sigma(\theta)=\Lambda_x\Phi\Lambda'_X+\Theta$$

$$=\begin{bmatrix}\lambda_{11} & 0\\ \lambda_{21} & 0\\ 0 & \lambda_{32}\\ 0 & \lambda_{42}\end{bmatrix}\begin{bmatrix}\sigma_{\xi_1}^2 & \\ \sigma_{\xi_2\xi_1} & \sigma_{\xi_2}^2\end{bmatrix}\begin{bmatrix}\lambda_{11} & 0\\ \lambda_{21} & 0\\ 0 & \lambda_{32}\\ 0 & \lambda_{42}\end{bmatrix}'+\begin{pmatrix}\sigma_{\delta 1}^2 & & & \\ 0 & \sigma_{\delta 2}^2 & & \\ 0 & 0 & \sigma_{\delta 3}^2 & \\ 0 & 0 & 0 & \sigma_{\delta 4}^2\end{pmatrix}$$

$$=\begin{bmatrix}\lambda_{11} & 0\\ \lambda_{21} & 0\\ 0 & \lambda_{32}\\ 0 & \lambda_{42}\end{bmatrix}\begin{bmatrix}\sigma_{\xi_1}^2 & \\ \sigma_{\xi_2\xi_1} & \sigma_{\xi_2}^2\end{bmatrix}\begin{bmatrix}\lambda_{11} & \lambda_{21} & 0 & 0\\ 0 & 0 & \lambda_{32} & \lambda_{42}\end{bmatrix}+\begin{pmatrix}\sigma_{\delta 1}^2 & & & \\ 0 & \sigma_{\delta 2}^2 & & \\ 0 & 0 & \sigma_{\delta 3}^2 & \\ 0 & 0 & 0 & \sigma_{\delta 4}^2\end{pmatrix}$$

$$=\begin{bmatrix}\lambda_{11}^2\sigma_{\xi 1}^2+\sigma_{\delta 1}^2 & & & \\ \lambda_{21}\lambda_{11}\sigma_{\xi_1}^2 & \lambda_{21}^2\sigma_{\xi_1}^2+\sigma_{\delta 2}^2 & & \\ \lambda_{32}\lambda_{11}\sigma_{\xi_2\xi_1} & \lambda_{32}\lambda_{21}\sigma_{\xi_2\xi_1} & \lambda_{32}^2\sigma_{\xi_2}^2+\sigma_{\delta 3}^2 & \\ \lambda_{42}\lambda_{11}\sigma_{\xi_2\xi_1} & \lambda_{42}\lambda_{21}\sigma_{\xi_2\xi_1} & \lambda_{42}\lambda_{31}\sigma_{\xi_2}^2 & \lambda_{42}^2\sigma_{\xi 2}^2+\sigma_{\delta 4}^2\end{bmatrix} \tag{4.3}$$

模型(4.3)式包含的未知参数较多，仔细比较式(4.2)和式(4.3)可以发现总体方差和协方差与模型参数的对应关系。例如

$$\sigma_{X1}^2=\lambda_{11}^2\sigma_{\xi 1}^2+\sigma_{\delta 1}^2 \tag{4.4}$$

$$\sigma_{X_4X_1}=\lambda_{42}\lambda_{11}\sigma_{\xi 2\xi 1} \tag{4.5}$$

上面(4.4)式等号左面是 X_1的总体方差，等号右面是 X_1在隐变量 ξ_1上的载荷 λ_{11}的平方乘以隐变量 ξ_1的方差，再加上随机误差项 δ_1 的方差。(4.5)式等号左面是 X_1与 X_4的总体协方差，等号右面是 X_1在隐变量 ξ_1上的载荷 λ_{11}乘以 X_4在隐变量 ξ_2上的载荷 λ_{42}，再乘以隐变量 ξ_1和隐变量 ξ_2的协方差。由

统计学知识可知，样本等号左边显变量的方差和协方差均可以通过样本估计得到，所以等号右边的模型参数是样本的函数。若设 S 为 X 的样本协方差矩阵，则有

$$S=\begin{bmatrix}\hat{\sigma}_{X_1}^2 & & & \\ \hat{\sigma}_{X_2X_1} & \hat{\sigma}_{X_2}^2 & & \\ \hat{\sigma}_{X_3X_1} & \hat{\sigma}_{X_3X_2} & \hat{\sigma}_{X_3}^2 & \\ \hat{\sigma}_{X_4X_1} & \hat{\sigma}_{X_4X_2} & \hat{\sigma}_{X_4X_3} & \hat{\sigma}_{X_4}^2\end{bmatrix}$$

显然，如果 S 与 $\sum$ 能充分拟合，则可以认为样本数据支持了构想测量的设计，也就验证了构想的有效性。所谓 S 与 $\sum$ 充分拟合，从统计学角度来看，就是 $\sum-S$ 所得的拟合残差为最小。根据这一原理，我们就可以对模型参数进行求解。

20 世纪 70 年代以来，有关验证性因子分析模型的求解方法快速发展。目前常用的求解方法主要有未加权最小二乘法(ULS)，广义最小二乘法(GLS)，最大似然法(ML)，渐进分布自由法(ADF)等①。SAS，LISREL 等很多统计软件提供了验证性因子分析的专用工具。对这一方面感兴趣的读者，请参考相应的理论书籍和统计软件使用手册。

使用验证性因子分析方法对综合评价构想进行统计检验，主要包含以下几个基本工作步骤：

1. 建立综合评价理论模型

根据经济学理论和研究目标，结合各种类型的经验知识和探索性分析结果，建立综合评价的理论模型。建立理论模型时要侧重模型反映学科理论的完整性、代表性。对于创新性研究，还要侧重于理论或应用上的创新性。

2. 建立统计模型

根据建立的理论模型，结合验证性因子分析方法的要求建立验证性因子分析模型。应该重点把握统计模型能够充分反映理论模型的设计结构，特质与特质之间的结构关系，特质与观测指标之间的影响关系和测量关系等方面。

3. 收集样本数据

根据统计模型参数估计的要求收集样本数据。对于统计研究来说样本数据的重要性怎么强调都不过分，目前统计数据质量问题已经成为一个专门的研究领域。通常收集样本数据应该注重数据的客观性、代表性、完整性、准确性、一致性、可比性。

① 参阅 Joreskog(1971)，Joreskog 和 Goldberger(1972)，Bollen(1984)。

4. 模型识别与模型估计

从模型(4.3)中可以看出,验证性因子分模型包含的未知参数较多。由于参数较多,所以模型并不是总能求解。判断模型能否求解的过程被称为模型识别。一般来说,如果未知参数的个数等于协方差矩阵中独立元素的个数,就可以估计出模型的唯一解,这时称为模型是恰好识别的。如果未知参数的个数少于协方差矩阵中独立元素的个数,这时模型的解是不唯一的,此时称为模型是过度识别的。其他情况称模型是不可识别的。如果模型无法识别,首先需要检查模型设定与理论模型是否吻合。在模型设定合理情况下,可以通过增加观测指标的数量来扩大协方差阵,从而增加模型可识别性。有关模型识别的具体方法,感兴趣的读者可以参考 Bollen(1989)的研究。目前大多数专业级统计软件都提供自动识别模型的功能。

对于可识别的模型可以使用样本数据进行参数估计和拟合检验。在分析之前一般需要对参数关系和参数值进行必要的设定。从理论上来说,模型中的所有未知参数都应该进行估计,但有时我们往往可以根据经济理论和先验知识,预设某些参数值和参数之间存在的关系。例如,假设随机误差项之间不相关,或某一隐变量和其观测之外的观测变量不相关(如$Cov(\xi_1, X_6)=0$),或两个隐变量之间不相关(如 $Cov(\xi_1, \xi_2)=0$)。当然,这些假设不能是随意的,也不能仅仅从统计计算的需要出发,而是根据经济理论判断得出的。

另外还需要设定隐变量的测量单位。由于隐变量本身是无量纲的量,又由于在理论模型中没有规定隐变量的度量单位,这使得人们无法对它们进行比较。设定隐变量的测量单位,可以帮助我们更好地理解隐变量,分析不同隐变量之间的联系。隐变量测量单位的设定一般采用两种处理方法:一种是固定载荷法,即在每个隐变量测量方程组中固定一个因子载荷为 1;另一种方法称为固定方差法,即固定所有隐变量的方差为 1。

5. 估计结果的检验

估计结果的检验包括多种类型检验,主要有:模型经济意义检验;总体模型拟合检验;单方程检验等。

(1)经济意义检验

经济意义检验是指从经济学角度判断参数估计结果的合理性。在开展经济评价工作之前,根据对经济理论的理解,研究者应该对模型中参数理论值的范围、大小、相互关系、符号等有基本的预期。当估计完成后,应该首先观察参数估计量与理解预期的符合程度。如果明显违背了经济理论的预期,即使模型拟合优度再高,其意义也仅仅是统计学的,不具备任何经济学方面的有效性。

(2)总体模型检验

进行总体模型检验的目的是判断样本与理论模型的总体拟合情况。度量总体模型拟合优度的指标很多,下面仅介绍本书使用的(也是最常用的)指标,更全面的指标内容读者可参考有关结构方程模型的专业文献。

χ^2统计量

可以证明,使用样本相关阵或协方差阵估计模型,当原假设 $H_0:\Sigma=\Sigma(\theta)$ 成立时,$(n-k)F$ 服从 χ^2 分布,即

$$\chi^2=(n-k)F$$

其中 n 为样本量,k 为独立观测的组数,F 为最小化拟合函数,F 通常使用 ML,GLS 或 WLS 等方法估计得到。

使用 χ^2统计量进行模型总体拟合优度检验时,各观测应该是独立同分布的,且样本量 n 应该足够大。使用 ML,GLS 等方法估计最小拟合函数时,变量还应该服从渐进多元正态分布。①

如果检验结果不显著,则接受原假设,即模型估计协方差阵与总体协方差阵拟合良好。从计算方法可以看出,χ^2 受样本量影响较大。样本量过大可能直接导致获得一个较大的 χ^2 值,从而拒绝原假设。而样本量过小时 χ^2 值也较小,又可能导致不合理地接受原假设。因此 χ^2 检验一般不用于对单一模型的检验,而是用于不同模型之间拟合效果的比较。

RMSEA(root mean square error of aooroximation)指数

由 Steiger and Lind (1980)定义的 RMSEA 指数计算方法如下:

$$RMSEA=\sqrt{k\times max\left(\frac{F}{df}-\frac{1}{n-k},0\right)}$$

其中 df 为模型的自由度,其他量与 χ^2 检验中的定义相同。

Browne 和 Cudeck(1993)给出了一个 estimated RMSEA 计算方法,公式如下:

$$estimated\ RMSEA=\sqrt{\frac{\hat{F}_0}{df}}$$

其中 $\hat{F}_0=\frac{x^2-df}{n}$ 或 0,$\hat{F}_0$ 越接近 0 模型拟合越好,当模型完全拟合时 $\hat{F}_0=0$。Browne 和 Cudeck(1993)认为,RMSEA 大于 0.1 说明模型拟合不佳。一般认为 RMSEA 受样本量和分布的影响较小,但也有学者认为小样本下

① 详细讨论请参阅 Browne(1982),Ör reskog and Ör rbom(1985),Bollen(1989)。

RMSEA 可能被高估。①

GFI(goodness of fit index)指数

使用 ML 和 GLS 法进行模型时估计,GFI 指数定义如下:

$$GFI=1-\frac{Tr(((W^{-1}(S-\hat{\Sigma}))^{2})}{Tr((W^{-1}S)^{2})}$$

其中 W 为权数矩阵,$\hat{\Sigma}$ 为 $\Sigma(\theta)$ 的估计量,S 为样本观测指标的协方差矩阵,其他量与前面定义相同。GFI 指数的分子为拟合残差的加权方差和,分母为样本加权方差和。其构造原理与回归模型中拟合优度 R^2 的构造相似,GFI 指数的取值也在 0 和 1 之间,越接近 1 说明总体模型拟合优度越高,越接近 0 说明总体模型拟合优度越低。

AGFI(adjusted GFI)指数

Tanaka 和 Huba(1989)建议,鉴于参数数目对 GFI 指数有一定影响,因此可以借鉴回归分析中设立调整后 R^2 的思想设立一个调整后 GFI 指数,并称之为 AGFI 指数。AGFI 指数的计算方法如下:

$$AGFI=1-\frac{(1-GFI)}{1-\frac{m}{n}}$$

其中 m 为模型中待估参数的数目, GFI 为上面的 GFI 指数,其他量与前面的定义相同。当模型中待估参数的数目大大少于样本点时,AGFI 指数的结果非常接近 GFI 指数。正常情况下,AGFI 值仍保持在 0 和 1 之间,越接近 1 说明总体模型拟合优度越高,越接近 0 说明总体模型拟合优度越低。

NFI(normed fit index)指数

Bentler and Bonett(1980)提出的 NFI 指数通过对独立模型进行比较来判断设定模型的拟合优度。假设存在一个独立模型,该模型中全部观测指标相互独立,此时模型的拟合误差最大,通常称该模型为基准模型(baseline model)。NFI 指数将研究模型和基准模型进行比较,以确定研究模型的拟合优度,具体计算方法如下:

$$NFI=1-\frac{F}{F_{max}}$$

上面公式中 F 与前面的定义相同,为独立模型拟合函数最小估计值。F_{max} 为基准模型拟合函数估计值,此时拟合的结果偏差最大。从计算公式可以看出,NFI 指数在 0 和 1 之间,越接近 1 说明总体模型拟合优度越高,越接近 0

① 详细讨论请参阅 Hu 和 Benler(1999)。

说明总体模型拟合优度越低。

有研究表明，小样本下使用 NFI 指数可能会低估模型的拟合优度。① 使用模型自由度对 NFI 指数进行调整可获得 NNFI（non-normed fit index）指数，IFI（incremental fit index）和 PNFI（parsimonious normed fit index）指数。在特定条件下，这些指数可以改善 NFI 的判定效果。②

CFI（comparative fit index）指数

Bentler（1995）提出了一个类似 NFI 的 CFI 指数，其构造原理与 NFI 指数近似。CFI 指数的计算方法如下：

$$CFI = 1 - \frac{max((n-k) \times F - df, 0)}{max((n-k) \times F_{max} - df_{max}, 0)}$$

其中 F 和 df 分别为独立模型拟合函数最小估计值和模型自由度，$F_{\max}$ 和 $df_{\max}$ 分别为基准模型拟合函数估计值和模型自由度。由上面的讨论知，$F_{\max}$ 和 $df_{\max}$ 在全部独立模型中具有最大值。在模型正常拟合的情况下，CFI 指数的取值在 0 和 1 之间，越接近 1 说明总体模型拟合越好。

残差

拟合残差 r_{ij} 定义为样本协方差与模型预测协方差的差。计算方法如下：

$$r_{ij} = s_{ij} - c_{ij}$$

其中 s_{ij} 为样本中第 i 个观测变量和第 j 个观测变量的协方差，c_{ij} 为使用模型预测的两者之间协方差。由于残差为绝对量，仅能反映观测值和预测值之间的绝对差异，不便于在不同模型之间进行比较。因此定义标准化残差，以便于模型之间拟合效果的比较。标准化残差 sr_{ij} 的计算方法如下：

$$sr_{ij} = \frac{s_{ij} - c_{ij}}{\sqrt{u_{ij,ij}}}$$

其中 $u_{ij,ij}$ 为样本协方差的渐近协方差矩阵。以 ML 方法为例，$u_{ij,ij}$ 的计算公式如下：

$$u_{ij,ij} = \frac{c_{ii}c_{jj} + c_{ij}^2}{n-1}$$

标准化残差的值在 0 和 1 之间，越接近 0 说明残差越小，该点的拟合越好，反之则说明模型拟合结果与实际观测差距较大。为了判断模型总体拟合效果，可以计算平均标准化残差。为了防止极端值的影响被平均结果稀释，还应该考察极端值的拟合残差和标准化残差。

（3）单方程检验

---

① 详细请参阅 Bearden 等（1982）的研究。

② 详细请参阅 Bertler 和 Bonett（1980），Bollen（1989a），Mulaik 等（1989）的研究。

单方程检验包括两个内容：一是单方程拟合优度检验。即对模型中每个方程拟合的优劣情况进行检验，目的是判断方程中模型设定的全部隐变量，总体上对与其对应的观测指标影响是否显著。R^2统计量(称为拟合优度)，是判断单方程拟合效果最常用的统计标准，其基本思想是考察方程中隐变量对模型总体变异性的解释能力，反映了使用样本按隐变量与观测指标设定关系进行拟合的结果。根据这一定义，利用已经获得的参数估计结果，我们很容易定义 R^2统计量的计算方法，具体如公式(4.6)所示。

$$R_i^2=1-\frac{Var(\delta_i)}{\sum_{j=1}^{k}\lambda_{ij}^2+Var(\delta_i)} \tag{4.6}$$

式中 i 表示对应的方程，$\sum_{j=1}^{k}\lambda_{ij}^2$ 为该方程中全部因素变量(含截距项)的方差贡献，$var(\delta_i)$为随机误差项的方差贡献。

除了总体模型检验外，单方程拟合检验还包括对方程中各隐变量对显变量影响的显著性验证。因为当方程中存在多个隐变量时，方程总体拟合优度检验显著，并不代表方程中所有隐变量对观测指标的影响都显著。所以此时必须对每个变量单独进行显著性检验，以决定是否应该将其包含在方程中。变量显著性检验最常用的统计方法是 t 检验。

(4) 构想结构收敛性与区分性检验

在综合评价构想中，特质之间具有较明显的独立性，一种特质反映了研究对象的一个侧面。但有时特质之间也具有一定的关联性，甚至互相影响，彼此结合构成了一个完整的经济系统，反映了对象在更高层面的综合能力特征。由于综合性特质无法直接观测，所以在测量时需要通过一组受其影响的观测变量间接测量。观测变量与其反映的特质高度相关，与其他被测特质之间的关联性则较弱。测量同一特质的观测变量之间相关性较高，测量不同特质的观测变量之间相关性则较低。按照这一原则设计的评价体系，特质与特质之间，特质与观测变量之间，观测变量与观测变量之间构成了一个结构关联系统。

从统计学角度来看，综合评价构想的结构系统应该具有以下特点：① 不同特质之间的区分性应该高于它们之间的相关性，通常称其为构想结构具有区分性特征或区分效度(discriminant validity)；② 一个特质与其观测变量之间的相关性，应该高于该特质与其他特质观测变量之间的相关性，通常称其为构想结构具有收敛性特征或收敛效度(convergence validity)。

根据上面的第 ② 点可知，构想测量的收敛性可以使用特质与其测量变量之间的相关性，及特质与其他特质测量变量之间相关性的比较来进行测度。从第三章中关于共同度的讨论可知，共同度反映了隐变量对观测指标的解释能力。共同度的取值在 0 至 1 之间，值越接近 1 说明隐变量对观测指标的解释能力强，反之则说明隐变量对观测指标的解释能力低。Comery 和 Lee(1992) 提出了一个共同度解释力的判别标准：当共同度达到50%时，认为隐变量对观测指标的解释能力为极好(excellent)；当共同度达到 40% 时，认为隐变量对观测指标的解释能力为很好(very good)；当共同度达到 30% 时，认为隐变量对观测指标的解释能力为好(good)；当共同度达到 20% 时，认为隐变量对观测指标的解释能力为一般(fair)；当共同度为 10% 时，认为隐变量对观测指标的解释能力较差(poor)。在标准化因子分析模型中，如果每个方程中只包含一个特质构想，则共同度等于该特质因子载荷的平方，此时可以方便地根据因子载荷的值来判断构想结构的收敛性。根据 Comery 和 Lee(1992) 建议给出的收敛性判别标准列在表 4.1 中。

表 4.1　Comery 和 Lee 的解释力判别标准

因子载荷(λ)	共同度(h^2)	收敛性
0.71	50%	优秀
0.63	40%	很好
0.55	30%	好
0.45	20%	一般
0.32	10%	较差

研究者可以根据实际研究的具体情况选择适合的标准。一般说来，研究的系统越复杂，解释力判别标准达到优秀等级的可能性越低。但 h^2 低于 30% 通常被认为解释力不具有显著性，而超过 40% 则被认为具有较好的解释力。

通常使用下面计算方差贡献率的方法判断一个特质对其观测变量的解释能力：

$$\frac{\lambda_{ij}^2}{\lambda_{ij}^2 + \delta_i^2}$$

根据前面的定义可知，λ_{ij}^2 为特质因子 ξ_j 对观测变量 X_i 的方差贡献，δ_i^2 为特殊因子的方差贡献。如果测量方程中只包含一个特质构想，则计算结果即为前面定义的共同度。研究者可以利用该结果与对应指标进行比较，来判断使用一个测量变量测量某个构想特质的收敛性。

如果使用一组(假设为 P 个) 观测指标去测量某个构想特质，按照上面的思路，可以先计算每个观测指标的方差贡献率，然后计算平均方差贡献率来测度构想的收敛性。设构想特质 j 对全部观测指标的平均方差贡献率为 $h_{ave,j}^2$，其计算方法如下：

$$h_{ave,j}^2 = \frac{1}{n}\sum_{i=1}^{p}\left(\frac{\lambda_{ij}^2}{\lambda_{ij}^2 + \delta_i^2}\right) \tag{4.7}$$

根据$h_{ave,j}^2$判断特质解释能力的标准，可以参考表4.1中Comery和Lee给出的判别标准。当一个特质的平均方差贡献率$h_{ave,j}^2$较高，而其与测量其他特质的观测指标之间的关联性较低时，系统具有较高的收敛性。

比较两个特质的收敛性和它们之间的相关性，可以判断构想结构设计的区分性。当两个特质$h_{ave,j}^2$的平均值高于它们之间相关系数的平方时，可以认为两个隐变量之间具有区分性。①

6. 模型的修正

验证性因子分析的一个重要统计功能是可以自由设定模型中观测变量和隐变量之间的关系。如有些研究者同时提出多种隐变量和观测变量之间的构想结构，并通过验证性因子分析进行检验。或者当构想没有通过检验时，主观调整隐变量和观测变量之间的结构关系，以获得更佳拟合结果的验证模型。

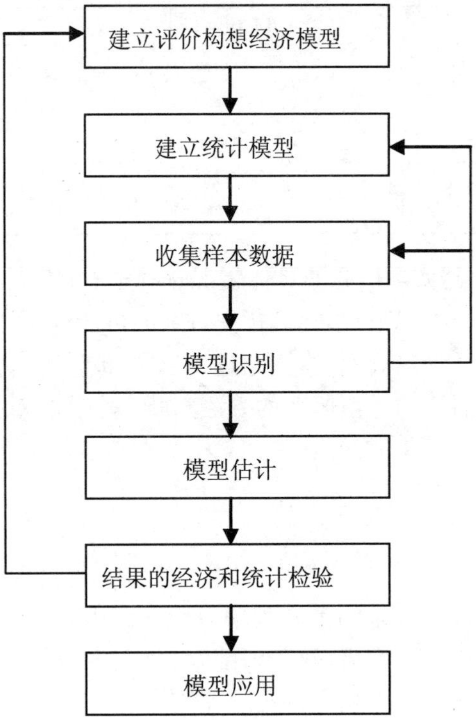

图4.2　验证综合评价构想工作步骤

但需要注意的是，此时进行的研究已经不是验证性分析，而是变成探索性分析了。此时拟合的"最佳"模型只具有统计学意义，而不具有经济学意义，对

---

① 详细讨论请参阅Fornell C. and Larcker D. F.（1981）的研究。

于此类模型必须重新进行经济学分析。因此，笔者认为，在构想未通过验证时，设计者不应该立即转向统计探索尝试，而应该转向以下两方面调查研究：一是样本数据的可靠性研究，主要从数据可靠性和抽样调查可靠性两个方面进行考察。①二是重新检讨构想的经济学理论设计，重新调整和修改构想设计。

综合上面方法介绍的基本内容，我们可以概括使用验证性因子分析进行综合评价构想检验的基本步骤，具体如图4.2所示。

从图4.2中可以看出，验证综合评价构想应该遵循从经济理论到统计检验的研究过程。在大多数情况下，这一过程都是循环往复，不断探索，不断完善的过程。只有通过经济学和统计学的双重检验，模型才能够予以应用。

下面我们使用一个公司治理评价的例子，来说明使用验证性因子分析方法对综合评价构想的统计检验。

（二）验证性因子分析的应用

1. 案例介绍

表4.2是根据OECD公司治理评价准则，设计的一个在企业层面进行公司治理综合评价的构想系统②。这一评价体系总共包含了企业的六种公司治理特质，第一栏中的黑体字概括列出了每种特质的定义，它们分别是：①确保有效的公司治理结构基础；②股东的基本权利；③股东的平等待遇；④其他相关利益者在公司治理中发挥的作用；⑤信息披露及透明度；⑥董事会与董事评价。在表4.2的第二列中，对每一种特质的理论背景进行了简要说明。

由于系统中的每一种特质都是一个隐变量，因此不能直接进行测量。必须首先根据经济理论和实践经验，找出受这些特质影响的企业行为和表现。这些行为和表现或者是可以直接测量的显变量，或者是那些已经取得测量结果的指标。利用已经获得的测量结果，我们就可以对系统构想进行评价。表4.2的第一列中还列出了每种特质具体包含的各个方面，它们通常可以作为考察特质的基本测量指标。例如在考察股东的基本权利特质时，我们可以从：①对股东基本权利的保证②股东被通知公司重要事项的及时性③股东行使权力的方便性、有效性等三个方面进行进行观测，通过对这三个方面的测量结果，来反映企业在股东的基本权利特质方面的具体表现。再如，在考察董事

① 有关可靠性问题的研究请参阅Cronbach(1951)，Nunnally(1978)，Schmitt(1996)等的研究。

② 为简化起见，本例中仅列出二级结构，在后面的检验中均假设每个二级指标已经获得了准确的测量数据。在实际研究中，读者可按本书方法先测量、分解和验证低级构想，再进行高级构想的检验。也可以直接使用高阶结构方程模型进行检验。

会与董事的工作特质时，可以从：① 董事会及董事工作制度的明确性 ② 董事会及董事决策的公正性、独立性 ③ 董事会及董事工作监督与考核机制完备性等三个方面进行，通过对这三个方面的测量结果，来反映企业在该项公司治理特质方面的具体表现。

表 4.2　一个公司治理综合评价系统

特质	思想内涵
1. 确保有效的公司治理结构基础(ξ_1) X_1 1.1 治理结构安排是否遵循市场化原则 X_2 1.2 公司治理原则的可执行性 X_3 1.3 公司治理原则的合法性、公平性、可监督性	良好的公司治理结构有利于企业在市场运营、管理层及其他岗位职责、监督、遵循法治原则等工作方面形成清晰、明确的责任划分
2. 股东的基本权利(ξ_2) X_4 2.1 对股东基本权利的保证 X_5 2.2 股东被通知公司重要事项的及时性 X_6 2.3 股东行使权力的方便性、有效性	应当确保全体股东方便、及时地了解其拥有的基本权利，并保证他们能够充分、及时、方便、有效地行使权力
3. 股东的平等待遇(ξ_3) X_7 3.1 同类股东是否受到平等对待 X_8 3.2 对控股股东的监督机制及发挥作用 X_9 3.3 受害股东能否获得有效赔偿	应当保证所有股东受到平等待遇，包括小股东和外国股东。对于侵害股东权利的行为，应可以及时发现、制止，并使受害股东获得赔偿
4. 其他相关利益者在公司治理中发挥的作用(ξ_4) X_{10} 4.1 银行参与治理的制度与机制 X_{11} 4.2 机构投资者参与治理的制度与机制 X_{12} 4.3 职工参与治理的制度与机制	应尊重债权人、职工、等各方的合法权益。在创造财富、就业及良好社会环境方面，企业应该积极地和各类相关利益者良好合作
5. 信息披露及透明度(ξ_5) X_{13} 5.1 财务信息披露质量与及时性 X_{14} 5.2 财务审计的独立性、规范性 X_{15} 5.3 控制权、资产变更等信息公开性与及时性	应确保公司财务与经营状况、控制权变更、股权结构变动、投资和资产变动及其他重要事项及时、准确地予以披露
6. 董事会与董事评价(ξ_6) X_{16} 6.1 董事会及董事工作制度的明确性 X_{17} 6.2 董事会及董事决策的公正性、独立性 X_{18} 6.3 董事会及董事工作监督与考核机制完备性	董事会和董事的责任和义务必须明确，并对其进行有效监督和考核。应保证董事会和董事公平、独立地行使权力

因为表 4.2 中的构想是根据经济理论、实践经验和探索性数据分析总结设计的一个理论系统，所以有必要在使用前对构想的有效性进行检验。下面将首先设计一个检验模型，然后使用实际测量结果进行检验。

2. 模型设计

为了使用统计方法对表4.1的理论模型进行检验，我们首先需要建立一个描述各项特质和指标之间关联关系的结构图，通常称其为结构关系图。

设变量 ξ_1 表示确保有效的公司治理结构基础特质；ξ_2 表示股东的基本权利特质；ξ_3 表示股东的平等待遇特质；ξ_4 表示其他相关利益者在公司治理中发挥的作用特质；ξ_5 表示信息披露及透明度特质；ξ_6 表示董事会与董事评价特质。六种基本特质每种都对应三个基本测量指标，使用 $X_1, X_2, \cdots, X_{18}$ 表示六种特质所对应的观测指标，各指标和特质之间的对应关系列在表4.1中。根据表中对应关系构建的结构关系如图 4.3 所示。

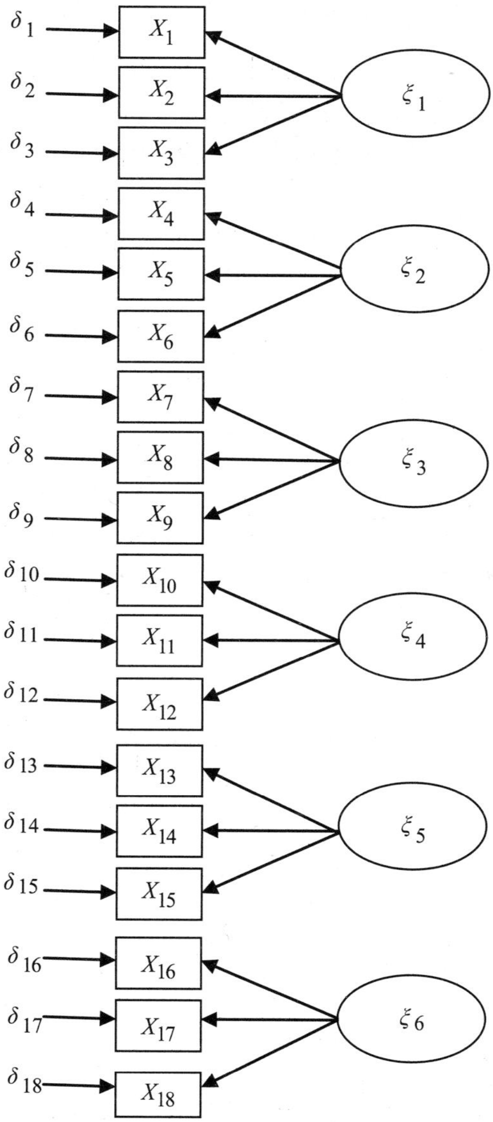

图 4.3　公司治理评价假设模型

根据图 4.3 中结构关系构建的构想有效性检验总体模型如下所示，

$$
\begin{array}{lll}
X_1=\lambda_{11}\xi_1+\delta_1 & X_2=\lambda_{21}\xi_1+\delta_2 & X_3=\lambda_{31}\xi_1+\delta_3 \\
X_4=\lambda_{42}\xi_2+\delta_4 & X_5=\lambda_{52}\xi_2+\delta_5 & X_6=\lambda_{62}\xi_2+\delta_6 \\
X_7=\lambda_{73}\xi_3+\delta_7 & X_8=\lambda_{83}\xi_3+\delta_8 & X_9=\lambda_{93}\xi_3+\delta_9 \\
X_{10}=\lambda_{10\,4}\xi_4+\delta_{10} & X_{11}=\lambda_{11\,4}\xi_4+\delta_{11} & X_{12}=\lambda_{12\,4}\xi_4+\delta_{12} \\
X_{13}=\lambda_{13\,5}\xi_5+\delta_{13} & X_{14}=\lambda_{14\,5}\xi_5+\delta_{14} & X_{15}=\lambda_{15\,5}\xi_5+\delta_{15} \\
X_{16}=\lambda_{16\,6}\xi_6+\delta_{16} & X_{17}=\lambda_{17\,6}\xi_6+\delta_{17} & X_{18}=\lambda_{18\,6}\xi_6+\delta_{18}
\end{array}
$$

其中，$X_1, X_2, \cdots, X_{18}$ 代表用于测量六个特质的十八个测量指标；ξ_1 代表确保有效的公司治理结构基础，ξ_2 代表股东的基本权利，ξ_3 代表股东的平等待遇，ξ_4 代表其他相关利益者在公司治理中发挥的作用，ξ_5 代表信息披露及透明度，ξ_6 代表董事会与董事评价；λ_{ij} 是第 i 个观测指标在第 j 个特质上的因子载荷；$\delta_1, \delta_2, \cdots, \delta_{18}$ 表示测量误差，假设其彼此之间相互独立。上面模型也可用矩阵形式表示如下：

$$
\begin{pmatrix} X_1 \\ X_2 \\ X_3 \\ X_4 \\ X_5 \\ X_6 \\ X_7 \\ X_8 \\ X_9 \\ X_{10} \\ X_{11} \\ X_{12} \\ X_{13} \\ X_{14} \\ X_{15} \\ X_{16} \\ X_{17} \\ X_{18} \end{pmatrix}
=
\begin{pmatrix}
\lambda_{11} & & & & & \\
\lambda_{21} & & & & & \\
\lambda_{31} & & & & & \\
0 & \lambda_{42} & & & & \\
0 & \lambda_{52} & & & & \\
0 & \lambda_{62} & & & & \\
0 & 0 & \lambda_{73} & & & \\
0 & 0 & \lambda_{83} & & & \\
0 & 0 & \lambda_{93} & & & \\
0 & 0 & 0 & \lambda_{10\,4} & & \\
0 & 0 & 0 & \lambda_{11\,4} & & \\
0 & 0 & 0 & \lambda_{12\,4} & & \\
0 & 0 & 0 & 0 & \lambda_{13\,5} & \\
0 & 0 & 0 & 0 & \lambda_{14\,5} & \\
0 & 0 & 0 & 0 & \lambda_{15\,5} & \\
0 & 0 & 0 & 0 & 0 & \lambda_{16\,6} \\
0 & 0 & 0 & 0 & 0 & \lambda_{17\,6} \\
0 & 0 & 0 & 0 & 0 & \lambda_{18\,6}
\end{pmatrix}
\begin{pmatrix} \xi_1 \\ \xi_2 \\ \xi_3 \\ \xi_4 \\ \xi_5 \\ \xi_6 \end{pmatrix}
+
\begin{pmatrix} \delta_1 \\ \delta_2 \\ \delta_3 \\ \delta_4 \\ \delta_5 \\ \delta_6 \\ \delta_7 \\ \delta_8 \\ \delta_9 \\ \delta_{10} \\ \delta_{11} \\ \delta_{12} \\ \delta_{13} \\ \delta_{14} \\ \delta_{15} \\ \delta_{16} \\ \delta_{17} \\ \delta_{18} \end{pmatrix}
\tag{4.7}
$$

从上面的方程可以看出，模型假定了每个观测指标只在其对应的一个隐变量上存在不为 0 的因子载荷，而在其他潜变量的因子载荷均为 0。

从本章第一节理论部分的讨论知，在模型估计前还需要设定因子的度量单位。在本例中，我们采用方差固定法，即令

$Var(\xi_1)=Var(\xi_2)=Var(\xi_3)=Var(\xi_4)=Var(\xi_5)=Var(\xi_6)=1$

方差固定后，剩余未知参数共有 51 个。表 4.3 列出了全部待估参数。

表 4.3　公司治理评价验证性因子分析模型待估参数

行号	参数 1 ～ 18	参数 19 ～ 36	参数 37 ～ 51
1	λ_{11}	$Var(\delta_1)$	$Cov(\xi_1,\xi_2)$
2	λ_{21}	$Var(\delta_2)$	$Cov(\xi_1,\xi_3)$
3	λ_{31}	$Var(\delta_3)$	$Cov(\xi_2,\xi_3)$
4	λ_{42}	$Var(\delta_4)$	$Cov(\xi_1,\xi_4)$
5	λ_{52}	$Var(\delta_5)$	$Cov(\xi_2,\xi_4)$
6	λ_{62}	$Var(\delta_6)$	$Cov(\xi_3,\xi_4)$
7	λ_{73}	$Var(\delta_7)$	$Cov(\xi_1,\xi_5)$
8	λ_{83}	$Var(\delta_8)$	$Cov(\xi_2,\xi_5)$
9	λ_{93}	$Var(\delta_9)$	$Cov(\xi_3,\xi_5)$
10	$\lambda_{10\,4}$	$Var(\delta_{10})$	$Cov(\xi_4,\xi_5)$
11	$\lambda_{11\,4}$	$Var(\delta_{11})$	$Cov(\xi_1,\xi_6)$
12	$\lambda_{12\,4}$	$Var(\delta_{12})$	$Cov(\xi_2,\xi_6)$
13	$\lambda_{13\,5}$	$Var(\delta_{13})$	$Cov(\xi_3,\xi_6)$
14	$\lambda_{14\,5}$	$Var(\delta_{14})$	$Cov(\xi_4,\xi_6)$
15	$\lambda_{15\,5}$	$Var(\delta_{15})$	$Cov(\xi_5,\xi_6)$
16	$\lambda_{16\,6}$	$Var(\delta_{16})$	
17	$\lambda_{17\,6}$	$Var(\delta_{17})$	
18	$\lambda_{18\,6}$	$Var(\delta_{18})$	

3. 参数估计与模型检验

(1) 参数估计

为了对模型 4.7 进行参数估计，需要收集上市公司 $X_1, X_2, \cdots, X_{18}$ 代表的观测指标数据。表 4.4 列出了根据样本资料计算的观测指标相关系数矩阵。①

① 在大多数情况下，使用协方差阵和使用相关阵估计模型得到的结果不同。在综合评价中通常需要对指标进行标准化，标准化数据的相关阵与协方差阵相同，可以直接使用指标的相关阵代替协方差阵。有关使用协方差阵和相关阵估计模型的详细讨论请参阅 Cudeck(1989) 的研究。

表 4.4　样本公司观测指标的相关阵

	X_1	X_2	X_3	X_4	X_5	X_6	X_7	X_8	X_9	X_{10}	X_{11}	X_{12}	X_{13}	X_{14}	X_{15}	X_{16}	X_{17}	X_{18}
X_1	1																	
X_2	0.69	1																
X_3	0.54	0.697	1															
X_4	-0.17	-0.157	-0.19	1														
X_5	0.03	0.057	0.02	0.358	1													
X_6	-0.06	-0.087	-0.132	0.576	0.388	1												
X_7	-0.1	-0.044	-0.09	0.105	0.242	0.132	1											
X_8	0.01	0.037	-0.044	0.107	0.316	0.107	0.58	1										
X_9	-0.08	-0.034	-0.048	-0.091	0.167	-0.014	0.49	0.59	1									
X_{10}	0.06	0.072	0.054	-0.082	-0.069	-0.102	0.09	0.06	0.22	1								
X_{11}	-0.1	-0.063	-0.016	-0.088	-0.146	-0.049	-0.02	0	0.14	0.347	1							
X_{12}	-0.04	0.09	0.045	0.034	0.037	-0.017	0.08	0.01	0.1	0.188	0.401	1						
X_{13}	-0.07	-0.039	-0.079	-0.104	-0.013	-0.123	0.09	-0.01	-0.01	0.128	0.055	0.008	1					
X_{14}	-0.1	-0.051	-0.019	-0.143	-0.031	-0.211	0.03	-0.05	0.04	0.072	0.048	0.01	0.774	1				
X_{15}	-0.09	-0.052	-0.076	-0.1	0.03	-0.132	0.09	0.02	0.05	0.07	0.055	0.07	0.721	0.742	1			
X_{16}	0.03	-0.021	-0.089	0.048	-0.025	0.091	0.05	0.12	0.06	0.066	-0.04	-0.024	-0.147	-0.253	-0.232	1		
X_{17}	0.04	-0.077	-0.126	0.063	0.077	0.139	0.1	0.13	0.09	-0.071	-0.168	-0.077	-0.139	-0.236	-0.155	0.571	1	
X_{18}	0.1	0.042	-0.038	0.113	-0.047	0.064	-0.09	-0.04	-0.11	-0.132	-0.12	-0.049	-0.267	-0.41	-0.306	0.59	0.502	1

利用上表中的数据，使用 ML 法对模型进行参数估计的结果列在表 4.5 中。表中对每个方程列出了 4 个估计值(每个方程 2 行，每行 2 个)，按出现顺序，各参数估计量及其意义如下：

① 因子载荷的参数估计值

各因子载荷的参数估计值列在每个方程的第一项，如 λ_{11} 的参数估计值为 0.7375，λ_{16} 的参数估计值为 0.7870。

② 误差项载荷的参数估计值

在因子载荷参数估计值右侧一项，显示了误差项载荷的参数估计值。在本例中已在模型中假设其为 1。

③ 因子载荷标准差的参数估计值

Std Err 一项列出了各参数估计值的标准差。如 λ_{11} 参数估计值的标准差为 $\hat{\sigma}_{\xi 1}=0.0742$，$\lambda_{16}$ 参数估计值的标准差为 $\hat{\sigma}_{\xi 16}=0.0784$。

④ 假设因子载荷均值为 0 显著性检验的 t 值

为了检验各方程参数的显著性，通常进行均值为 0 的显著性检验。表中 t Value 一项列出了检验的 t 值。如 λ_{11} 显著性检验的 t 值为 9.9358，λ_{16} 显著性检验的 t 值为 10.0443。

从表 4.5 中显示的结果可以看出，本例中所有因子载荷参数估计都为正数，这与理论构想设计的取值方向是一致的，从取值大小来看也符合理论预期，因此该模型因子载荷的估计值与理论预期的方向一致。

表 4.5　公司治理评价系统因子模型估计结果

x1	=	0.7375 * f1	+	1.0000 e1
Std Err		0.0742	t Value	9.9358
x2	=	0.9335 * f1	+	1.0000 e2
Std Err		0.0700	t Value	13.3314
x3	=	0.7459 * f1	+	1.0000 e3
Std Err		0.0741	t Value	10.0709
x4	=	0.7374 * f2	+	1.0000 e4
Std Err		0.0905	t Value	8.1473
x5	=	0.4967 * f2	+	1.0000 e5
Std Err		0.0873	t Value	5.6882
x6	=	0.7782 * f2	+	1.0000 e6
Std Err		0.0914	t Value	8.5127
x7	=	0.6953 * f3	+	1.0000 e7
Std Err		0.0803	t Value	8.6620
x8	=	0.8414 * f3	+	1.0000 e8
Std Err		0.0799	t Value	10.5313
x9	=	0.6979 * f3	+	1.0000 e9
Std Err		0.0803	t Value	8.6940
x10	=	0.3981 * f4	+	1.0000 e10
Std Err		0.1037	t Value	3.8403
x11	=	0.8804 * f4	+	1.0000 e11
Std Err		0.1620	t Value	5.4345
x12	=	0.4533 * f4	+	1.0000 e12
Std Err		0.1090	t Value	4.1594
x13	=	0.8547 * f5	+	1.0000 e1
Std Err		0.0672	t Value	12.7214
x14	=	0.9061 * f5	+	1.0000 e14
Std Err		0.0653	t Value	13.8825
x15	=	0.8277 * f5	+	1.0000 e15
Std Err		0.0681	t Value	12.1484
x16	=	0.7870 * f6	+	1.0000 e16
Std Err		0.0784	t Value	10.0443
x17	=	0.7012 * f6	+	1.0000 e17
Std Err		0.0793	t Value	8.8412
x18	=	0.7494 * f6	+	1.0000 e18
Std Err		0.0788	t Value	9.5158

(2) 总体模型拟合检验

总体模型拟合检验是对模型总体拟合显著性的判断。根据前面关于模型拟合评价的讨论,我们可以使用各检验统计量和指数判断总体模型拟合情况。本例中总体模型拟合检验的主要结果列在表 4.6 中。

表 4.6　公司治理评价总体模型拟合检验结果

Fit Function	0.8779
Goodness of Fit Index (GFI)	0.9129
GFI Adjusted for Degrees of Freedom (AGFI)	0.8759
Chi-Square	135.19
Chi-Square DF	120
RMSEA Estimate	0.0287
Bentler & Bonett's (1980)(NFI)	0.9448
Bentler's Comparative Fit Index(CFI)	0.9834

结合前面对各项总体拟合优度判别标准的讨论,从表 4.6 公司治理评价总体模型拟合检验结果可以看出:RMSEA 的估计值为 $0.0287<0.05$,反映模型拟合优度较高。GFI 指数等于 0.9129,AGFI 指数等于 0.8759,NFI 指数等于 0.9448,CFI 指数等于 0.9834。除 AGFI 指数外,其余指数都反映模型拟合优度较高。综合考虑各项检验结果可以得出以下结论:模型总体拟合优度较高,初步认为可以接受评价构想模型的设计方案。下面结合残差分析作进一步的判断。

(3) 残差分析

残差是模型预测结果与样本观测值之间的差值,反映了预测结果的误差。研究者可以通过残差分析,考察模型理论估计结果与实际观测值之间存在的差异。个体残差值越小,说明使用模型进行预测的结果与观测结果之间的拟合优度越高。平均残差值越小,说明模型整体拟合优度越高。表 4.7 列出了公司治理评价总体模型拟合残差。为便于观察,每对观测变量协方差的预测值与观测值差异,都列在矩阵中的对应位置上。例如 X_1 与 X_2 之间协方差预测值与样本值之间的绝对误差为 0.002,X_1 与 X_3 之间协方差的预测值与样本值之间的绝对误差为 −0.010。通过平均残差分析,还可以计算实际观测样本协方差与模型预测结果之间的总体差异。从表 4.7 显示的估计结果可以看出,本例中平均绝对残差为 0.044(计算平均值时包含了每个观测变量自身协方差,即方差),平均协方差绝对残差为 0.049(计算平均值时不包含方差)。

表 4.7　公司治理评价总体模型拟合残差

	X_1	X_2	X_3	X_4	X_5	X_6	X_7	X_8	X_9	X_{10}	X_{11}	X_{12}	X_{13}	X_{14}	X_{15}	X_{16}	X_{17}	X_{18}
X_1	0.000																	
X_2	0.002	0.000																
X_3	-0.010	0.001	0.000															
X_4	-0.086	-0.051	-0.105	0.000														
X_5	0.087	0.129	0.077	-0.008	0.000													
X_6	0.029	0.025	-0.042	0.002	0.001	0.000												
X_7	-0.089	-0.030	-0.079	0.011	0.179	0.033	0.000											
X_8	0.024	0.054	-0.030	-0.007	0.239	-0.013	-0.005	0.000										
X_9	-0.069	-0.020	-0.037	-0.185	0.103	-0.114	0.005	0.003	0.000									
X_{10}	0.075	0.091	0.069	-0.046	-0.045	-0.064	0.072	0.039	0.202	0.000								
X_{11}	-0.067	-0.022	0.017	-0.008	-0.092	0.035	-0.059	-0.048	0.101	-0.003	0.000							
X_{12}	-0.023	0.111	0.062	0.075	0.065	0.026	0.060	-0.014	0.080	0.008	0.002	0.000						
X_{13}	-0.025	0.018	-0.033	0.022	0.072	0.010	0.081	-0.021	-0.019	0.102	-0.002	-0.021	0.000					
X_{14}	-0.052	0.009	0.029	-0.010	0.059	-0.070	0.020	-0.062	0.030	0.045	-0.013	-0.021	0.000	0.000				
X_{15}	-0.046	0.003	-0.032	0.022	0.112	-0.004	0.081	0.009	0.041	0.045	0.000	0.042	0.014	-0.008	0.000			
X_{16}	0.043	-0.004	-0.076	-0.029	-0.077	0.010	0.010	0.071	0.019	0.113	0.064	0.029	0.111	0.020	0.017	0.000		
X_{17}	0.052	-0.062	-0.114	-0.005	0.031	0.067	0.064	0.086	0.054	-0.029	-0.076	-0.029	0.091	0.007	0.067	0.019	0.000	
X_{18}	0.113	0.058	-0.025	0.04	-0.096	-0.013	-0.129	-0.087	-0.149	-0.087	-0.021	0.002	-0.022	-0.15	-0.068	0	-0.024	0
Average Absolute Residual	0.044																	
Average Off-diagonal Absolute Residual	0.049																	

根据上面的残差分析表，本例中残差绝对值的平均值为0.044。如果忽略对角线上的元素（即只考虑协方差估计的残差），则残差绝对值的平均值为0.049。如前所述，由于绝对残差依赖原始数据的大小，因此很难据此判断模型拟合的优劣。绝对残差也不能反映各观测点之间拟合结果的差异，不能用于不同模型拟合优度的比较。如果希望进一步判断模型拟合的优劣，比较各观测点之间拟合结果的差异，或者比较不同模型的拟合优度，需要计算标准化残差。本例的标准化残差列在表 4.8 中。

从表 4.8 中可以看出，观测变量 X_1 与 X_2 之间协方差预测值与实际值之间的标准化残差为 1.247，X_2 与 X_3 之间协方差预测值与实际值之间的标准化残差为 −1.443，这两个取值与绝对残差的取值有很大差异。利用该表可以比较各观测点的拟合结果，如 X_5 与 X_8 之间的标准化残差最大，为 3.581 个标准化距离，已远远超出三倍标准差范围。其次为 X_{14} 与 X_{18} 之间的标准化残差，为 −3.480 个标准化距离，也远远超出三倍标准差范围。假设残差服从正态分布，上述误差都超过了 1% 显著性水平的临界值，说明上述观测点的预测值与实际值之间存在显著差异。此外，模型中还有 8 个标准化残差超过了 2 倍标准化距离，在正态分布假设下，这些值与平均值距离都超过了标准差的两倍，被观测到的概率小于 5%，也说明这些观测点的预测值与实际值之间差异较显著。

本例中模型总体平均残差为0.852,协方差平均残差为0.952,均在可接受的范围之内。但由于存在异常点的数目偏多,说明模型仍有进一步改进的余地。

在一般情况下,研究者可以根据残差分析结果,对样本数据质量进行分析,防止出现测量误差。异常点的存在是导致模型拟合中 χ^2 较大的主要原因之一。在排除数据错误之后如果仍然存在较多的异常点,应该进一步考虑对模型进行修正。

表 4.8　公司治理评价总体模型标准化残差

	X_1	X_2	X_3	X_4	X_5	X_6	X_7	X_8	X_9	X_{10}	X_{11}	X_{12}	X_{13}	X_{14}	X_{15}	X_{16}	X_{17}	X_{18}
X_1	0.000																	
X_2	1.247	0.000																
X_3	-1.443	0.594	0.000															
X_4	-1.445	-1.180	-1.781	0.000														
X_5	1.212	1.961	1.084	-0.428	0.000													
X_6	0.503	0.683	-0.753	0.482	0.095	0.000												
X_7	-1.377	-0.569	-1.228	0.186	2.506	0.578	0.000											
X_8	0.424	1.693	-0.554	-0.142	3.581	-0.306	-1.460	0.000										
X_9	-1.069	-0.379	-0.573	-3.129	1.453	-2.006	0.545	0.819	0.000									
X_{10}	0.992	1.258	0.916	-0.624	-0.577	-0.879	0.958	0.529	2.683	0.000								
X_{11}	-1.301	-1.103	0.338	-0.186	-1.398	0.964	-1.139	-1.529	1.943	-0.891	0.000							
X_{12}	-0.313	1.604	0.843	1.055	0.847	0.377	0.810	-0.205	1.081	0.237	0.690	0.000						
X_{13}	-0.434	0.478	-0.588	0.432	1.059	0.208	1.388	-0.489	-0.337	1.394	-0.057	-0.302	0.000					
X_{14}	-0.967	0.335	0.550	-0.217	0.891	-1.759	0.366	-1.689	0.551	0.617	-0.461	-0.304	-0.162	0.000				
X_{15}	-0.783	0.077	-0.544	0.413	1.635	-0.074	1.355	0.190	0.686	0.610	-0.008	0.580	2.294	-2.350	0.000			
X_{16}	0.736	-0.108	-1.304	-0.544	-1.110	0.211	0.163	1.564	0.331	1.563	1.645	0.422	2.494	0.520	0.372	0.000		
X_{17}	0.811	-1.216	-1.801	-0.088	0.435	1.187	1.002	1.585	0.845	-0.395	-1.511	-0.408	1.737	0.153	1.245	1.846	0.000	
X_{18}	1.844	1.275	-0.418	0.721	-1.371	-0.247	-2.102	-1.742	-2.438	-1.196	-0.480	0.026	-0.453	-3.480	-1.363	0.029	-1.809	0.000
Average Standardized Residual	0.852																	
Average Off-diagonal Standardized Residual	1.9521																	

如前所述,在实际研究中常常假设随机误差项服从正态分布。由于误差分析、模型检验、区间估计等很多工作是建立在随机误差项服从正态分布假设下,因此误差项的正态性检验对于这些工作具有重要意义。通过对残差的分布进行检验,可以推断随机误差项的分布情况。图4.4是本例中对残差进行正态性检验拟合的正态分布图。图中实线部分显示的图形为标准正态分布曲线图,虚线部分显示的图形为对残差拟合的正态分布曲线图。图示左上角显示了对残差进行正态性检验的结果,从检验结果可以看出检验的 P 值=0.0245,据此我们很容易根据研究前设定的显著性水平,决定接受(或拒绝)残差服从正态分布的假设。

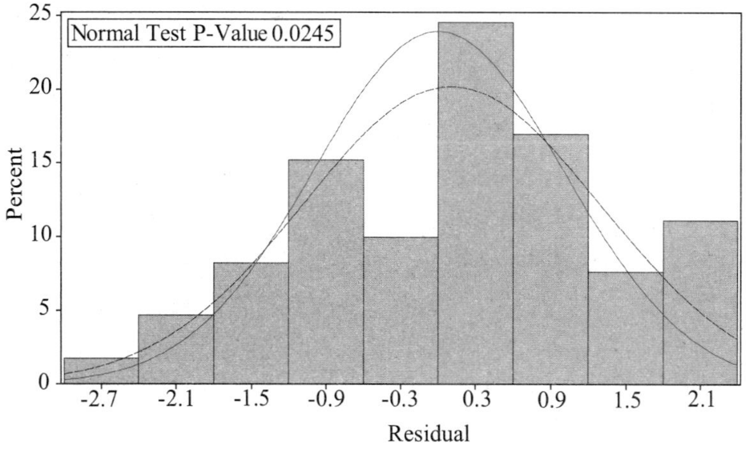

图 4.4　残差的正态性检验

(4) 单方程拟合检验

单个方程的拟合优度可以使用拟合优度 R^2 来进行检验。根据公式(4.6)计算的各方程拟合优度列在表 4.9 中。

表 4.9　公司治理评价模型单方程拟合优度

	Variable	Error Variance	Total Variance	R-Square
1	X_1	0.456	1.00000	0.543
2	X_2	0.129	1.00000	0.871
3	X_3	0.443	1.00000	0.556
4	X_4	0.456	1.00000	0.543
5	X_5	0.753	1.00000	0.247
6	X_6	0.394	1.00000	0.606
7	X_7	0.516	1.00000	0.483
8	X_8	0.292	1.00000	0.708
9	X_9	0.513	1.00000	0.487
10	X_{10}	0.841	1.00000	0.159
11	X_{11}	0.225	1.00000	0.775
12	X_{12}	0.795	1.00000	0.205
13	X_{13}	0.269	1.00000	0.730
14	X_{14}	0.179	1.00000	0.821
15	X_{15}	0.315	1.00000	0.685
16	X_{16}	0.381	1.00000	0.619
17	X_{17}	0.508	1.00000	0.492
18	X_{18}	0.438	1.00000	0.562

因为本例中每个方程只有一个隐变量，所以检验结果既反映了方程总体的拟合优度，也反映了该隐变量对观测变量的影响。从表 4.9 中列出的计算结果可以看出，大多数方程都具有较高的拟合优度 R^2。方程 3、方程 4 和方程 12

的拟合优度 R^2 相对较低(都低于0.5),但也都超过了0.4。按照Comery和Lee(1992)根据社会科学研究特点划分的判别标准,可以认为上面对样本的拟合达到了良好标准。

方程5、方程10和方程12的拟合优度 R^2 分别为0.247、0.159和0.205。按照Comery和Lee(1992)给出的判别标准,上述研究都没有达到好(good)的标准,方程5和方程12中隐变量对观测指标的解释能力为一般(fair),而方程10中隐变量对观测指标的解释能力为较差(poor)。导致这些结果的原因可能在于单方程模型的设定误差。一种常见原因是选择的测量变量不是该特质最佳的测量变量,另外一种可能是方程中应该包含更多的隐变量,更进一步的研究可以按这两个方向去寻找答案。

(5) 结构收敛性与区分性检验

表4.10列出了本例的标准化模型参数估计结果。从表中可以看出,模型5的标准化载荷 $\lambda_{52}=0.4967$,$\lambda_{52}^2=0.2472$;模型10的标准化载荷 $\lambda_{10\,4}=0.3981$,$\lambda_{10\,4}^2=0.1585$;模型12的标准化载荷 $\lambda_{12\,4}=0.4533$,$\lambda_{12\,4}^2=0.2055$;根据Comery和Lee的收敛性判别标准,上述三个方程均未达到良好收敛性的标准,需要进一步进行研究。除此之外,其他方程均达到了较好收敛性标准的要求。

表4.10　标准化估计结果

X_1	=	$0.7375*\xi1$	+	$0.6754\,\delta1$
X_2	=	$0.9335*\xi1$	+	$0.3586\,\delta2$
X_3	=	$0.7459*\xi1$	+	$0.6661\,\delta3$
X_4	=	$0.7374*\xi2$	+	$0.6754\,\delta4$
X_5	=	$0.4967*\xi2$	+	$0.8679\,\delta5$
X_6	=	$0.7782*\xi2$	+	$0.6280\,\delta6$
X_7	=	$0.6953*\xi3$	+	$0.7187\,\delta7$
X_8	=	$0.8414*\xi3$	+	$0.5404\,\delta8$
X_9	=	$0.6979*\xi3$	+	$0.7162\,\delta9$
X_{10}	=	$0.3981*\xi4$	+	$0.9174\,\delta10$
X_{11}	=	$0.8804*\xi4$	+	$0.4742\,\delta11$
X_{12}	=	$0.4533*\xi4$	+	$0.8914\,\delta12$
X_{13}	=	$0.8547*\xi5$	+	$0.5192\,\delta13$
X_{14}	=	$0.9061*\xi5$	+	$0.4230\,\delta14$
X_{15}	=	$0.8277*\xi5$	+	$0.5612\,\delta15$
X_{16}	=	$0.7870*\xi6$	+	$0.6170\,\delta16$
X_{17}	=	$0.7012*\xi6$	+	$0.7129\,\delta17$
X_{18}	=	$0.7494*\xi6$	+	$0.6621\,\delta18$

在本例中,每个隐变量都使用了一组(多个)显变量指标进行测量,此时需要检验各组测量的收敛性。我们根据公式4.7进行了计算,各组计算结果列在表4.11中。从表中的计算结果可以看出,有四组(1组,3组,5组,6组)测量的

收敛性达到优秀标准,一组(2组)达到很好标准,一组(4组)达到好标准,说明模型的测量结构总体上具有较好的收敛性。

表 4.11 结构收敛度

	$\sum\lambda_{ij}^2$	$\sum\delta_i^2$	$\sum\lambda_{ij}^2+\sum\delta_i^2$	$h_{ave,j}^2$
1	1.972	1.028	3.000	0.657
2	1.396	1.604	3.000	0.465
3	1.678	1.322	3.000	0.559
4	1.139	1.861	3.000	0.380
5	2.237	0.763	3.000	0.746
6	1.673	1.327	3.000	0.558

为了考查构想测量结构的区分性,还需要比较隐变量测量的收敛性和隐变量之间的相关性,根据区分性比较要求计算的指标列在表 4.12 中。表中对应每对隐变量的交叉项处共有两项数据,第一项显示了两个隐变量组收敛度的平均值,第二项显示了两个隐变量之间的相关系数的平方。将各组收敛度平均值和对应相关系数平方进行比较可以看出,各因变量之间的平均收敛度均高于对应的相关系数平方。证明本研究的构想结构设计具有较高的区分度。

综合以上各项检验结果,对于本例模型我们可以得出以下结论:

1)样本对模型总体构想设计拟合良好;

2)样本对模型中多数方程拟合良好,个别方程的拟合优度不高,有待进一步研究、改进;

3)隐变量对观测变量具有较高的解释力;

4)构想结构具有较高的收敛性和区分性。

表 4.12 模型结构收敛度与区分度比较

	ξ_1	ξ_2	ξ_3	ξ_4	ξ_5
ξ_2	0.561				
	0.024				
ξ_3	0.608	0.512			
	0.004	0.033			
ξ_4	0.518	0.423	0.470		
	0.003	0.014	0.039		
ξ_5	0.701	0.605	0.653	0.563	
	0.049	0.040	0.000	0.006	
ξ_6	0.607	0.511	0.559	0.469	0.652
	0.004	0.018	0.050	0.022	0.151

综上所述,可以认为本例中关于公司治理评价构想设计的样本检验,具有较显著的构想有效性,下一步模型修正的重点,应放在对个别方程拟合优度的改进方面。

二、多质一多法综合评价构想的统计检验

现代经济评价研究通常都有一个比较复杂的理论结构。大多数情况下,这些研究的构想需要对两种(或两种以上)特质进行评价,以达到获得多目标、综合性评价结果的目的。以公司治理评价研究为例,根据 OECD 公司治理评价准则(2004)制定的企业治理评价系统包含六个基本特质:①确保有效的公司治理结构基础;②股东的基本权利;③股东的平等待遇;④其他相关利益者在公司治理中发挥的作用;⑤信息披露及透明度;⑥董事会与董事评价。通过分析上述六个方面的基本特质,可以对单个企业上述每种公司治理特质进行评价,也可以对其公司治理总体水平进行综合性评价。同时,还可以对企业总体的每种公司治理特质进行评价,也可以对企业总体公司治理总体水平进行综合性考量。这就是所谓多特质、多目标评价研究。

多方法性是指在一项评价研究中同时使用多种测量方法或测量技术,以提高评价的有效性,这是当前评价研究快速发展的的一个前沿领域。目前多方法的使用主要存在以下两种情况:一是在测量的不同阶段使用不同的测量方法(或技术),目的是根据不同数据资料选择最适宜的方法,从而提高测量的精确度;二是针对同一个测量阶段选择不同方法,目的是保证数据资料的客观性、公平性,从而提高测量结果的有效性。本书所指的多方法性针对的是后一种类型。

虽然多方法性不是一项评价研究必须具备的性质,但实践证明,由于不同测量方法在因素测量上的效用不同,因此综合运用多种测量方法可以弥补单一测量方法的不足,从而提高评价结果的有效性。目前,很多综合评价研究都在整体或局部上使用了多方法测量技术。下面的例子有助于说明使用多方法获得的效果。

在一项公司治理评价研究中,研究者发现从企业经理人员获得的主观性调查指标,往往导致企业获得一个很高的评价结果。有时,这些结果与研究者从其他角度获得的资料不能相互印证。为了获得更客观的评价结果,研究者从相关利益者理论的角度出发,对主观性调查采用企业经理人员评价、职工评价、用户评价、居民评价、政府评价等多种方法。通过综合上面各种测量数据,

最终获得了较为公平、客观的评价结果。

如果一项评价研究需要测量对象的多种特质,同时在测量每种特质时使用了两种以上的测量方法,则称其为多特质一多方法评价研究,简称多质一多法研究。由于多质多法研究有利于提高测量结果的公平性、客观性等,因此在经济评价研究中得到了广泛应用。但是因为多质一多法研究中除了各特质之间的相互影响以外,还增加了各测量方法之间的相互影响,使得其评价的构想结构更为复杂,因此其构想效度的检验也是比较困难的。

1959 年,Donald T. Campbell 和 Donald W. Fiske 提出了一种多质一多法矩阵(multitrait-multimethod matrix)检验方法,此后 Marsh & Hocevar(1983),Eid(2000),Tenko(2011)等学者对其作了进一步改进和发展。该方法被推出后,在教育学和心理学评价研究中得到了很好的应用。如 Lawler(1967)使用多质一多法对人格特质评价有效性进行了研究。Bajtelsmit(1979)和 Marsh(1982)对教师效率因素的评价。Sackett 和 Dreher(1982)对企业评分系统的有效性进行了检验。Forsythe(1986)分析了标准化测验、监管人表现评级和同伴表现三种评价方法,在认知力、人际交往能力和个性特质评价中的构想有效性。Byrne(1993)研究了教师、自我、亲属和同伴四种评价方法,评价学生社交能力,学术能力,数学能力和英语能力的构想有效性。Cole(2001)在研究了使用了教师评价和同伴评价的方法,研究学生学术能力、社会承认、运动能力、生理和行为表现五种特质的构想有效性。虽然在教育学和心理学评价研究中得到了很好的应用,但目前该方法在经济评价中还鲜有使用。

为了读者能更好地理解该方法,下面我们首先介绍两个新的概念:会聚效度和区分效度。

(一)会聚效度和区分效度

从有效性理论方面来看,多质一多法矩阵模型是会聚效度检验和区分效度检验的联合运用。会聚效度检验的基本思想是,当使用不同方法评价同一种特质时,如果评价是有效的,那么评价结果之间应该具有较高的相关性。如果评价结果之间的相关性低,则意味其中一些方法的有效性也较低。区分效度检验的基本思想是正交化,即针对某一种特质设计的测量,不应该再适用于测量与其不同的那些特质。从评价研究角度出发也可以表述为:对某个构想测量有效的评价,应该对其他不相关构想的测量无效。① 所以,当对不同特质

① 在社会科学研究中坚持完全正交化是不切实际的,因此笔者建议使用高效与低效代替无效或有效。

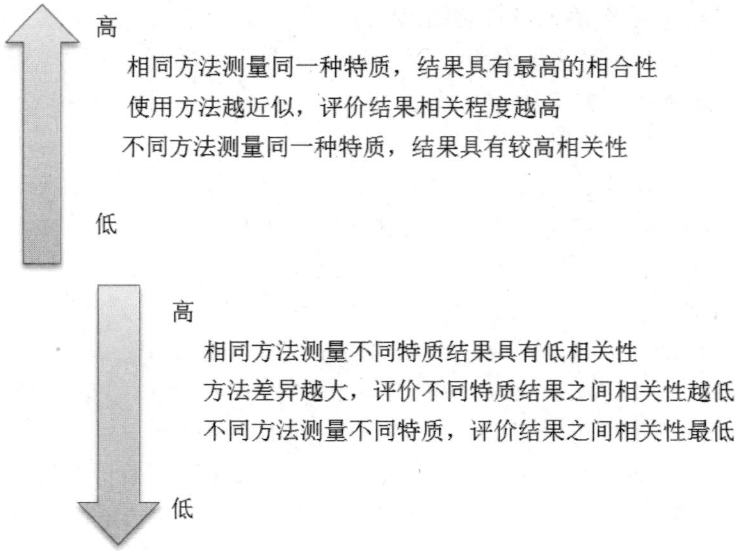

图 4.5　多质一多法评价模型的收敛性与区分性

进行评价时，如果特质之间不相关，不论使用的方法相同与否，评价结果之间都不应该具有相关性。即评价结果之间的相关性，应该由评价内容决定，而不应该受评价方法或其他因素影响。在实际研究中，有些特质之间可能存在一定的相关性，这是很难避免的。但是，在同一研究中同时出现两个或两个以上高度相关特质的构想，在理论设计上是不合理的。因此，对构想进行统计学检验时，如果隐变量之间存在高度相关，则被认为设计方案缺乏区分效度、是不合理的。

总结会聚效度检验和区分效度检验的基本思想可以得出以下结论：首先，使用相同的方法，对同一种特质进行测量和评价时，各评价结果之间应该具有完全的相关性，即理论上其相关系数等于 1。[1] 如果使用的方法不完全相同、甚至完全不同，鉴于特质本质的唯一性，各评价结果之间仍然应该具有较高的相关性。使用的评价方法越近似，评价结果的相关程度应该越高，并且随着方法近似性的增加，评价结果的相关程度呈现向完全相关的方向收敛。其次，当对不同特质进行测量和评价时，理论上评价结果之间应该不相关。但在实际中，受评价方法相似性和特质之间相关性的影响，有时可能会出现评价结果之间相关的情况，但这种相关程度应该远远低于使用不同方法，评价同一特质结果之间的相关程度。随着使用方法差异的扩大，评价结果之间的相关性也应

① 考虑存在测量误差，因此实际反映了测量的可靠性，即信度。

该越低，呈现发散性。图 4.5 以正交化特质为例，对上面的分析进行了总结。向上的箭头描述了不同方法对同一特质评价的收敛过程，向下的箭头描述了不同方法对不同特质评价的发散过程。

表 4.13 中总结了正交化设计下，多质多法综合评价结果的相关性来源。从表中可以看出，评价内容相关是影响评价结果之间存在相关性的根本依据。

表 4.13　多质一多法评价结果的相关性来源

内容	相关程度	影响相关的决定因素
同方法同特质	理论相关系数为 1	内容和方法
相似方法同特质	高	内容和方法
不同方法同一种特质	较高	内容
同方法不同特质	较低	方法
相似方法不同特质	低	方法
不同方法不同特质	不相关	随机因素

（二）多质一多法矩阵

表 4.14　Campbell 和 Fiske 给出的多质一多法矩阵

		Method1			Method2			Method3		
	Traits	A_1	B_1	C_1	A_2	B_2	C_2	A_3	B_3	C_3
Method1	A_1	(.89)								
	B_1	.51	(.89)							
	C_1	.38	.37	(.76)						
Method2	A_2	.57	.22	.09	(.93)					
	B_2	.22	.57	.10	.68	(.94)				
	C_2	.11	.11	.46	.59	.58	(.84)			
Method3	A_3	.56	.22	.11	.67	.42	.33	(.94)		
	B_3	.23	.58	.12	.43	.66	.34	.67	(.92)	
	C_3	.11	.11	.45	.34	.32	.58	.58	.60	(.85)

资料来源：Campbell D T and Fiske D W, Convergent and discriminant validation by the multitrait multimethod matriX. Psychological Bulletin, MARCH, 1959, Vol. 56, No. 2.

多质一多法矩阵同时列出了相同方法测量同一特质，不同方法测量同一特质，相同方法测量不同特质，不同方法测量不同特质，四种情况下测量结果的相关系数。这样就可以同时观察评价结果会聚效度的收敛性和区分效度的发散性。通过将这些结果进行比较，就可以对评价结果的有效性进行推断。表 4.14 显示的是 Campbell 和 Fiske(1959)设计的多质一多法矩阵。

在表 4.14 描述的例子中，Campbell 和 Fiske 假设使用三种不同方法对研究对象的三种特质进行评价。表中分别列出了使用三种方法对 A、B、C 三种特质进行评价的会聚效度和区分效度。A_1、A_2、A_3 分别表示使用方法一、方法二和方法三对特质 A 进行评价，B_1、B_2、B_3 分别表示使用方法一、方法二和方法三对特质 B 进行评价，C_1、C_2、C_3 分别表示使用方法一、方法二和方法三对特质 C 进行评价。矩阵主对角线上显示的元素(如$(A_1,A_1)=0.89$)，显示了使用相同方法测量同一特质所得结果的相关系数[①]。实线直角三角形内的元素(如$(B_1,A_1)=0.51$)，显示了使用相同方法测量不同特质结果的相关系数，如果框中的元素相关程度高，说明使用的评价方法之间存在较多的共同点。虚线直角三角形内的元素(如$(A_2,B_1)=0.22$)，显示了用不同方法测量不同特质结果的相关系数，从前面的分析可知，在该框中列出的相关系数仅取决于随机因素，在所有部分中列出的元素中其绝对值应该是最低的。虚线三角形之间的元素(如$(A_2,B_1)=0.22$)，显示了用不同方法测量相同特质结果的相关系数，它们的平均值经常被用来作为效度检验的指标。从前面的分析可知，虚线三角形之间元素的值越高，说明评价的会聚效度越高。三角形之内元素的绝对值越低，说明评价的区分效度越高。

虽然研究者可以直接使用虚线三角形之间元素的平均值作为结果来检验构想效度，但进一步比较各区域的计算结果往往可以获得更为精确的信息。因此，在使用多质一多法矩阵时，一般遵循以下原则对构想效度进行判定：

1. 定义效度系数为虚线三角形之间元素的平均值。如果效度系数显著大于 0，说明同一特质的各种不同测量结果有正相关；

2. 以不同方法测量同一特质的相关，必须高于不同特质用同一方法所测得的相关值，即特质的差异必须比方法的差异更为突出；

3. 效度系数必须高于不同特质用不同方法测量所得之相关，从而预防出现不合理的构想设计。

(三)多质一多法矩阵的应用

下面我们通过一个公司治理评价的例子来说明多质一多法矩阵的使用方

① 通常称为信度，是测量可靠性的指标。

法。为了清楚起见，这里对特质的数量进行了简化，仅保留四种特质。选择的四种特质是：①确保有效的公司治理框架基础；②股东的权利及主要的所有者权能；③信息披露及透明度；④董事责任。在本例中，我们分别使用专家评价和客观评价两种方法对企业每种治理特质进行测量。显然，这是一项多质—多法的综合评价研究。

表 4.15 显示了采用两种方法进行评价所得结果之间的相关系数，以及根据计算结果列出多质一多法矩阵。

表 4.15　公司治理评价多质一多法矩阵

		专家评价				客观评价			
		①	②	③	④	①	②	③	④
专家评价	①	(.82)							
	②	.74	(.80)						
	③	.63	.65	(.74)					
	④	.76	.78	.65	(.89)				
客观评价	①	.13	.14	.10	.14	(.28)			
	②	.06	.12	.16	.08	.27	(.38)		
	③	.01	.08	.10	.02	.19	.37	(.42)	
	④	.12	.15	.14	.16	.27	.32	.18	(.36)

注：①表示确保有效的公司治理框架基础特质；②表示股东的权利及主要的所有者权能特质；③表示信息披露及透明度特质；④表示董事责任特质。

利用表 4.15 各区域中的信息我们可以进一步完成以下计算：①计算效度系数；②计算使用相同方法测量不同特质结果间的相关系数，并计算其平均值；③计算使用不同方法测量不同特质结果的相关系数，并计算其平均值。每项的具体计算结果列在表 4.16 中。表中第一列和第二列分别为四种特质，以及使用两种方法对每种特质进行测量所得结果的相关系数。例如第二列第四行的值为 0.16，它表示使用专家评价法和客观评价法所得测量结果之间的相关系数。第二列第五行的值为 0.13，它表示上面四个相关系数的平均值，反映了使用不同方法测量同种特质的平均效果。表中第三列和第四列分别为使用每种测量方法，测量不同特所得结果之间相关系数平均值，以及异质同法测量结果相关系数的总平均值。例如使用专家评价法测量四种特质所得结果之间相关系数的平均值等于 0.7，而两种方法异质同法测量结果相关系数的总平均值为 0.49。表中第五列和第六列列出的是使用二种不同测量方法，测量不同特质(即异质异法)所得结果之间相关系数的平均值。

分析表中的结果可以看出，异质异法的相关系数平均值最低，等于0.10，说明构想设计具有较高的区分度。但是，同质异法相关系数平均值仅为0.13，明显偏低。且同质异法相关系数平均值小于异质同法相关系数平均值(0.49)，说明基于内容评价结果之间的相关性，明显低于由方法相似性导致的结果之间相关性，据此可推断该测量设计的构想效度较低。

表4.16 公司治理评价多质一多法矩阵检验结果

同质异法	相关系数	异质同法	平均相关系数	异质异法	相关系数
①	0.13	专家评价	0.70		
②	0.12	客观评价	0.27		
③	0.10				
④	0.16				
平均值	0.13	—	0.49	—	0.10

注：①确保有效的公司治理框架基础；②股东的权利及主要的所有者权能；③信息披露及透明度；④董事责任。

三、验证性因子分析在多质一多法模型检验中的应用

从前面的分析可以知道，由于受测量方法之间的相互影响，测量结果之间可能具有相关性。对于这类问题进行构想有效性检验，目前较流行的一种观点是把测量方法也看作一类特质要素，把其对测量结果产生的影响看作隐变量对观测变量的影响，这样就可以巧妙地设计验证性因子分析模型，对多质一多法理论构想的效度进行统计检验。

下面以第二节讨论过的公司治理结构评价为例进行说明。假设在对观测指标进行测量时，对每项特质分别使用三种不同方法进行度量，即债权人(银行)评价、机构投资者评价和股东(普通股东)评价。使用上述三种方法和包含六种公司治理特质进行评价的构想可以用图4.6来描述。

从图中可以看出，每种特质对应三个显变量指标，每个指标表示一种方法的测量结果。如ξ_1对应的显变量指标分别是银行评价①、机构评价①和股东评价①，分别表示银行、机构和股东对特质ξ_1(确保有效的公司治理结构基础)的评价结果。这样就把通过不同方法获得的特质评价结果，转化为测量该特质的一个观测指标来使用，从而形成了新的显变量和隐变量关系结构。所研究的特质没有发生任何改变，每种单一方法的测量结果成为了观测指标。这样安排的好处是，可以通过组合测量来避免使用单一方法可能导致的偏误，提

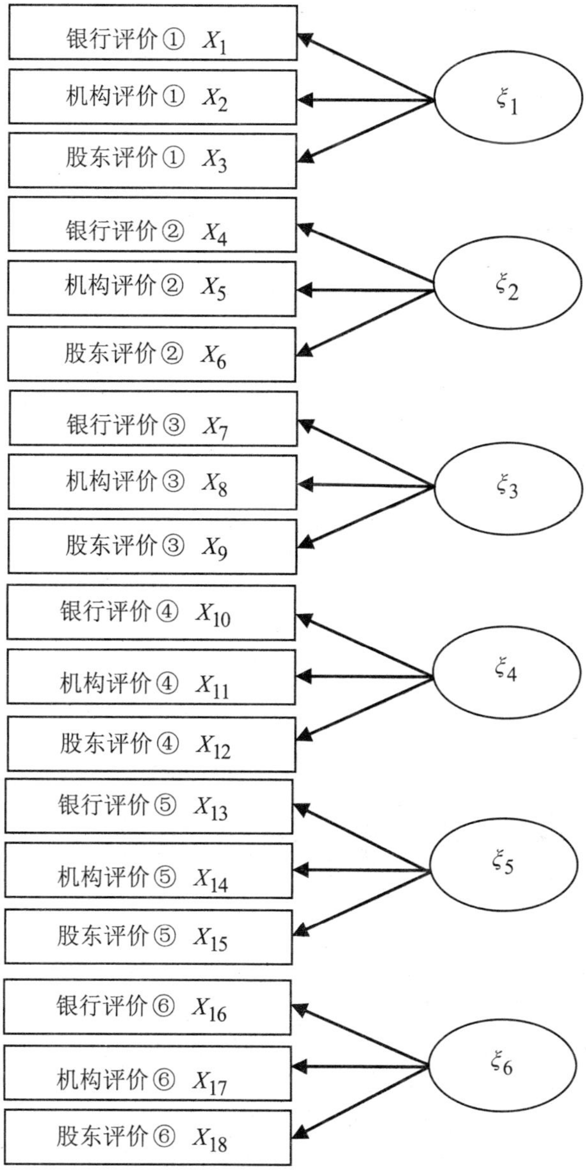

图 4.6　公司治理评价多质一多法验证模型

高测量结果的客观性和公平性。例如在本例中，由于企业债权人、机构投资者和普通投资者各自在企业中的地位不同、利益不同，因此他们在对企业进行评价时，往往更多地从自身所能观察到的视角进行评价，评价结果更多考虑的是自身利益最大化。因此，每个单一的评价结果都是有偏的，对企业其他相关利益者可能是不公平的。

如果考虑到测量方法可能影响测量结果，与上面思路相近的另一种设计方案是：假定使用同一方法测量不同指标时，每个指标的测量结果因受到方法因素的影响而彼此相关。因此，我们可以把方法因素看作影响其测量指标的潜在特质，而把使用同种方法获得的测量结果作为观测该潜在特质的显变量值。根据这一思想设计的验证性因子分析模型如图 4.7 所示。

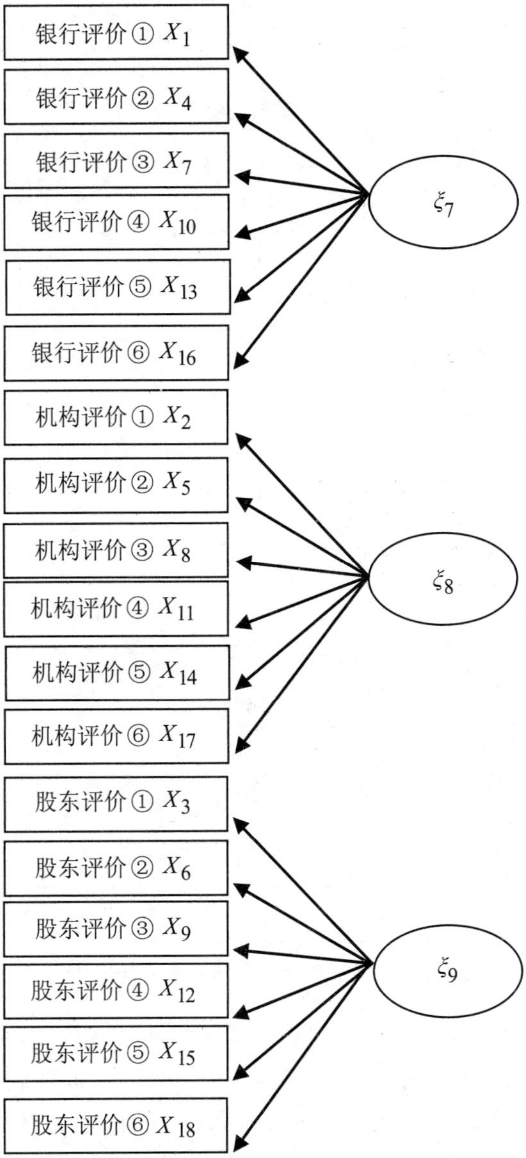

图 4.7　公司治理评价方法因素影响验证模型

从图 4.7 中可以看出，银行对①确保有效的公司治理结构基础；②股东的基本权利；③股东的平等待遇；④其他相关利益者在公司治理中发挥的作用；⑤信息披露及透明度；⑥董事会与董事评价等所有指标的评价结果都受同一方法要素 ξ_7 的影响。因此，ξ_7 为银行评价方法隐变量，银行对①确保有效的公司治理结构基础的评价结果 X_1，对②股东的基本权利的评价结果 X_4；对③股东的平等待遇的评价结果 X_7；对④其他相关利益者在公司治理中发挥的作用的评价结果 X_{10}；对⑤信息披露及透明度的评价结果 X_{13}；对⑥董事会与董事评价的评价结果 X_{16} 为受 ξ_7 影响的观测变量。同理，机构对所有指标的评价结果都受同一方法要素 ξ_8 的影响，X_2，X_5，X_8，X_{11}，X_{14}，X_{17} 为其影响的观测变量。股东对所有指标的评价结果都受同一方法要素 ξ_9 的影响，X_3，X_6，X_9，X_{12}，X_{15}，X_{18} 为其影响的观测变量。

总结以上两种检验思路可以看出，由于观测指标可能同时受企业治理特质和测量方法两类要素的影响，所以单独使用图 4.6 和图 4.7 设计的检验模型，都无法完整地检验多特质、多方法的设计构想，也无法检验构想的收敛性与区分性，因为上述设计都没有同时考虑另一类潜在特质的存在。要完整地检验多质一多法构想，需要在一个验证模型中，同时考虑治理特质和测量方法两类潜在要素。在上例中，综合考虑特质和测量方法两类潜在要素影响的验证模型如图 4.8 所示。

从图 4.8 可以看出，每个观测指标都受两类特质的影响，一类是企业公司治理特质，另一类是测量方法特质。模型同时还假设，不同方法对同一公司治理特质评价结果之间的相关性，高于同一方法对不同公司治理特质评价结果之间的相关性。为了检验图 4.8 的构想设计，需要从银行评价、机构评价、股东评价三个方面收集数据，然后对每种特质分别进行单独测量，最后利用各项结果进行构想有效性检验。

从理论上看，图 4.8 中的设计是一个十分合理的方案。但不幸的是，在实践中往往根据上面设计获得的样本协方差矩阵为非正定矩阵，从而无法用来对该模型构想进行检验。

为了解决多质一多法构想模型的实证检验问题，Marsh（1988，1989）建议使用一类称为相关特质相关特性检验模型（correlated tiait correlated uniquness，简称 CTCU 模型）取代传统模型。CTCU 模型使用图 4.6 中的构想设计，但考虑到每个观测指标可能同时受特质因素和方法因素的影响，而方程中又没有将方法因素作为公共因子，所以其影响必然存在于特殊因子（即随机误差项）中。为此原模型关于随即误差项彼此之间不相关的假设不再成立。按此思路，在建立 CTCU 模型时，取消了随机误差项之间不相关的假设，而代之以如下假设：

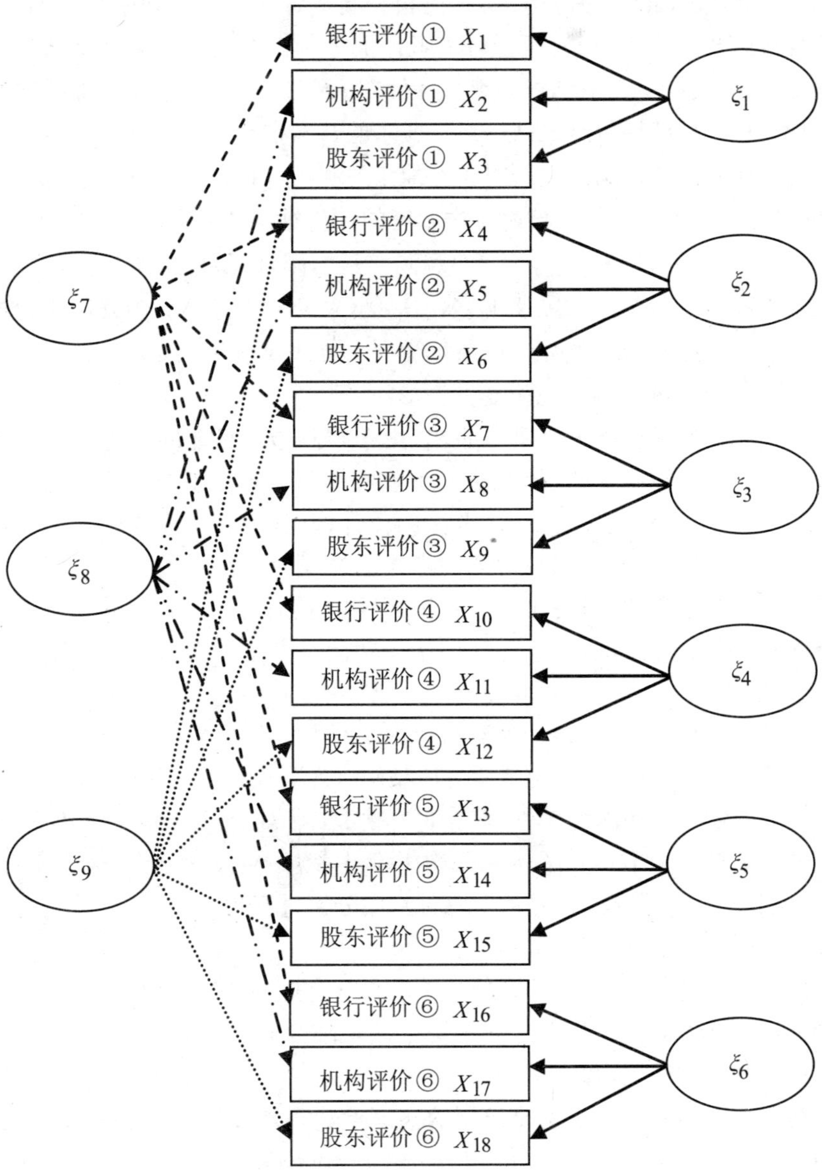

图 4.8　公司治理评价多质一多法验证模型

1)凡是对应同一方法的观测，其方程的随机误差项之间彼此相关。

2)对应不同方法的观测，其方程的随机误差项之间彼此不相关。

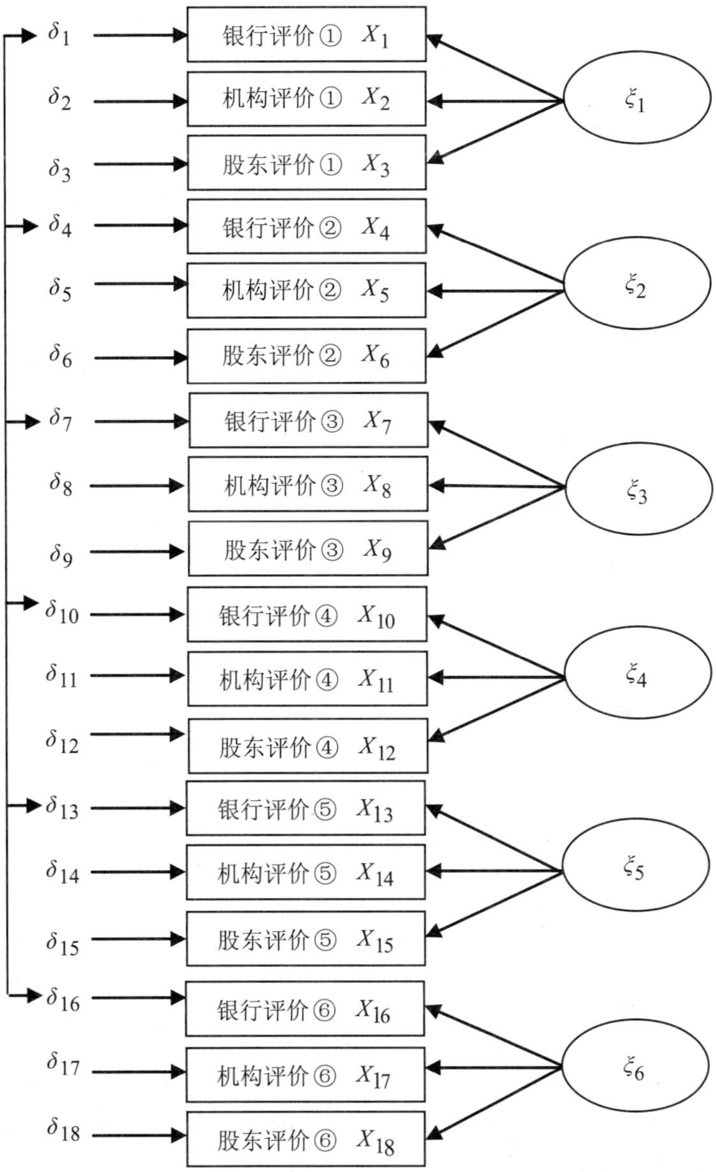

图 4.9　公司治理评价多质一多法验证模型

根据 CTCU 建模的思路，对本例的修正思想可以使用图 4.9 来表示。新模型反映了根据 CTCU 模型设计的验证模型结构。为了清楚起见，图中随机误差项部分仅仅标出了关于银行评价方法方程随机误差项之间的相关假设，其他两类方法没有画出。根据评价结果计算的相关系数矩阵列在表 4.17 中。下面我们将使用验证性因子分析方法对上面的构想进行检验。

图 4.9 模型增加的假设如下所示：

① $Cov(\delta_i,\delta_j)\neq 0, i,j=1,4,7,10,13,16, i\neq j$；

$Cov(\delta_i,\delta_j)\neq 0, i,j=2,5,8,11,14,17, i\neq j$；

$Cov(\delta_i,\delta_j)\neq 0, i,j=3,6,9,12,15,18, i\neq j$；

②除(1)中规定的假设外，其余误差项之间仍然维持传统模型的基本假设，即彼此之间相互独立；

3)模型的其他假设保持不变。

表 4.17　使用三种方法测量的公司治理特质协方差矩阵

	X_1	X_2	X_3	X_4	X_5	X_6	X_7	X_8	X_9	X_{10}	X_{11}	X_{12}	X_{13}	X_{14}	X_{15}	X_{16}	X_{17}	X_{18}
X_1	.962																	
X_2	.603	1.227																
X_3	.537	.503	1.046															
X_4	.331	.401	.371	1.363														
X_5	.485	.456	.330	.754	1.432													
X_6	.372	.379	.288	.717	.952	1.326												
X_7	.314	.382	.249	.236	.398	.286	1.295											
X_8	.250	.335	.228	.206	.390	.337	.622	.767										
X_9	.265	.332	.145	.205	.394	.243	.684	.544	.855									
X_{10}	.181	.385	.306	.392	.569	.471	.402	.347	.391	1.005								
X_{11}	.299	.423	.333	.329	.519	.426	.376	.311	.393	.732	1.083							
X_{12}	.253	.382	.270	.260	.503	.344	.374	.303	.412	.673	.656	.964						
X_{13}	.414	.396	.374	.200	.411	.286	.224	.298	.321	.349	.371	.330	1.395					
X_{14}	.417	.423	.316	.196	.360	.281	.262	.217	.278	.255	.407	.300	.632	1.232				
X_{15}	.471	.467	.378	.197	.405	.220	.241	.213	.223	.299	.346	.217	.726	.671	.947			
X_{16}	.324	.283	.260	.336	.428	.373	.385	.316	.347	.466	.468	.441	.271	.185	.286	.988		
X_{17}	.334	.361	.250	.274	.478	.353	.327	.366	.361	.454	.425	.385	.361	.240	.282	.660	1.017	
X_{18}	.397	.325	.410	.311	.550	.478	.394	.331	.377	.513	.498	.460	.415	.358	.391	.729	.783	1.075

识别判别显示，按 CTCU 思路建立的新模型是可识别的。使用新模型拟合的总体模型拟合优度检验结果列在表 4.18 中。

从表中的总体模型拟合检验结果可以看出：RMSEA 的估计值为 0.0353 <0.05，反映模型拟合优度较高。GFI 指数等于 0.9129，AGFI 指数等于 0.9209，NFI 指数等于 0.9653，CFI 指数等于 0.9900。各项拟合指数都反映出模型拟合优度较高。

各单方程总体显著性检验和变量显著性检验结果均为显著，说明单方程设计有效，表 4.19 列出了单方程的拟合优度。

表 4.18　多质一多法公司治理评价总体模型拟合检验结果

Fit Function	0.3391
Goodness of Fit IndeX (GFI)	0.9655
GFI Adjusted for Degrees of Freedom (AGFI)	0.9212
Chi-Square	103.4375
Chi-Square DF	75
RMSEA Estimate	0.0353
Bentler & Bonett's (1980) NFI	0.9653
Bentler's Comparative Fit Index	0.990

表 4.19　多质一多法公司治理评价模型单方程拟合优度

	Variable	Error Variance	Total Variance	R-Square
1	X_1	0.37022	0.99513	0.6280
2	X_2	0.49690	1.00286	0.5045
3	X_3	0.58283	0.99356	0.4134
4	X_4	0.60859	0.99981	0.3913
5	X_5	0.21725	1.00232	0.7832
6	X_6	0.39046	0.99145	0.6062
7	X_7	0.42470	1.01146	0.5801
8	X_8	0.34048	1.00145	0.6600
9	X_9	0.29303	0.98980	0.7039
10	X_{10}	0.25124	0.98505	0.7449
11	X_{11}	0.34378	0.99880	0.6558
12	X_{12}	0.39017	0.98578	0.6042
13	X_{13}	0.50443	0.99159	0.4913
14	X_{14}	0.52037	0.98980	0.4743
15	X_{15}	0.20002	0.99760	0.7995
16	X_{16}	0.37767	1.01752	0.6288
17	X_{17}	0.30978	1.00656	0.6922
18	X_{18}	0.18341	1.00686	0.8178

从表中结果可以看出，大多数方程具有比较高的R^2。除方程 4 外，其余方程拟合优度 R^2 均超过了 0.4，根据前面的讨论可知这是一个可以接受的样本拟合优度。表 4.20 列出了验证方程标准化估计的结果。

表 4.20 标准化估计的因子载荷

X_1	=	$0.7924*\xi_1$	+	$0.6099\ \delta_1$
X_2	=	$0.7103*\xi_1$	+	$0.7039\ \delta_2$
X_3	=	$0.6430*\xi_1$	+	$0.7659\ \delta_3$
X_4	=	$0.6255*\xi_2$	+	$0.7802\ \delta_4$
X_5	=	$0.8850*\xi_2$	+	$0.4656\ \delta_5$
X_6	=	$0.7786*\xi_2$	+	$0.6276\ \delta_6$
X_7	=	$0.7617*\xi_3$	+	$0.6480\ \delta_7$
X_8	=	$0.8124*\xi_3$	+	$0.5831\ \delta_8$
X_9	=	$0.8390*\xi_3$	+	$0.5441\ \delta_9$
X_{10}	=	$0.8631*\xi_4$	+	$0.5050\ \delta_{10}$
X_{11}	=	$0.8098*\xi_4$	+	$0.5867\ \delta_{11}$
X_{12}	=	$0.7773*\xi_4$	+	$0.6291\ \delta_{12}$
X_{13}	=	$0.7009*\xi_5$	+	$0.7132\ \delta_{13}$
X_{14}	=	$0.6887*\xi_5$	+	$0.7251\ \delta_{14}$
X_{15}	=	$0.8941*\xi_5$	+	$0.4478\ \delta_{15}$
X_{16}	=	$0.7930*\xi_6$	+	$0.6092\ \delta_{16}$
X_{17}	=	$0.8320*\xi_6$	+	$0.5548\ \delta_{17}$
X_{18}	=	$0.9043*\xi_6$	+	$0.4268\ \delta_{18}$

从表中结果可以看出，18 个方程中最小因子载荷为方程 4 的 $\lambda_{41}=0.6255(\lambda_{41}^2=0.3913)$，其次为方程 3 的 $\lambda_{31}=0.6430(\lambda_{31}^2=0.4134)$。根据表 4.1 的收敛性判别标准，可以认为除方程 4 外，其余各方程均达到了很好的收敛性。方程 4 外也达到了好的收敛性标准。这说明该模型使用不同观测指标对同一特质进行测量时，测量结果之间存在较高的相关性。

根据公式(4.7)计算的隐变量收敛性指标列在表 4.21 中，同时根据收敛性指标和隐变量相关系数计算的收敛度评价数据列在表 4.22 中。

表 4.21 结构收敛度

	$\sum\lambda_{ij}^2$	$\sum\delta_i^2$	$\sum\lambda_{ij}^2+\sum\delta_i^2$	$h_{ave,j}^2$
1	1.55	1.45	3.000	0.52
2	1.78	1.21	3.000	0.59
3	1.94	1.06	3.000	0.65
4	2.00	0.96	3.000	0.68
5	1.77	1.21	3.000	0.59
6	2.14	0.89	3.000	0.71

表 4.22　模型结构收敛度与区分度比较

	ξ_1	ξ_2	ξ_3	ξ_4	ξ_5
ξ_2	0.56				
	0.32				
ξ_3	0.58	0.62			
	0.25	0.20			
ξ_4	0.60	0.63	0.66		
	0.25	0.36	0.31		
ξ_5	0.56	0.59	0.62	0.63	
	0.44	0.17	0.16	0.20	
ξ_6	0.61	0.65	0.68	0.69	0.60
	0.25	0.26	0.26	0.40	0.18

在表 4.22 中每对隐变量确定的交叉位置上，第一行列出了两个隐变量收敛度指标的平均值，第二行列出了它们之间相关系数的平方。如 ξ_1 和 ξ_2 收敛度指标的平均值为 0.56，而它们之间相关系数的平方为 0.32。比较每对隐变量收敛度平均值和相关系数平方可以看出，各隐变量之间的收敛度平均值均大于隐变量之间相关系数平方，说明各特质彼此之间具有较好的区分效度。据此可以判断，该评价构想设计具有较好的收敛性和区分性。

四、复杂综合评价构想模型的统计检验

如果所研究的经济问题比较复杂，往往无法获得像图 4.3 中所描述的简洁构想结构。此时，需要考虑更为复杂的关系和结构。实际上，目前流行的大多数经济评价研究，都具有更为复杂的结构关系，图 4.10 和图 4.11 反映了一些更为复杂的构想设计。

图 4.10 描述的是一种多层次构想结构。在构想中特质 ξ_1 是影响研究对象现象 X_1 和 X_2 的潜在特质，ξ_2 是影响现象 X_3 和 X_4 的潜在特质，ξ_3 是影响现象 X_5 和 X_6 的潜在特质。但 ξ_1，ξ_2，ξ_3 三种特质之间也存在相关关系，它们共同受潜在特质 ξ 的影响。X_1 至 X_6 构成了显变量的观测层次，ξ_1 至 ξ_3 构成了隐变量的第一层次（最低层次），ξ 是隐变量的第二层次（高阶层次）。当低层次的隐变量之间相关时，它们往往可能受共同的深层隐变量影响。因此，图 4.10 描述的模型也被称为高阶因子模型（此处为二阶因子模型）。高阶因子模型具有一定代表性，很多经济评价具有与其类似的结构。由于不同层因子之间相互不独立，因此高阶因子模型不能分层进行构想效度的检验，必须使用高阶验证性因子分析模型进行检验。

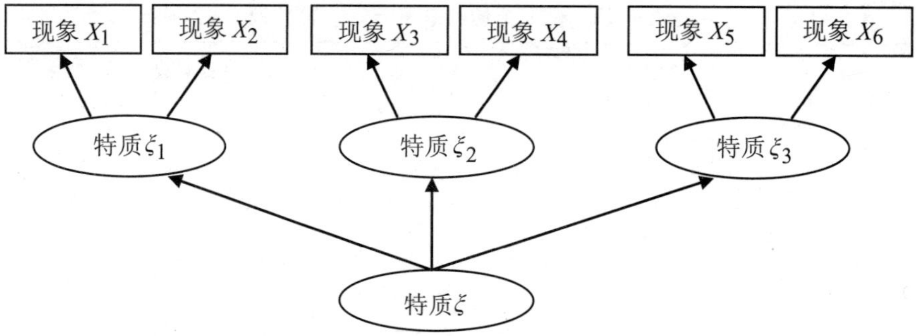

图 4.10　多层次综合评价构想

在图 4.11 描述了一个更为复杂的构想关系。在该构想中包含两类特质：一是只影响其他特质，而不受其他特质影响的特质，通常称其为外生性特质。二是不仅影响其他特质，而且自身也受其他特质影响的特质，通常称其为内生性特质。图中特质 ξ_1 是影响现象 X_1 和 X_2 的潜在特质，ξ_2 是影响现象 X_3 和 X_4 的潜在特质。η_1 是影响现象 Y_1 和 Y_2 的潜在特质，η_2 是影响现象 Y_3 和 Y_4 的潜在特质，η_3 是影响现象 Y_5 和 Y_6 的潜在特质。但在 ξ_1，ξ_2 和 η_1，η_2，η_3 之间也存在相关关系。ξ_1，ξ_2 分别影响特质 η_2，η_3，并且共同影响 η_1。η_1 影响特质 η_2 和 η_3，η_2 影响特质 η_3。ξ_1 和 ξ_2 是外生性特质，η_1，η_2 和 η_3 是内生性特质。目前对于复杂构想设计的检验，使用最多的是基于结构方程模型的检验方法。

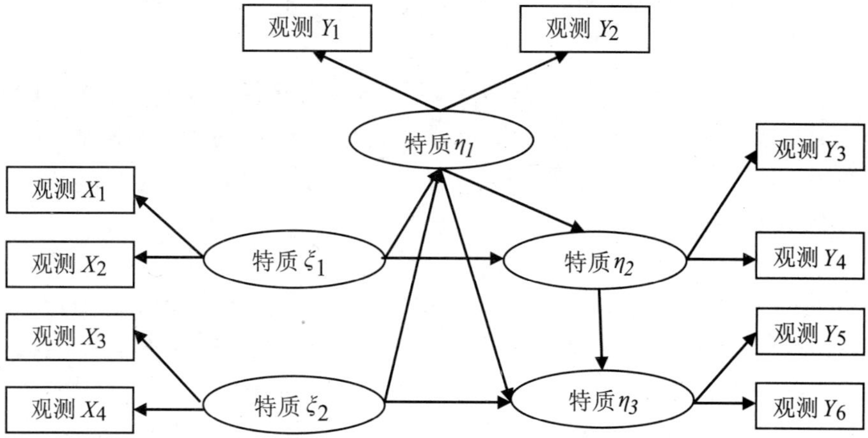

图 4.11　多层次综合评价构想

(一)分析方法

结构方程模型中包含四种类型的变量，分别是：外生隐变量、用于测量外生隐变量的观测变量、内生隐变量、用于测量内生隐变量的观测变量。设 ξ，X，η，Y 按顺序分别表示这四类变量组成的向量，则各向量之间的关系可用以下结构方程模型来进行描述。

$$X=\Lambda_X\xi+\delta \tag{4.8}$$

$$Y=\Lambda_Y\eta+\varepsilon \tag{4.9}$$

$$\eta=B\eta+\Gamma\xi+\zeta \tag{4.10}$$

式(4.8)和式(4.9)称为测量方程，它们反映了外生隐变量 ξ 与其观测变量 X 之间，内生隐变量 η 与其观测变量 Y 之间的联系。Λ_X，Λ_Y分别表示观测变量 X，Y 在外生隐变量 ξ 和内生隐变量 η 上的因子载荷矩阵。δ，ε 分别表示对应测量方程的随机误差项。式(4.10)称为结构方程，它反映了内生隐变量与外生隐变量之间的关系。B 为反映内生隐变量之间影响的参数矩阵，Γ 为反映外生隐变量对内生隐变量影响的参数矩阵，ζ 为对应结构方程的随机误差项。模型的基本假设如下：

(1)随机误差项的期望为零；

(2)随机误差项与隐变量之间不相关；

(3)随机误差项彼此之间不相关；

(4)各观测变量已被中心化。

以图 4.11 表示的构想为例，该构想的结构方程模型如式(4.11)至式(4.13)所示。

$$\begin{pmatrix}\eta_1\\\eta_2\\\eta_3\end{pmatrix}=\begin{pmatrix}0&0&0\\\beta_{21}&0&0\\\beta_{31}&\beta_{32}&0\end{pmatrix}\begin{pmatrix}\eta_1\\\eta_2\\\eta_3\end{pmatrix}+\begin{pmatrix}\nu_{11}&\nu_{12}\\\nu_{21}&0\\0&\nu_{32}\end{pmatrix}\begin{pmatrix}\xi_1\\\xi_2\end{pmatrix}+\begin{pmatrix}\zeta_1\\\zeta_2\\\zeta_3\end{pmatrix} \tag{4.11}$$

$$\begin{pmatrix}X_1\\X_2\\X_3\\X_4\end{pmatrix}=\begin{pmatrix}\lambda_{11}&0\\\lambda_{21}&0\\0&\lambda_{32}\\0&\lambda_{42}\end{pmatrix}\begin{pmatrix}\xi_1\\\xi_2\end{pmatrix}+\begin{pmatrix}\delta_1\\\delta_2\\\delta_3\\\delta_4\end{pmatrix} \tag{4.12}$$

$$\begin{pmatrix}Y_1\\Y_2\\Y_3\\Y_4\\Y_5\\Y_6\end{pmatrix}=\begin{pmatrix}\lambda_{11}&0&0\\\lambda_{21}&0&0\\0&\lambda_{32}&0\\0&\lambda_{42}&0\\0&0&\lambda_{53}\\0&0&\lambda_{63}\end{pmatrix}\begin{pmatrix}\eta_1\\\eta_2\\\eta_3\end{pmatrix}+\begin{pmatrix}\varepsilon_1\\\varepsilon_2\\\varepsilon_3\\\varepsilon_4\\\varepsilon_5\\\varepsilon_6\end{pmatrix} \tag{4.13}$$

与前面使用验证性因子分析模型的基本思想一样，我们可以通过样本拟合结构方程中观测变量的总体协方差来求解模型参数。设式(4.8)至式

(4.10)所表示模型的总体协方差阵为 Σ，观测变量 Y 和 X 的数目分别为 KY 和 KX，则

$$\begin{aligned}\Sigma &= E((Y_1 \quad Y_2 \quad \cdots \quad Y_{KY})'(X_1 \quad X_2 \quad \cdots \quad X_{KX})) \\ &= E\begin{bmatrix} YY' & YX' \\ XY' & XX' \end{bmatrix} \\ &= E\begin{bmatrix} (\Lambda_Y\eta+\varepsilon)(\Lambda_Y\eta+\varepsilon)' & (\Lambda_Y\eta+\varepsilon)(\Lambda_X\xi+\delta)' \\ (\Lambda_X\xi+\delta)(\Lambda_Y\eta+\varepsilon)' & (\Lambda_X\xi+\delta)(\Lambda_X\xi+\delta)' \end{bmatrix}\end{aligned} \tag{4.14}$$

又设 $\Sigma(\theta)$ 为总体参数表示的观测变量的协方差矩阵，则

$$\Sigma(\theta)=\begin{bmatrix} \Lambda_Y(I-B)^{-1}(\Gamma\Phi\Gamma'+\psi)((I-B)^{-1})'\Lambda'_Y+\Theta_\varepsilon & \Lambda_Y(I-B)^{-1}\Gamma\Phi\Lambda'_X \\ \Lambda_X\Phi\Gamma'((I-B)^{-1})'\Lambda'_Y & \Lambda_X\Phi\Lambda'_X+\Theta_\delta \end{bmatrix} \tag{4.15}$$

式中 Θ_δ 表示随机误差项 δ 的协方差矩阵，Θ_ε 表示随机误差项 ε 的协方差矩阵，ψ 表示随机误差项 ζ 的协方差矩阵，I 为单位矩阵。其他向量与前面的定义相同。

当模型假设成立时，有 $\Sigma=\Sigma(\theta)$。根据前面验证性因子分析模型的求解思路相同，我们就可以建立观测变量总体方差和协方差与模型参数的对应关系，进而通过样本数据对模型参数进行估计。

（二）高阶构想结构检验

图 4.12 描述了一个较图 4.3 更为复杂的公司治理评价构想。新设计的构想结构显示，假设企业存在一种公司治理能力特质，该特质可以从六个方面进行考察：①确保有效的公司治理结构基础；②股东的基本权利；③股东的平等待遇；④其他相关利益者在公司治理中发挥的作用；⑤信息披露及透明度；⑥董事会与董事评价。

上述六种特质每项都是一个独立的特质，反映了企业经营中某一方面的公司治理能力。例如公司董事会与董事评价构想是企业董事会治理能力特质，它反映了一个企业的董事会在经营管理中的治理能力。每种企业特质都影响和支配着该企业在经营中的一些具体表现，如公司董事会治理能力支配着董事会工作的效率，董事会工作的公平性等具体表现。但另一方面，从图 4.11 也可以看出，六种特质彼此之间存在一定的关联性，它们都受到一个共同要素的影响，这个要素就是企业的公司治理能力特质。综合上述内容就构成了一个多层次公司治理评价构想结构。图 4.11 也称为高阶构想结构模型，在高阶模型中假设一些隐变量彼此之间相关，共同受某个（或多个）其他隐变量的影响。

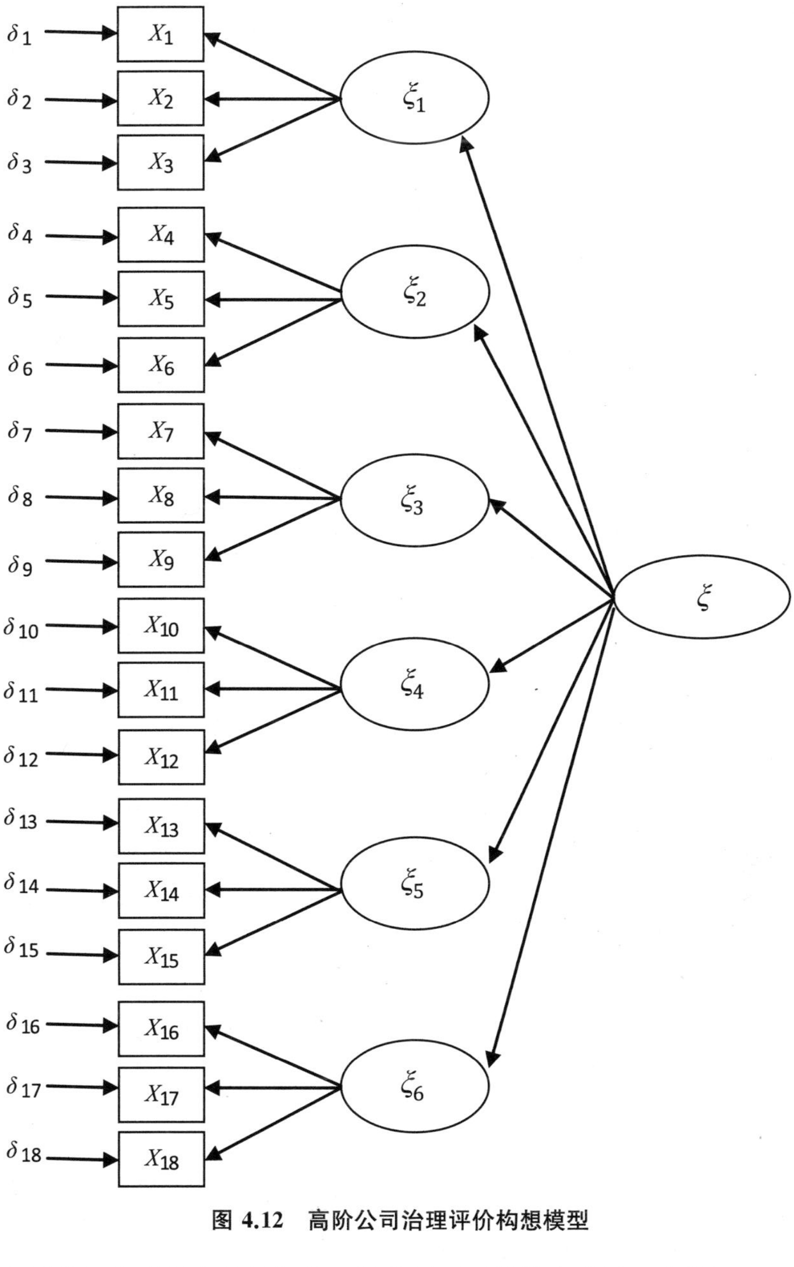

图 4.12 高阶公司治理评价构想模型

上面公司治理评价构想结构可以使用下面结构方程模型来描述。

$$\begin{pmatrix}\xi_1\\ \xi_2\\ \xi_3\\ \xi_4\\ \xi_5\\ \xi_6\end{pmatrix}=\begin{pmatrix}\gamma_{11} & 0 & 0 & 0 & 0 & 0\\ \gamma_{21} & 0 & 0 & 0 & 0 & 0\\ \gamma_{31} & 0 & 0 & 0 & 0 & 0\\ \gamma_{41} & 0 & 0 & 0 & 0 & 0\\ \gamma_{51} & 0 & 0 & 0 & 0 & 0\\ \gamma_{61} & 0 & 0 & 0 & 0 & 0\end{pmatrix}(\xi)+\begin{pmatrix}\zeta_1\\ \zeta_2\\ \zeta_3\\ \zeta_4\\ \zeta_5\\ \zeta_6\end{pmatrix} \tag{4.16}$$

$$\begin{pmatrix}X_1\\ X_2\\ X_3\\ X_4\\ X_5\\ X_6\\ X_7\\ X_8\\ X_9\\ X_{10}\\ X_{11}\\ X_{12}\\ X_{13}\\ X_{14}\\ X_{15}\\ X_{16}\\ X_{17}\\ X_{18}\end{pmatrix}=\begin{pmatrix}\lambda_{11} & & & & & \\ \lambda_{21} & & & & & \\ \lambda_{31} & & & & & \\ 0 & \lambda_{42} & & & & \\ 0 & \lambda_{52} & & & & \\ 0 & \lambda_{62} & & & & \\ 0 & 0 & \lambda_{73} & & & \\ 0 & 0 & \lambda_{83} & & & \\ 0 & 0 & \lambda_{93} & & & \\ 0 & 0 & 0 & \lambda_{10\,4} & & \\ 0 & 0 & 0 & \lambda_{11\,4} & & \\ 0 & 0 & 0 & \lambda_{12\,4} & & \\ 0 & 0 & 0 & 0 & \lambda_{13\,5} & \\ 0 & 0 & 0 & 0 & \lambda_{14\,5} & \\ 0 & 0 & 0 & 0 & \lambda_{15\,5} & \\ 0 & 0 & 0 & 0 & 0 & \lambda_{16\,6}\\ 0 & 0 & 0 & 0 & 0 & \lambda_{17\,6}\\ 0 & 0 & 0 & 0 & 0 & \lambda_{18\,6}\end{pmatrix}\begin{pmatrix}\xi_1\\ \xi_2\\ \xi_3\\ \xi_4\\ \xi_5\\ \xi_6\end{pmatrix}+\begin{pmatrix}\delta_1\\ \delta_2\\ \delta_3\\ \delta_4\\ \delta_5\\ \delta_6\\ \delta_7\\ \delta_8\\ \delta_9\\ \delta_{10}\\ \delta_{11}\\ \delta_{12}\\ \delta_{13}\\ \delta_{14}\\ \delta_{15}\\ \delta_{16}\\ \delta_{17}\\ \delta_{18}\end{pmatrix} \tag{4.17}$$

如前所述，上面模型中的隐变量是通过多个观测变量综合测量的结果，其本身是无量纲的。为了能够对它们进行比较，需要人为地进行设定。在本章前面的研究中，我们使用的都是方差固定法，即约束所有隐变量的方差为 1。但在多层验证性因子分析模型中，由于各层间隐变量之间存在相关性，因此不能同时约束不同层次隐变量具有相同方差。通常解决这一问题的方法是，在低层和高层设定不同的约束条件。本例中我们在低层使用载荷固定法，即在对应每个低阶隐变量的一组测量方程中，约束一个因子载荷令其等于 1；在高层使用固定方差法，即约束高阶隐变量方差等于 1。

按以上思路对模型进行检验，总体模型拟合检验结果列在表 4.23 中。

表 4.23 公司治理评价总体模型拟合检验结果

Fit Function	0.9628
Goodness of Fit IndeX (GFI)	0.9113
GFI Adjusted for Degrees of Freedom (AGFI)	0.8824
Chi-Square	148.29
Chi-Square DF	129
RMSEA Estimate	0.0361
Bentler & Bonett's (1980)NFI	0.9016
Bentler's Comparative Fit Index	0.9858

表中结果显示：RMSEA 的估计值为 0.0361，GFI 指数等于 0.9113，AGFI 指数等于 0.8824，NFI 指数等于 0.9016，CFI 指数等于 0.9858。与图 4.9 所示的一阶模型相比，高阶模型的拟合效果有所降低，各项指标都低于一阶模型。其中 AGFI 指数等于 0.8824，不仅低于一阶模型，而且低于一般的习惯性标准 0.9，但其他各项指标仍然显示了较好的拟合优度。

综合上面各类判别指标可以得出以下推断：

(1)模型整体拟合程度较高；

(2)与图 4.9 表示的模型相比，高阶模型总体拟合优度有一定程度降低，但下降幅度有限。

根据以上推断可以认为，如果公司治理能力特质必须作为研究构想，则高阶模型进一步验证了特质之间的结构和关联关系，比一阶更全面地反映了模型的理论构想。与图 4.9 描述的模型相比，新模型在反映理论构想上有所提高，因此应选择新模型所设计的构想。如果公司治理能力特质不是必须的研究构想，则应该选用一阶构想模型方案。这里假设接受高阶模型方案，下面继续进行单方程和收敛度与区分度检验。

表 4.24 结构收敛度计算结果

隐变量	$\sum\lambda_{ij}^2$	$\sum\delta_i^2$	$\sum\lambda_{ij}^2+\sum\delta_i^2$	$h_{ave,j}^2$
ξ_1	1.553	1.448	3.000	0.518
ξ_2	1.791	1.209	3.000	0.597
ξ_3	1.947	1.053	3.000	0.649
ξ_4	2.032	0.968	3.000	0.677
ξ_5	1.776	1.224	3.000	0.592
ξ_6	2.123	0.878	3.000	0.707
ξ	3.090	2.910	6.000	0.515

根据公式4.7计算的收敛度判别指标列在表4.24中。从表中的结果可以看出,高阶隐变量ξ的收敛性为0.50,低于低阶隐变量ξ_1至ξ_6的收敛性。这说明ξ对其测量指标的方差贡献率,低于一阶指标的方差贡献率。据此可以判断,高阶部分的构想设计可能忽略了一些潜在特质的影响,造成其构想效度的降低。但从收敛度指标的数值来看,仍然达到了优秀的程度。

表4.25列出了根据收敛性指标和隐变量相关系数计算的收敛度与区分度数据。在每对隐变量确定的交叉位置上,第一行列出了两个隐变量收敛度指标的平均值,第二行列出了它们之间的相关系数的平方。比较每对隐变量收敛度平均值和相关系数平方可以看出,虽然大多数隐变量之间仍然具有区分性,但各组收敛度平均值均与隐变量之间相关系数平方数值比较接近。ξ和ξ_4之间的关联度高于它们之间的平均收敛度,表示构想区分度不足。这说明在高阶模型中,高层构想的区分度与低阶构想相比有较大程度的降低。

表4.25 模型结构收敛度与区分度比较

	ξ_1	ξ_2	ξ_3	ξ_4	ξ_5	ξ_6
ξ	0.52	0.55	0.58	0.60	0.55	0.65
	0.49	0.49	0.41	0.61	0.39	0.53

本章小结

本章讨论如何利用统计方法进行构想有效性检验,包括使用验证性因子分析进行构想有效性检验,多特质多方法模型的检验,以及高阶构想结构的检验。主要要点如下:

1. 验证性因子分析是构想有效性检验的一种有效统计方法。构想有效性检验主要包含以下工作步骤:①建立理论模型;②建立统计模型;③收集样本数据;④模型识别;⑤参数估计;⑥估计结果的经济学检验和统计学检验;⑦模型修正。

2. 估计结果的经济学检验,主要侧重于检验估计结果与经济理论描述的要素特性,如方向、比例、范围等的符合程度。不能通过经济学检验的研究,没有必要再进行统计学检验。

3. 估计结果的统计学检验,主要侧重于模型总体拟合检验,模型中每个方程的拟合检验,构想的收敛性与区分性检验。拟合检验往往不能仅依赖某一个检验指标,而应该综合不同检验结果进行推断。

4. 多质—多法矩阵分析方法综合了会聚效度和区分效度两方面信息,是检验多特质多方法综合评价构想有效性的有效方法。使用验证性因子分析方法,可以检验多特质多方法检验模型。但建立的模型经常存在识别困难,使用相关特质相关特性模型可以有效解决模型识别问题。

5. 高阶构想结构在综合评价研究中更具有一般性,使用高阶结构方程模型可以有效解决高阶构想结构的有效性检验。但高阶模型在提高模型拟合优度、收敛性和区分性方面面临更大困难。

第五章

效标关联效度检验

经济评价研究往往具有很强的政策目标，有些研究可能就是直接为经济改革提供经验层面的依据。例如在 20 世纪中晚期，以及 21 世纪初期在我国蓬勃开展的公司治理评价研究，其研究的主要目的是为企业股权制度改革服务。其研究的有效性，在一定程度上被 2004 年开始的上市公司股权分置改革，以及后来的股权多元化改革所证实。这说明研究的有效性，可以通过研究以外的标准来予以证实。

使用外部标准检验综合评价的有效性，通常称为效标关联效度检验，使用的参考标准称为效标(criterion)。效标关联效度检验具有多种功效，它既可以用于检验构想的有效性，也可以用于检验评价结果的政策效果。笔者认为，效标关联有效性并不是一种独立有效性，而是检验其他有效性的一类路径方法。通常是在一个特定的应用背景下，针对一个特定应用目的有效性的判别。因此，这类检验大多是以实证关系程度的检验为基础的，通常是检验评价结果和效标得分之间相关性。因此，效标效度不仅依赖于评价本身，而且依赖于评价之外的标准或准则。标准的选择对于效标效度检验至关重要，应该严格遵守标准的选择原则(有关原则请参阅第二章第四节)。

检验效标效度需要根据标准与评价结果之间的关系，以及两者的数据特征来选择适当的统计方法。目前常用的检验方法有：相关分析、回归分析、列联表分析、命中率分析和区分分析等，下面结合实际例子讨论具体方法的使用。

一、相关分析方法的应用

相关分析是进行效标关联有效性检验时最常用的统计方法。通过计算评价结果与指定效标之间的相关系数,以及进行相关性检验,可以对评价结果的有效性进行推断。在一些研究中,有学者直接使用相关系数衡量效标关联有效性。由于数据的内在规律不同,评价结果与效标之间的关联性也呈现不同形式,往往需要选择不同的分析方法才能够正确表现出它们之间的关系。经常使用的参数方法有线性相关分析、等级相关分析、线性回归分析、非线性等回归分析等。下面通过具体例子进行介绍。

(一)线性相关分析

线性相关分析最常用的计算方法是 Pearson 的积矩相关系数(Pearson's product-moment correlation coefficient),由英国著名统计学家 Karl Pearson 提出。Pearson 相关系数描述了两个随机变量之间的线性相关程度,适用于随机变量都是数值型连续数据,并且两个变量的总体都是正态分布或接近正态的单峰分布。

设 X,Y 为两个随机变量,则它们之间的总体相关系数 r 定义为:

$$r=\frac{Cov(X,Y)}{\sqrt{Var(X)}\sqrt{Var(Y)}} \tag{5.1}$$

式中分子为两个随机变量的协方差,分母为它们各自标准差的乘积。$|r|\leqslant 1$,当 $r>0$ 时,称随机变量 X,Y 之间为正相关;$r<0$ 称为负相关;$r=0$ 时,称两者之间不具有线性相关关系。

一般说来,总体相关系数是未知的,因此通常使用样本进行估计,以便对变量之间的相关性进行统计推断。设(X_i,Y_i),$i=1,2\cdots,n$ 为随机变量 X 和 Y 的一个观测样本,则样本线性相关系数的计算公式为

$$\hat{r}=\frac{\sum_{i=1}^{n}(x_i-\bar{x})(y_i-\bar{y})}{\sqrt{\sum_{i=1}^{n}(x_i-\bar{x})^2}\sqrt{\sum_{i=1}^{n}(y_i-\bar{y})^2}} \tag{5.2}$$

样本相关系数的意义可以通过其平方项来观察。实际上,统计量 $\hat{r}^2$ 是由 X,Y 之间的线性关系引起的变差在 X,Y 的总变差中所占比率的一个估计。例如,相关系数 $\hat{r}=0.4$($\hat{r}^2=0.16$),表明在总体的总变差中有 16% 是由 X,Y

之间的线性关系引起的，因此有时我们也使用 $\hat{r}^2$ 作为效标效度。①

使用相关系数时需要注意以下一些问题：①相关系数描述的是变量之间的统计关系，而不是因果关系。如果需要确定变量之间是否存在因果关系，需要结合经济学理论进行判断。②线性相关系数为零时，不能解释成两个变量之间没有关系，只表明它们之间没有线性相关关系，但它们之间可以具有非线性关系。

使用式(5.2)计算的相关系数是根据样本计算的一个估计值，通常称为点估计值。点估计值的取值大小受样本影响，通常两次抽样计算的相关系数值是不相等的，因为两者使用的样本不同。因此，为了获得更为精确的变量之间相关性信息，研究者应该进一步采用区间估计或假设检验做进一步分析。例如使用 t 检验对随机变量 X 和 Y 的线性相关关系进行检验的假设如下：

设 $H_0: r=0$

$H_1: r \neq 0$

检验统计量 t 的计算公式如下：

$$t=\frac{\hat{r}-r}{\sqrt{\frac{1-\hat{r}^2}{n-2}}} \tag{5.3}$$

其中 r 为实际相关系数，$\hat{r}$ 为根据样本计算的相关系数，n 为样本量。在 H_0 假设成立的条件下，t 统计量服从自由度为 $n-2$ 的 t 分布。当样本确定以后，就可以利用(5.3)式计算 t 统计量的值，将计算结果与给定显著性水平下 t 检验的临界值进行比较，就可以得出明确的统计推断结果。

(二)相关分析的非参数方法

使用 Pearson 相关系数时，变量需要满足数值和分布两方面的基本假设，这使得该方法的使用具有局限性。此外，当样本量较小，而样本中又存在离群值时，统计结果可能受离群值支配，从而导致分析结果产生较大偏误。出现上述情况时，使用非参数统计方法进行分析往往可以获得偏误较小的结果，即通常所说的：结果更具有稳健性。在效标效度分析中最常用的非参数相关分析方法有 Kendall 相关分析法和 Spearman 相关分析法，下面简要介绍它们的计算方法。

① 线性相关系数的值可以是负数，为避免问题复杂化，建议研究者在选择效标时选与评价结果同向变化的效标。如果没有同向效标，可通过数值变换将反向变化的效标转化为与结果同方向的效标形式。

1.Kendall 相关分析

Kendall 相关系数又称和谐系数(the Kendall coefficient of concordance),是根据配对数和不配对数计算的变量相关性测度指标。随机变量 X 和 Y 的样本 *Kendall* 相关系数计算公式如下:

$$\tau = \frac{\sum_{i<j} Sign(x_i - x_j) Sign(Y_i - Y_j)}{\sqrt{(T_0 - T_1)(T_0 - T_2)}} \tag{5.4}$$

$$Sign(X) = \begin{cases} 1, & X > 0 \\ 0, & X = 0 \\ -1, & X < 0 \end{cases}$$

其中 $T_0 = n(n-1)/2$,$T_1 = \sum r_i(r_i - 1)/2$,$T_2 = \sum s_i(s_i - 1)/2$;$r_i$ 和 s_i 分别表示协同的观测对个数和不协同的观测对个数;n 为样本观测量。τ 的值在 -1 和 1 之间,越接近 1 表示观测对的协同性越强,越接近 -1 表示观测对越不协同。

2.Spearman 相关分析

Spearman 又称为等级相关分析,是利用两个变量的秩次大小作线性相关分析的非参数方法。秩是将数据按某种分类原则(如从小到大)进行排序后,一个数据在序列中所在位置的序号。如排在第一个位置的数据秩次为 1,排在第二个位置的数据秩次为 2,其余依此类推。随机变量 X 和 Y 的 Spearman 相关系数计算公式如下,

$$r_s = \frac{\sum_{i=1}^{n} (r_i - \bar{r})(s_i - \bar{s})}{\sqrt{(\sum_{i=1}^{n} (r_i - \bar{r})^2} \sqrt{(\sum_{i=1}^{n} (s_i - \bar{s})^2}} \tag{5.5}$$

其中 r_i 表示 X_i 的秩,$\bar{r} = \frac{1}{n} \sum_{i=1}^{n} r_i$;$s_i$ 表示 Y_i 的秩,$\bar{s} = \frac{1}{n} \sum_{i=1}^{n} s_i$。Spearman 相关系数的值在 -1 和 1 之间,其大于 0 表示 Y 随着 X 的增加而增加,小于 0 表示 Y 随着 X 的增加而减少,等于 0 表示 Y 不随着 X 的变化而变化。

从上面的计算方法可以看出,非参数方法主要依据变量观测值次序之间的关联性来进行计算,而不是使用观测值本身进行计算。如果变量数值变化不改变观测值的大小次序,那么就不会改变相关系数的计算结果。与参数方法相比非参数方法不需要对数据取值及分布做严格假设,因此其应用范围较前者更为广泛。由于对数据取值的依赖性小,因此其计算结果更具有稳健性。但非参数方法忽略了观测值本身的精确性度量,浪费了数据的有用信息。因此,当评价结果和效标数据满足取值及分布假设时,应该使用参数方法,这样可以充分利用样本信息,得出的计算结果也更为精确。在数据不满足取值及

分布假设时，研究者可考虑使用非参数方法。

3.点二列相关

如果选择的效标不是数值变量，而是性质变量，那么上述相关分析方法就不适用了。这种情况在经济评价研究中经常出现，例如在公司治理评价研究中，根据相关利益者理论，需要选择企业对相关利益者利益实现情况作为效标。但实践中，实现相关利益者的效果难以量化。为了避免出现主观性偏误，该指标一般由专家评价给出高、中、低等各种结果。此时，如果评价结果仍为数值型，则需要判断相关的两个变量一个是数值型变量，而另一个是性质型变量，显然不能使用前面介绍的分析方法。

如果性质类型的效标仅包含两种取值情况，可以使用点二列相关分析法进行检验。具体方法如下：设 Y 为性质型随机变量，取值为高（用 1 表示）或低（用 0 表示），X 为数值型随机变量，则 Y 与 X 之间的点二列相关系数的计算方法如下：

$$r_b = \frac{\bar{X}_p - \bar{X}_q}{\sigma^t} \times \sqrt{pq} \tag{5.6}$$

其中 $\bar{X}_p$ 为 $Y=1$ 对应的观测变量 X 的平均得分，$\bar{X}_q$ 为 $Y=0$ 对应的观测变量 X 的平均得分，σ_t 为随机变量 X 的标准差，p 和 q 分别为 $Y=1$ 和 $Y=0$ 的观测频率。

（三）应用相关分析检验效标关联效度

本节我们以模型（4.7）为例，介绍效标关联效度检验的具体操作。研究表明，效标的选择对于效标效度检验结果具有重要影响。选择不同的效标，反映了研究者的不同价值取向。因此，在进行效标关联效度检验前，必须对效标选择标准进行详细说明。下面的例子充分证明了这一点。

在公司治理问题研究中，不同学者从不同角度提出了提高企业公司治理水平的目标与意义，下面总结的是最具代表性的几种观点：

（1）股东利益最大化观点

该理论认为：企业实行委托代理制的目的是公司追求公司利润最大化，也就是追求股东利益最大化。实行委托代理制将导致企业所有权和经营权分离，即股东拥有企业的所有权，而被股东雇用的经理人员拥有企业的经营权。即便如此，股东们仍然确信，由专家管理企业以及财富的分散化，给股东带来的收益大于企业实行委托代理制带来的损失（Jensen and Meckling，1976；Fama，1980）。该理论还认为，在完全市场经济条件下，市场竞争会对企业经理层的行为偏差进行纠正，股东利用手中的投票权可以约束经理人，使其将企业资源用于追求公司利润最大化的活动。因此一个良好公司治理结构的标准应该是:其能够保证委托代理机制的有效发挥,从而实现企业利润最大化。

(2)克服金融市场短视的观点

该理论认为,实行委托代理机制往往导致受雇于企业的经理人员经营行为短视化。因为经理人员可能会屈服于股东要求实现公司利润最大化的压力,只注重短期盈利,追逐股票市场价值的最大化。但实际上,追求股票市场价值最大化与追求股东财富最大化的目标并不一致,这种行为表现在金融市场上,就是忽视企业长期性发展的投资(如资本投资、研究开发投资等),这正是金融市场短视的体现(Chankham,1994)。因此一个良好公司治理结构的标准是,其能够帮助企业克服金融市场的短视行为,提高股东对企业的忠诚度,鼓励和保证企业长期投资和发展。

(3)控制内部人控制观点

该理论认为,如果经理层掌握了企业的过多权力,就形成了企业实际上被经理层控制的局面,并称这一现象为内部人控制。由于内部人并不拥有或仅有很少的企业财产所有权,不能享受公司利润最大化的主要成果,因此形成内部人控制后,可能会出现经理层滥用权力、追求个人私利、损害股东和社会利益的情况,即出现所谓的道德风险。事实证明,内部人控制在经济转轨时期曾经大量出现。持控制内部人控制观点的人们认为,使用一些单纯的手段,如独立董事制度、股票期权、市场接管等都难以有效解决经理层滥用权利问题(Kay and Silberston,1995),因此一个良好公司治理结构的标准是其能够有效地控制内部人对企业的控制。

(4)相关利益者利益最大化观点

该理论认为,传统的公司治理目标仅关心股东这个单一群体的利益。但站在全社会角度来看,企业必须对所有与企业有关的群体(统称为企业的相关利益者,简称相关利益者),如企业职工、用户、政府等负有社会责任。目前一些国家和地区日益严重的环境污染问题,就是企业忽视相关利益者利益的典型例子。因此,确定良好公司治理的标准应面向更广泛的社会领域,必须考虑除股东以外的其他相关利益者的利益。因为他们都部分地拥有公司权益,同时也不可避免地承担着公司风险。仅以股东利益最大化为目标的公司治理结构,对于整个社会来说并不是最佳的,所以公司政策应该是创造最多的社会财富(Blair,1995)。

以上列举的是关于公司治理目标的代表性观点。可以看出,从不同视角出发,研究者往往具有不同的价值标准。为简单起见,我们只选择上面四种观点中的两种作为效标进行检验。第一种是强调股东利益最大化的观点,另一种是强调相关利益者利益的观点。通过这个案例读者不仅会看到效标检验的过程,而且还会看到选择不同效标对检验结果产生的影响。

对应强调股东利益最大化和强调相关利益者利益两种不同观点,我们收集了两种效标关联数据:一种是企业净资产收益率。该指标对应强调股东利益最大化的观点,是一个客观性指标,可以从企业财务报表中直接获得,反映了企业利润最大化目标的实现情况。另一个指标是企业实现相关利益者利益的情况,对应强调相关利益者利益的观点。该指标是一个主观性指标,通过专家调查法获得。由于数据量较大,为避免数据与结果混淆,我们将本例使用的数据列在附表 5.1 中。

下面首先使用常规方法进行检验。表 5.1 显示了使用 Pearson 线性相关分析检验的结果。在两个指标对应交叉项的第一行显示了两个指标的 Pearson 相关系数,第二行显示的是两个指标 Pearson 相关性检验的 P 值。

表 5.1　公司治理评价得分与净资产收益率的线性相关分析

	Pearson 相关系数,N=78 $H_0: r=0, Prob > \| r \|$	
	评价得分	净资产收益率
评价得分	1.000	
	—	
净资产收益率	0.162	1.000
	0.156	—

从表中的数据可以看出,相关性检验 P 值为 0.156,在通常给定的显著性水平下,不能拒绝相关系数为 0 的假设,即本研究的公司治理评价得分与企业净资产收益率不相关。那么现在是否可以据此推断评价结果不具有效标关联有效性呢?答案是否定的。因为从前面对检验方法的讨论已经知道,此时我们尚不能确定使用的计算方法是否适用于样本数据,因此下结论还为时过早。

为了检验 Pearson 线性相关分析法的适用性,我们需要对两个指标(评价得分和净资产收益率)的取值及分布情况进行检验。由于两个指标均为连续型数值变量,所以只对两个指标的分布情况进行检验即可。表 5.2 列出了检验的结果。

表 5.2 显示了对每个指标使用四种不同方法进行正态分布检验的结果。表中第一列列出了使用的检验方法,第二列和第三列分别显示了检验统计量值和检验的 P 值。从检验结果可以看出:① 对于净资产收益率变量来说,四种方法检验结果的最小 P 值为 $P=0.1500$(Kolmogorov-Smirnov 检验),因此均

说明不拒绝净资产收益率为正态分布的假设。②对于评价得分变量来说，四种方法的检验结果的最大P值为 $P<0.01$(Kolmogorov-Smirnov 检验)，因此均说明在1%的显著性水平下，拒绝评价得分为正态分布的假设。

表 5.2　评价得分和净资产收益率的正态性检验

H_0：变量服从正态分布

检验方法	正态性检验统计量		P 值	
变量：评价得分				
Shapiro-Wilk	W	0.853077	Pr<W	<0.0001
Kolmogorov-Smirnov	D	0.151093	Pr>D	<0.0100
Cramer-von Mises	W-Sq	0.545373	Pr>W-Sq	<0.0050
Anderson-Darling	A-Sq	3.257343	Pr>A-Sq	<0.0050
变量：净资产收益率				
Shapiro-Wilk	W	0.987189	Pr<W	0.6281
Kolmogorov-Smirnov	D	0.06594	Pr>D	>0.1500
Cramer-von Mises	W-Sq	0.034642	Pr>W-Sq	>0.2500
Anderson-Darling	A-Sq	0.25707	Pr>A-Sq	>0.2500

图5.1绘制的是评价得分分布图与正态分布曲线拟合情况，从图形也可以看出，评价得分呈现明显的偏态分布。

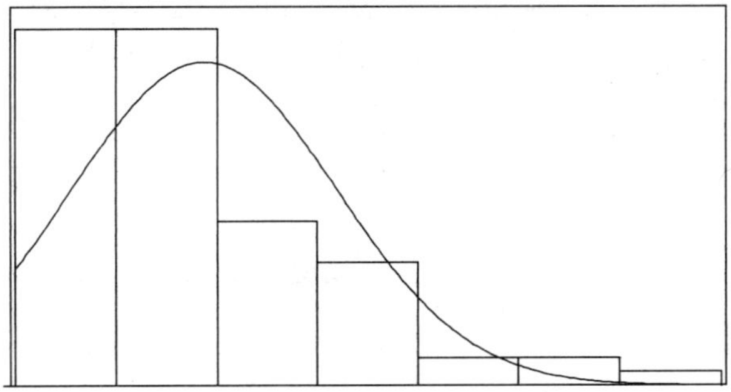

图 5.1　评价得分正态分布曲线拟合

综合上面正态性检验结果和拟合图形结果可以确定，评价得分变量不服从正态分布，因此对于评价结果的效标效度检验不适合使用 Pearson 相关分析法，应该选择其他更具稳健性的统计方法。由前面的讨论可知，此时非参数方法较参数方法更为适用。下面我们使用非参数方法对评价得分的效标关联有效性进行检验。表5.3列出了使用 Spearman 相关分析法进行检验的结果。为便于对比，在表中还同时列出了使用相关利益者利益实现情况作为效标的检验结果。

表 5.3　公司治理评价得分效标关联有效性的 Spearman 相关性检验

	Spearman 相关系数，$N=78$ $H_0: r_s=0, Prob>\|r_s\|$		
	评价得分	净资产收益率	相关利益评价
评价得分	1.000		
	—		
净资产收益率	0.229	1.000	
	0.043	—	
实现相关利益	0.178	0.489	1.000
	0.118	<.0001	—

从表中显示的结果可以看出：净资产收益率与评价得分相关性检验的 P 值等于 0.043，说明在 5%的显著性水平下，拒绝评价得分与净资产收益率无关的假设，认为两者之间具有显著的相关关系。表中还显示，实现相关利益与评价得分相关性检验的 P 值等于 0.118，说明不拒绝评价得分与实现相关利益无关的假设，认为两者之间不具有显著的相关关系。据此我们可以得出以下结论：

- 从股东权益最大化角度来看，该项评价研究具有效标关联有效性。
- 从实现相关利益者利益角度来看，该项评价研究不具有效标关联有效性。

从上面的结论可以看出，选择不同效标对于检验结果具有重要影响。因此，在进行效标关联有效性检验之前，研究者必须根据经济理论和研究目标，仔细选择恰当的效标，并在检验报告中明确观点，从而保证效标效度检验的有效性。

下面一个例子显示了针对二值数据进行效标检验的过程。假设以相关利益者利益实现情况为效标，收集的效标数据为二值数据（即实现、未实现，或高、低）。表 5.4 列出了根据(5.6)式计算的检验结果。

表 5.4　公司治理评价结果的二列相关效标检验

	二点相关系数，$N=78$ $H_0: r_b=0, Prob>\|r_b\|$	
	评价得分	相关利益评价
评价得分	1.000 —	
相关利益评价	0.078	1.000
	0.550	—

从表中可以看出,实现相关利益者利益与评价结果的点二列相关系数等于 0.078,检验的 P 值等于 0.550,说明不能拒绝评价结果与实现相关利益者利益效标之间不相关的假设。据此可以得出结论:该评价结果不能反映企业在实现相关利益者利益方面作出了积极努力。

二、列联表分析方法的应用

经济评价结果一般是连续的或离散的数值变量,如企业国际竞争力综合评价指标体系计算的竞争力得分是连续型数值变量。有时候也使用根据评价得分计算的排名次序作为评价结果,如企业国际竞争力排名,该指标是一类等级数据或有序数据。在选择效标时,研究者总是尽量选择数值数据或有序数据,因为它们包含的系统信息更为丰富。对数值型或有序型数据的效标关联有效性检验,以上节介绍的参数或非参数方法为主。但有时候研究者也可能遇到一些特殊类型的数据,下面的例子说明了这一情况。

在一项中国上市公司治理评价研究中,研究者根据股东利益最大化原则,选择企业连续三年净资产收益率平均值作为有效性检验的效标。但对样本企业净资产收益率数据进行质量检验时发现一个异常情况,具体如图 5.2 所示。

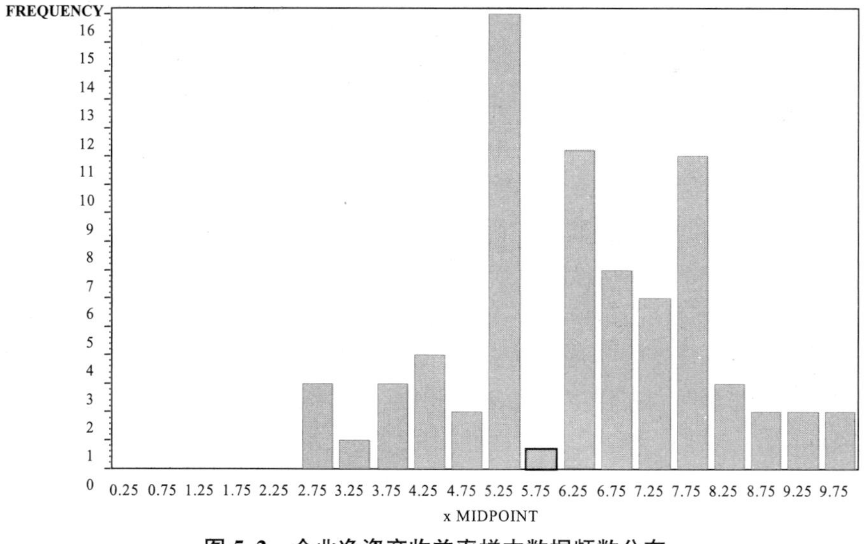

图 5.2 企业净资产收益率样本数据频数分布

从图 5.2 中样本资料频数分布可以看出,在区间(5.50,6.00)之间样本观测频数最低,而与其相邻两侧的观测频数分别达到最高和次高水平,这显然是一个比较异常的数据现象，存在人为调整数据的可能。通过深入调查发现，中国证监会在2006年8月起实施的《上市公司证券发行管理办法》第十三条第一款规定："向不特定对象公开募集股份（简称"增发"），除符合本章第一节规定外，还应当符合下列规定：最近三个会计年度加权平均净资产收益率平均不低于百分之六。"由于存在上市公司增发股票的"门槛"，因此不能排除一些企业为规避制约，对净资产收益率数据进行调整的可能。显然，使用上面数据进行分析有可能导致研究结果存在较大误差。为了解决这一问题我们需要采取措施，消除数据中的虚假信息，并尽量保持数据整体信息的完整性，然后再对评价系统的有效性进行检验。

解决上面问题的一种可行方法是，将连续的效标数据转换为离散数据、等级数据或名义数据。[①] 如本例中，根据数据分布情况判断，数据失真主要发生在(5.50,6.50)区间，即企业可能将(5.50,6.00)区间的净资产收益率调整至[6.00,6.50)区间，以达到融资"门槛"标准。为此，通过下面的数据转换可以屏蔽原始数据的虚假信息：

原值	<1.5	[1.5—2.5)	[2.5—3.5)	[3.5—4.5)	[4.5—5.5)	[5.5—6.5)	[6.5—7.5)	[7.5—8.5)	[8.5—9.5)	≥9.5
现值	1	2	3	4	5	6	7	8	9	10

上表中我们改变了数据组中值的位置，由于数据调整主要出现在将(5.50,6.00)区间的净资产收益率调整至[6.00,6.50)，所以变换后在[5.5—6.5)区间数据的频数是比较准确的，变换后的数据仍可使用前面介绍的相关分析方法。

如果出现更为复杂的情况，例如效标和评价结果都是名义类型的数据，就不能使用上一节介绍的检验方法了，而应该使用下面介绍的方法。

1. 名义指标的关联性分析

列联表分析是用于判别两个名义变量关联性的常用统计方法。如果我们把一个变量的取值按行排列，另一个变量的取值按列排列，然后在行与列对应位置上观察每对取值在样本中出现的频数，就可以用表格的形式列出两个变量之间的联系，通常称这类表格为列联表。表5.5列出了两个随机变量，各有两种取值（用0和1各表示一类）时的列联表（也称其为四格表）。

---

① 需要注意的是，连续数据转换为其他类型数据既屏蔽了失真信息，也损失了真实信息。详细内容请参阅张尧庭，指标量化、序化的理论和方法，北京：科学出版社，1999。

表 5.5　使用四格表观察名义变量间的关系

X \ Y	0	1	合计
0	n_{11}	n_{12}	$n_{1.}$
1	n_{21}	n_{22}	$n_{2.}$
合计	$n_{.1}$	$n_{.2}$	n

其中 n_{11} 为 Y 具有 $Y=0$ 表示的属性，同时 X 具有 $X=0$ 表示的属性时的样本观测频数。①n_{12} 为 Y 具有 $Y=1$ 表示的属性，同时 X 具有 $X=0$ 表示的属性时的样本观测频数。n_{21} 为 Y 具有 $Y=0$ 表示的属性，同时 X 具有 $X=1$ 表示的属性时的样本观测频数。n_{22} 为 Y 具有 $Y=1$ 表示的属性，同时 X 具有 $X=1$ 表示的属性时的样本观测频数。$n_{1.}=n_{11}+n_{12}$，表示具有 $X=0$ 属性样本观测频数；$n_{2.}=n_{21}+n_{22}$ 表示具有 $X=1$ 属性样本观测频数；$n_{.1}=n_{11}+n_{21}$，表示具有 $Y=0$ 属性样本观测频数；$n_{.2}=n_{12}+n_{22}$，表示具有 $Y=1$ 属性样本观测频数；n 为全部观测的样本量。如果两个变量相互独立，则有

$$\frac{n_{11}}{n_{11}+n_{21}}=\frac{n_{12}}{n_{12}+n_{22}}=\frac{n_{11}+n_{12}}{n} \tag{5.7}$$

$$n_{11}=\frac{(n_{11}+n_{21})(n_{11}+n_{12})}{n} \tag{5.8}$$

由(5.8)式可知，如果 $n_{11}>\frac{(n_{11}+n_{21})(n_{11+}n_{12})}{n}$，说明具有 $Y=0$ 和 $X=0$ 属性的观测，比具有 $Y=1$ 和 $X=0$ 属性的观测频数多。此时可以把这种现象理解为，如果研究对象具有了 $Y=0$ 的属性，则其更容易具有 $X=0$ 属性。Yule (1900，1912) 将名义变量的这种关联关系称为相合性，并引入相合系数度量变量之间的相合性，其计算方法如下：

$$\frac{n_{11}n_{22}-n_{12}n_{21}}{n_{11}n_{22}+n_{12}n_{21}} \tag{5.9}$$

当随机变量 X 具有 R 种属性，随机变量 Y 具有 C 种属性时，X 与 Y 的 R×C 阶列联表形式如表 5.6 所示。

① 注意此处 0 仅表示状态。X=0，Y=0 不表示 X 和 Y 有相同取值，而是表示 X 具有 X=0 表示的状态，Y 具有 Y=0 表示的状态。如 X=0 表示竞争力低，X=1 表示竞争力高，Y=0 表示利润高，Y=1 表示利润低。

表 5.6 R×C 阶列联表

	B_1	B_2	…	B_C	合计
A_1	n_{11}	n_{12}	…	n_{1C}	$n_{1.}$
A_2	n_{21}	n_{22}	…	n_{2C}	$n_{2.}$
…	…	…	…	…	…
A_R	n_{R1}	n_{R2}	…	n_{RC}	$n_{R.}$
合计	$n_{.1}$	$n_{.2}$	…	$n_{.C}$	n

其中 $A_1, A_2, \cdots, A_R$ 为变量 X 的 R 个属性，$B_1, B_2, \cdots, B_C$ 为变量 Y 的 C 个属性。此时，可以使用以下自由度为(R－1)(C－1)的 χ^2 检验来验证 X 和 Y 之间的关联性：

$$\chi^2 = \sum_{i=1}^{R} \sum_{j=1}^{c} \frac{(n_{ij} - \frac{n_i n_j}{n})^2}{\frac{n_i n_j}{n}} \tag{5.10}$$

使用下面公式计算 X 和 Y 之间的关联系数：

$$r_g = \sqrt{\frac{\chi^2}{n \times max(R-1, C-1)}} \tag{5.11}$$

2. 案例分析

根据委托—代理理论，具有良好公司治理结构的企业，更有利于公司利润最大化目标的实现。因此，公司业绩指标可以被用作效标。在本例中，我们抽取了评价结果的一个样本，并按结果将被评价公司分为两组——高分组(用 1 表示)和低分组(用 0 表示)。评价得分最高的前 30 名企业为高分组，评价得分最低的后 30 名企业为低分组，得分位于中间的企业被舍去。使用净资产收益率代表公司实现利润情况，净资产收益率越高，表示企业实现利润最大化的能力越强。反之，企业实现利润最大化的能力则越弱。从理论上看，公司治理结构评价得分与企业净资产收益率之间应该正相关。

为了消除股权增发门槛(净资产收益率为 6%)对效标数据的影响，将净资产收益率的连续数值，转换为公司实现利润能力高和实现利润能力低两种状态。考虑净资产收益率 6%为增发门槛，因此可以把 6%作为分界值。但根据上面数据质量分析已知，收益率在(5.5%，6.5%)之间数据可靠性最低。因此，可将分界值下调至 5.5%，这样划分后的数据基本排除了人为调整带来的影响。净资产收益率高于 5.5%，则认为企业具有较高的利润实现能力。净资产收益率低于 5.5%，则认为企业利润实现能力较低。与上面按评价结果对公司进行划分相同，按企业实现利润能力也可将公司划分为高分组(用 1 表示)

和低分组(用 0 表示)。

上面讨论的数据转换原则可以表示如下:

$$公司治理评价得分=\begin{cases}1 前 30 名\\0 后 30 名\end{cases}，\quad 效标得分=\begin{cases}1 收益率\geq 5.5\%\\0 收益率<5.5\%\end{cases}$$

根据上面原则转换后的数据请参见附表 5.2。样本频数统计结果参见四格表 5.7。表中在评价得分和实现利润能力两个变量对应的交叉项上,分别列出了以下信息:①观测频数(即 n_{ij});②观测占全部观测的百分比;③观测占对应评价得分的百分比;④观测占对应实现利润能力的百分比。

从表中可以看出,公司评价得分低(评价得分=0)和实现利润能力低(实现利润能力=0)的企业共有 15 家($n_{11}=15$),占全部样本的 25%,占评价得分低的样本企业的 50%,占实现利润能力低的样本企业的 71.43%。公司评价得分高(评价得分=1)和实现利润能力高(实现利润能力=1)的企业共有 24 家($n_{22}=24$),占全部样本的 40%,占评价得分高的样本企业的 80%,占实现利润能力高的样本企业的 61.54%。其他两种情况读者可参照分析。

表 5.7　评价得分与实现利润能力列联表

	频数 百分比 行百分比 列百分比	实现利润能力 0	 1	 合计
	0	15	15	30
		25.00	25.00	50.00
		50.00	50.00	
评价得分		71.43	38.46	
	1	6	24	30
		10.00	40.00	50.00
		20.00	80.00	
		28.57	61.54	
	合计	21	39	60
		35.00	65.00	100.00

根据表 5.7 统计的频数,我们就可以使用实现利润能力作为效标,对评价得分的有效性进行有效检验。使用列联表进行关联性检验的结果列在表 5.8 中,从表中的结果可以看出,在 5%的显著性水平下,四项卡方检验均拒绝独立性假设。据此得出以下推断:评价得分和效标(实现利润能力)之间显著相关,评价结果具有效标关联有效性。

表 5.8　评价得分和实现利润能力的列联表分析结果

统计量	自由度	值	P 值
卡方	1	5.9341	0.0149
似然比卡方	1	6.0806	0.0137
连续校正卡方	1	4.6886	0.0304
Mantel-Haenszel 卡方	1	5.8352	0.0157
Phi 系数		0.3145	
列联系数		0.3000	
Cramer 的 V		0.3145	

三、区分分析方法的应用

区分分析是通过对特定评价对象与效标之间的关联分析，检验评价结果有效性的方法。区分法含义明确、计算简便，因此在研究中使用较广。该方法的基本统计思想是：把研究对象按效标化分为不同的组。最常见的划分方法是分为高分组和低分组。然后，比较不同组之间评价结果的得分是否具有显著差异。正态分布下可使用 t 检验进行区分分析，检验统计量的计算公式如下：

$$t=\frac{\bar{X}_h-\bar{X}_l}{\sqrt{s_h^2/n_h+s_l^2/n_l}} \tag{5.12}$$

其中 $\bar{X}_h$ 为按效标高分组计算的评价结果的平均值，$\bar{X}_l$ 为按效标低分组计算的评价结果的平均值；s_h^2 和 s_l^2 分别为效标高分组评价结果方差和低分组评价结果方差；n_h 和 n_l 分别为效标高分组和低分组的样本量。公式(5.12)可以检验效标高分组和低分组的综合评价结果有无差异，如果存在显著差异，则可认为评价结果与效标反映的内容具有一致性，因此评价具有效标关联有效性。反之，则认为评价结果与效标不具有一致性，评价不具有效标关联有效性。

以上一节的公司治理评价为例，仍然使用净资产收益率为效标，并将 5.5%作为效标高分组和低分组的划分标准，划分结果参见附表 5.3。高分组和低分组评价得分均值和标准差计算结果，以及均值检验结果列在表 5.9 中。

表中第一部分显示了高分组和低分组评价得分的样本量、均值和标准差。第二部分显示了使用两种不同方法进行均值检验的结果，Pooled 法适用于两组方差相等的情况，Satterthwaite 法适用于两组方差不相等的情况。从表中的结果可以看出，两种方法的检验 P 值接近，在 10% 的显著性水平下均拒绝均值相等的假设，认为高分组和低分组评价得分存在显著差异。据此可以得出以下推断：评价结果具有效标关联有效性。

表 5.9　使用区分法对公司治理评价结果的效标效度检验结果

Variable	Type	N	Mean	Std Dev
评价得分	0	29	13.759	16.015
评价得分	1	31	23.504	21.983
T-Tests				
Method	Variances	DF	t Value	Pr>|t|
Pooled	Equal	58	−1.95	0.0559
Satterthwaite	Unequal	54.8	−1.97	0.0537

四、回归分析方法的应用

使用回归分析可以研究变量间更为复杂的关联关系。从另一个角度看，效标往往可以看作是评价研究要达到的最终目标。以公司治理评价为例，其研究目标是为了促进企业公司治理结构的完善。而完善公司治理结构的最终目的，是为了提高企业的国际竞争力和经济效益。因此，如果一个企业在公司治理评价中获得了较高的得分，我们可以据此预测该企业未来会取得较好的经济效益。根据这一的观点，可以认为在评价结果和效标之间存在预测关系。或者说当已知评价结果后，可以使用评价结果对效标进行预测。设 Y 表示效标变量，X_1 为综合评价结果，$X_2, \cdots X_k$ 为其他可能影响 Y 的因素，ε 表示随机误差项，则效标和评价结果之间的预测关系可以用如下函数形式来描述，

$$Y = f(X_1, X_2, \cdots, X_k, \varepsilon)$$

最简单的一元线性回归模型如 5.13 式所示：

$$Y_i = \beta_0 + \beta_1 X_i + \varepsilon_i \tag{5.13}$$

其中 X_i 和 Y_i 分别表示评价结果和效标的观测值；β_1 称为回归系数，它反映了评价结果与效标之间的相关关系；β_0 为常数项，它反映了评价结果为 0 时效标 Y 的状态。

(5.13)式表示的是一种极端情况，实际上大多数情况下，效标受多种经济要素影响。例如，以企业经济效益作为效标，而经济效益除了受公司治理结构

影响外，还受很多其他因素的影响，如投资、技术条件、企业规模、企业所在行业等。模型5.14式显示了一个包含其他影响因素的效标预测模型。

$$Y_i = \beta_0 + \beta_1 X_{1i} + \beta_2 X_{2i} + \cdots + \beta_k X_{ki} + \varepsilon_i \quad (5.14)$$

X_{1i} 和 Y_i 表示评价结果和效标的观测值；β_1 为 X_{1i} 的回归系数，它反映了评价结果与效标之间的相关关系；$X_{2i}, \cdots, X_{ki}$ 反映了其他因素对效标影响。由统计学知识可知，通过样本可以对 $\beta_0, \beta_1, \cdots, \beta_k$ 进行参数估计。①

以上面的例子为例，表5.10显示了使用附表5.1中的样本数据，对评价结果与净资产收益率的一元线形回归模型进行参数估计的结果。从参数检验结果 $(Pr > |t|) < 0.0001$ 可以推断，附表5.1中公司治理评价结果对净资产收益率的影响显著，回归系数 $\beta_1 = 0.16557$ 显著大于0，符合两者之间的经济关系。据此可以得出以下推断：该项研究的评价结果具有显著的效标关联有效性。

表5.10　公司治理评价得分与净资产收益率回归分析结果

Analysis of Variance					
Source	DF	Sum of Squares	Mean Square	F Value	Pr>F
Model	1	1737.94054	1737.94054	87.29	<.0001
Error	77	1533.11396	19.91057		
Uncorrected Total	78	3271.05450			
Root MSE		4.46213	R-Square		0.5313
Dependent Mean		6.25936	Adj R-Sq		0.5252
Coeff Var		71.28727			
Parameter Estimates					
Variable	DF	Parameter Estimate	Standard Error	t Value	Pr>|t|
X_1	1	0.16557	0.01772	9.34	<.0001

本章小结

本章讨论效标关联有效性的检验方法，包括参数方法和非参数方法，数值资料的检验方法、性质资料的检验方法。主要要点如下：

① 有关回归分析的理论和方法请参阅Damodar N. Gujarati著，林少宫译，计量经济学，中国人民大学出版社，1999。

1. 效标关联有效性是一类重要有效性。它既可用于构想有效性检验，也可用于社会价值标准的有效性检验。相关分析是检验效标关联有效性最常用的方法。

2. 根据数据资料不同，需要选择恰当的检验方法。当数据满足参数方法的使用条件时，参数方法对数据信息的利用较非参数方法更为充分，因此其检验效率也较高。

3. 当数据不能满足参数方法的使用条件时，继续使用参数方法进行检验，结果可能存在较大偏误。非参数方法对数据分布的要求没有参数方法严格，检验结果更具稳健性。

4. 将连续数据转化为有序数据或名义数据将损失数据信息。但在一些特殊情况下，数据转化可以使研究更简化，有时还可以使用该方法屏蔽一些不可靠的信息。

5. 当效标变量和评价结果是名义数据时，可以使用定性资料的统计分析方法进行效标检验，列联表分析是一种常用方法。

6. 当影响效标的因素较多时，应该建立回归分析模型进行检验。

附表 5.1 公司治理评价得分与效标观测值

序号	评价得分	净资产收益率	实现相关利益评价	序号	评价得分	净资产收益率	实现相关利益评价
1	91.23	7.22	79.84	40	13.63	10.68	72.08
2	81.71	7.44	64.00	41	13.17	5.11	61.68
3	74.99	5.35	76.16	42	12.54	6.94	86.96
4	56.64	6.09	71.20	43	12.49	5.03	85.12
5	53.38	7.57	73.44	44	12.14	5.13	53.92
6	48.92	5.77	56.48	45	11.75	6.02	87.12
7	48.90	6.00	86.24	46	11.50	6.45	59.68
8	48.42	6.19	60.24	47	11.13	5.16	57.92
9	47.05	7.64	64.64	48	10.68	6.03	74.48
10	46.07	6.08	61.60	49	10.22	6.01	68.56
11	44.29	5.65	83.20	50	9.94	5.20	56.40
12	40.93	6.36	68.00	51	9.59	8.07	87.76
13	38.74	7.09	85.28	52	9.32	8.44	76.96
14	38.27	6.36	71.04	53	5.93	6.63	78.24
15	36.75	5.94	66.72	54	5.85	2.72	53.52
16	35.63	6.75	70.56	55	5.61	7.82	59.20
17	35.32	5.34	68.80	56	5.21	3.49	51.12
18	34.23	5.46	73.84	57	5.03	7.17	76.00
19	32.96	7.60	59.12	58	4.78	8.58	89.68
20	32.77	7.66	85.76	59	4.60	5.16	59.36
21	32.61	5.29	74.88	60	4.60	8.65	85.68
22	31.34	5.37	77.28	61	4.56	7.75	76.72
23	31.13	7.76	58.16	62	4.45	5.72	61.28
24	28.44	5.75	83.76	63	4.16	3.75	71.12
25	23.53	6.07	71.76	64	3.69	7.88	69.84
26	23.33	7.32	61.04	65	3.63	4.27	51.36
27	22.13	8.24	75.84	66	3.18	5.89	76.08
28	21.41	6.00	83.28	67	3.09	2.72	71.44
29	21.10	5.12	61.04	68	2.83	3.72	61.76
30	20.39	9.04	92.80	69	2.82	10.60	88.24
31	19.34	5.34	66.72	70	2.36	7.64	75.12
32	19.31	4.22	48.00	71	2.05	4.13	66.88
33	18.82	7.91	57.84	72	1.78	4.04	43.12
34	18.47	7.73	70.24	73	1.75	5.48	43.60
35	17.77	4.78	69.36	74	1.42	2.61	58.72
36	15.78	6.00	79.76	75	1.42	3.56	42.64
37	15.17	5.49	81.04	76	1.06	4.78	49.84
38	15.04	7.07	70.32	77	0.70	9.36	95.84
39	13.65	6.66	70.00	78	0.12	5.05	48.72

附表 5.2 转换后的公司治理评价得分与效标得分

序号	评价得分	评价等级	净资产收益率	收益等级	序号	评价得分	评价等级	净资产收益率	收益等级
1	91.23	1	7.22	1	31	10.22	0	6.01	1
2	81.71	1	7.44	1	32	9.94	0	5.20	0
3	74.99	1	5.35	0	33	9.59	0	8.07	1
4	56.64	1	6.09	1	34	9.32	0	8.44	1
5	53.38	1	7.57	1	35	5.93	0	6.63	1
6	48.92	1	6.17	1	36	5.85	0	2.72	0
7	48.90	1	6.00	1	37	5.61	0	7.82	1
8	48.42	1	6.19	1	38	5.21	0	3.49	0
9	47.05	1	7.64	1	39	5.03	0	7.17	1
10	46.07	1	6.08	1	40	4.78	0	8.58	1
11	44.29	1	6.60	1	41	4.60	0	5.16	0
12	40.93	1	6.36	1	42	4.60	0	8.65	1
13	38.74	1	7.09	1	43	4.56	0	7.75	1
14	38.27	1	6.36	1	44	4.45	0	6.02	1
15	36.75	1	6.94	1	45	4.16	0	3.75	0
16	35.63	1	6.75	1	46	3.69	0	7.88	1
17	35.32	1	5.34	0	47	3.63	0	4.27	0
18	34.23	1	5.46	0	48	3.18	0	6.29	1
19	32.96	1	7.60	1	49	3.09	0	2.72	0
20	32.77	1	7.66	1	50	2.83	0	3.72	0
21	32.61	1	5.29	0	51	2.82	0	10.6	1
22	31.34	1	5.37	0	52	2.36	0	7.64	1
23	31.13	1	7.76	1	53	2.05	0	4.13	0
24	28.44	1	6.75	1	54	1.78	0	4.04	0
25	23.53	1	6.07	1	55	1.75	0	5.48	0
26	23.33	1	7.32	1	56	1.42	0	2.61	0
27	22.13	1	8.24	1	57	1.42	0	3.56	0
28	21.41	1	6.00	1	58	1.06	0	4.78	0
29	21.10	1	5.12	0	59	0.70	0	9.36	1
30	20.39	1	9.04	1	60	0.12	0	5.05	0

注：评价得分前 30 名评价等级为 1，后 30 名为 0；净资产收益率＞5.5％收益等级为 1，其余收益等级为 0。

附表 5.3 按效标划分高分组和低分组

序号	类别	评价得分	净资产收益率	序号	类别	评价得分	净资产收益率
1	1	13.63	10.68	31	1	21.41	6.00
2	1	2.82	10.60	32	0	15.17	5.49
3	1	0.70	9.36	33	0	1.75	5.48
4	1	20.39	9.04	34	0	34.23	5.46
5	1	4.60	8.65	35	0	31.34	5.37
6	1	4.78	8.58	36	0	74.99	5.35
7	1	9.32	8.44	37	0	35.32	5.34
8	1	22.13	8.24	38	0	19.34	5.34
9	1	9.59	8.07	39	0	32.61	5.29
10	1	18.82	7.91	40	0	9.94	5.20
11	1	3.69	7.88	41	0	11.13	5.16
12	1	5.61	7.82	42	0	4.60	5.16
13	1	31.13	7.76	43	0	12.14	5.13
14	1	4.56	7.75	44	0	21.10	5.12
15	1	18.47	7.73	45	0	13.17	5.11
16	1	32.77	7.66	46	0	0.12	5.05
17	1	47.05	7.64	47	0	12.49	5.03
18	1	2.36	7.64	48	0	17.77	4.78
19	1	32.96	7.60	49	0	1.06	4.78
20	1	53.38	7.57	50	0	3.63	4.27
21	1	81.71	7.44	51	0	19.31	4.22
22	1	23.33	7.32	52	0	2.05	4.13
23	1	91.23	7.22	53	0	1.78	4.04
24	1	5.03	7.17	54	0	4.16	3.75
25	1	38.74	7.09	55	0	2.83	3.72
26	1	15.04	7.07	56	0	1.42	3.56
27	1	36.75	6.94	57	0	5.21	3.49
28	1	12.54	6.94	58	0	5.85	2.72
29	1	35.63	6.75	59	0	3.09	2.72
30	1	28.44	6.75	60	0	1.42	2.61

注:类别=1 为高分组,类别=0 为低分组。

第六章

外部有效性检验

经济评价目标往往具有很强的政策性和社会性,其结果有时会成为政府改革的判断依据。而政策选择和进行改革总是应该遵循对大多数对象公平,使大多数对象受益的原则。但是,经济评价结果通常仅是依据样本得出的结论,使用的研究对象仅是总体中很小的一部份。有时,样本也没有遵循严格的随机抽样方法取得。此时对样本有效的评价结果,对样本之外的研究对象可能不具有有效性。然而在实践中,研究者总是抱有把评价结果外推,将其应用于更广泛外部领域的冲动。例如,基于一个上市公司样本进行有效性检验的公司治理评价系统,被希望能够应用于所有的上市公司,进而应用于全国的企业。我们把这类问题称为评价的外部有效性问题,或者称之为外延有效性或广义有效性。

外部有效性研究实际牵涉到两类问题:第一类是关于试图将评价模型应用于样本之外对象的扩展问题。对这类问题进行检验时,可以选择基于多样本(也称跨样本)比较的统计学方法。主要做法是收集各独立总体的代表性样本,然后对代表性样本的差异性进行比较。例如针对一项公司治理评价构想设计,比较其在国有企业和非国有企业两类公司中使用的有效性。这类方法适用的范围较广,对于不同研究背景、不同时间、不同对象等几乎所有可以收集到样本的总体都可以进行比较检验。

另一类问题是对已被广泛使用的“标准”系统进行有效性检验。一个不可否认的事实是,目前大量存在的一些经济评价系统,已经作为一个“标准”系统，定期、长期、广泛地用于一些专门领域的评价研究。例如一个用于企业信用等级评价的系统，长期被一些金融机构和政府部门使用，用于对很多不同类型企业进行评级并进行发布。根据评价理论，每次评价研究都应该进行有效性检验，或者说有效性检验是评价研究的一项基本内容。按此观点，一个“标准”系统在每次使用时都应该进行有效性检验。然而经验告诉我们，对一个“标准”系统来说，可能出现各次应用的有效性检验结果不一致性情况。这可能导致对“标准”的质疑，也为制定政策提供了不确定性依据。因此，对于独立应用的不一致性也应该成为外部有效性检验关注的一个主题。

对于“标准”系统的外部有效性检验，可以使用基于合并研究的统计检验方法。该类统计方法把具有相同类型的独立研究结果（这些研究可以是研究者自己完成的，但更多的时候是使用其他研究者的研究结果）作为样本，进行统计再分析。当各项独立研究结果的结论存在矛盾或对立，无法形成一致性结论时，使用合并分析尤为重要。因为它可以获得比独立研究更为精确的统计分析结果，从而对评价结果的有效性形成更为清晰地认识，避免因单一研究偏差而导致政策的不公平性，或使得大多数对象利益受损的情况出现。

下面结合具体案例，围绕以上两种类型的外部有效性检验问题讨论具体的统计检验方法。

一、跨样本构想设计有效性检验

（一）基于结果一致性检验的方法

早期对跨样本构想设计有效性的检验，主要是检验各样本评价结果之间是否存在一致性。如果两个评价结果得分具有相同的统计分布，评价结果之间具有较高的相关性，就可以认为评价系统构想具有跨样本使用有效的特性。按照这一思路进行的相关性检验，可以使用本书第五章介绍的相关分析方法。只要把前面方法中的效标，换成某个样本的评价结果即可，这里不再重复讨论。

（二）基于样本协方差阵比较的方法

1. 统计方法

在第四章中，我们使用了验证性因子分析方法来检验构想有效性。通过前面的讨论中我们已经知道，一个具有有效性的评价系统设计，根据其构想结构获得的协方差阵，与观测样本协方差阵之间应该存在良好的拟合。从有效性检验的角度来看，如果这两个协方差阵能够达到设定的拟合优度，就可以认为评价系统具有构想有效性。根据这一原理，也可以设计判断一个构想是否具有跨样本有效性的检验。具体思路是：对各不同样本的协方差阵进行比较，如果能够证明不同样本具有相同的协方差结构，实际上就证明了适用于其中一个样本的构想设计，必定也适用于另一个样本。如果每个样本都是从其所属总体中通过随机抽样获得的，具有总体代表性，那么也就证明了构想设计适用于这些不同的总体。

Box(1949)提出了针对不同样本进行协方差检验的方法，此后经过 Anderson(1958)、Seber(1984)等学者的发展，进一步提高了该方法的实用性。

假设存在 g 个需要比较的总体，各总体的协方差阵分别用$\Sigma_1, \Sigma_2 \cdots, \Sigma_g$表示，则 Box's M 检验的原假设为

$$H_0: \sum_1 = \sum_2 = \cdots = \sum_g$$

$$H_1: \sum_1, \sum_2, \cdots, \sum_g \text{ 至少有两个不相等}$$

从每个总体中随机抽取一个样本，则基于极大似然法计算的 Box's M 检验统计量如下：

$$M = \begin{cases} (n-g)log \mid s \mid - \sum_{i=1}^{g}(n_i - 1)log \mid s_i \mid, & S > 0 \\ \text{不确定}, & S \leqslant 0 \end{cases} \quad (6.1)$$

其中 $i = 1 \cdots g$，n_i 表示第 i 个样本的样本量，S_i 表示第 i 个样本的协方差阵，n 为合并后的总样本量，S 为合并后的样本协方差阵。对于小样本，Box's M 服从渐进的 F 分布。

目前，在实际检验中最常使用的是修正后的 χ^2 检验，修正后的 χ^2 统计量计算公式如下：

$$\chi^2 = (1-c)(n-g)F$$

其中 F 的含义与前面第四章中的定义相同，代表系统的最优拟合函数，c 使用 Box(1949)给出的定义：

$$c = \frac{2p^2 + 3p - 1}{6(p+1)(g-1)}\left(\sum_{i=1}^{g} \frac{1}{n_i} - \frac{1}{\sum_{i=1}^{g} n_i}\right)$$

上式中的变量 p 代表系统中观测变量个数，其余各量与上面(6.1)式中的定义相同。

2. 案例分析

在第五章中我们曾使用了一个在上海证券交易所上市的公司样本，对模型(4.3)的公司治理评价系统进行了构想有效性检验。在本例中，我们试图拓

展该模型的应用范围，将其推广到深圳证券交易所的公司治理评价研究。为此，我们收集了一个新的样本，包含在深圳证券交易所上市的169家上市公司。新样本的观测指标与模型(4.3)中的观测指标完全相同。下面基于两个市场的样本进行协方差阵相等检验。

假设检验为：

$$H_0:\sum_{\text{上海}}=\sum_{\text{深圳}}$$
$$H_1:\sum_{\text{上海}}\neq\sum_{\text{深圳}}$$

使用修正后的χ^2检验，两个样本协方差阵相等的检验结果如下表所示：

表 6.1　上海、深圳两个市场样本观测变量协方差阵检验结果

Chi-Square	312.4750
Chi-Square DF	171
Pr>Chi-Square	<.0001

从表中的结果可以看出，$\chi^2=312.4750$，检验的P值<.0001，说明拒绝两个样本协方差阵相等的假设，认为两者之间存在显著性差异。由此可以得出以下推断：模型(4.3)的公司治理评价系统，其基于上海证券交易所上市公司样本的协方差结构，与基于深圳证券交易所上市公司样本的协方差结构存在显著差异。

从统计研究角度看，如果在进行协方差阵检验时，结果显示不拒绝两个样本具有相同协方差阵的假设，则研究者可以认为适用于其中一个样本的模型也适用另一个样本。但是，如果结果显示两个样本的协方差阵存在显著差异(如同表6.1中显示的结果)，还不能说明它们必须使用不同的构想结构来进行评价，而必须进一步检验它们各自构想模型结构的形式，以及模型参数的差异性才能做出更为精确的判断。

下面介绍的两种统计检验方法，可用于样本协方差阵不等情况下的构想有效性检验。

(三)跨样本验证性因子分析

1. 统计方法

检验一个构想设计结构是否适用于多个独立总体时，一种直观的想法是：从每个被研究的总体中随机抽取一个样本，然后使用该构想模型，通过验证性因子分析对每个样本分别进行拟合检验。如果模型对每个样本都有好的拟合，则可以证明构想设计适用于每个总体。

然而理论可以证明，这种做法实际只能比较各样本与构想设计的总体拟合情况，而不能证明各样本是否具有相同的系统参数。因此，也就不能证明模型在每个总体中的应用是等价的。

现代统计分析技术提供了关于上面例子中系统参数比较的检验方法。下面介绍的统计方法，可以根据研究者对精度的要求，在不同层面上进行系统参数的比较和检验。

假设存在 g 个要比较的样本，则每个样本的验证性因子分析模型可以用方程(6.2)来表示：

$$X_i = \Lambda_{Xi}\xi_i + \delta_i \tag{6.2}$$

其中 $i=1,2,\cdots,g$。Λ_{Xi} 为模型参数矩阵，其他各量的含义与第四章中定义相同。

根据前面第四章中的讨论可知，如果假设各总体协方差阵和样本协方差阵分别用 $\sum_1, \sum_2 \cdots, \sum_g$ 和 $S_1, S_2 \cdots, S_g$ 表示，使用验证性因子分析方法可以分别检验每个样本与评价构想模型的拟合情况。如果每个样本均拟合良好，则认为各样本均具有相同的构想结构形式(即隐变量的数目相同，观测变量与隐变量的对应关系相同)。此时，模型(6.2)可以修改为下面形式：

$$X_i = \Lambda_{Xi}\xi + \delta_i \tag{6.3}$$

下一步可以利用模型(6.3)进行结构参数相等的检验，主要包括以下内容：

(1)隐变量系数相等性检验

进行隐变量系数相等性检验的目的，是分析各独立样本模型的 Λ 阵是否相同。如果各 Λ 阵相同，则说明各样本模型的隐变量系数相等，这样就将评价模型跨样本的特性向前推进了一步。隐变量系数相等性检验的假设如下：

$$H_0: \Lambda_1 = \Lambda_2 = \cdots = \Lambda_g$$

$$H_1: \Lambda_1, \Lambda_2, \cdots, \Lambda_g \text{ 不全相等}$$

如果模型通过了隐变量系数相等性检验，研究者可以考虑进一步对模型中的其他参数和特性进行检验。

(2)隐变量系数、相关性的相等性检验

这项检验的目的除了检验各独立样本模型的 Λ 阵是否相同外，还要同时检验特质的协方差阵(用 $\boldsymbol{\Phi}$ 表示)是否相同。隐变量系数、相关性的相等性检验假设如下：

$$H_0: \Lambda_1 = \Lambda_2 = \cdots = \Lambda_g, \boldsymbol{\Phi}_1 = \boldsymbol{\Phi}_2 = \cdots = \boldsymbol{\Phi}_g$$

$$H_1: \text{上面等式不全相等}$$

如果检验结果不拒绝 H_0，说明各样本模型不仅具有相同的隐变量系数，同时各样本对应的隐变量具有相同的变异性，且不同隐变量之间的关联性也相同，这比上面隐变量系数相等性检验的结果又推进了一步。

上面两项检验主要是针对模型参数的检验，为了进一步研究模型的跨样本特征，研究者还可以进一步对模型中随机误差项的特性进行检验。

(3)隐变量系数、相关性、随机误差项变异性的相等性检验

这项检验是对各独立样本模型的 Λ 阵，Φ 阵，以及随机误差项的协方差阵（用 Θ 表示）同时进行相等性检验。检验的假设如下：

$$H_0:\Lambda_1=\Lambda_2=\cdots=\Lambda_g,\Phi_1=\Phi_2=\cdots=\Phi_g,\Theta_1=\Theta_2=\cdots=\Theta_g$$

H_1:上面等式至少有一组不成立

如果检验结果不拒绝 H_0，说明各样本模型不仅具有相同的隐变量系数、相同的隐变量变异性和隐变量相关性，而且随机误差项的分布也相同。这样就把上面两项检验对隐变量系数相等性认识又向前推进了一步，增加了对随机误差项变异性的认识。

实际上，按照第四章中讨论的求解思想，我们可以构造一个包括全部样本的总拟合函数。设 $F_i(S_i,\sum_i)$ 为第 i 个样本的拟合函数，则包括全部样本的总拟合函数可以表示为

$$F=\sum_{i=1}^{g}\frac{n_i}{n}F_i(S_i,\sum_i) \tag{6.4}$$

使拟合函数最小化以获得最佳拟合，据此就可以求得联合样本模型的参数估计量。由此可以看出，合并模型拟合优度的评价方法与单样本模型拟合优度的评价方法相同，这里不再赘述。

2. 案例分析

在上一节例子中，我们通过协方差阵比较发现，上海和深圳两个样本的协方差阵显著不同，因此不能确定评价模型(4.3)是否具有跨样本有效性。为了获得更为精确的判断，下面使用跨样本验证性因子分析做进一步分析。

设两个样本具有相同的构想形式，即都具有模型(4.3)所表示的结构形式。同时假设除隐变量方差外，所有模型参数都是可以自由估计的。下面首先进行两个样本模型隐变量系数相等的检验，假设的具体形式如下：

$$H_0:\Lambda^{上海}=\Lambda^{深圳}$$

$$H_1:\Lambda^{上海}\neq\Lambda^{深圳}$$

检验结果列在表 6.2 中。

表 6.2 中的 $t_i(i=1\cdots18)$ 为新构造的系数检验变量，其形式如下：

$$t_i=\lambda_i^{上海}-\lambda_i^{深圳} \tag{6.5}$$

这样就把对系数相等的检验，转化为 t_i 均值为零的联合检验，转化后的假设形式如下：

表 6.2　上海、深圳两个样本模型隐变量系数相等性检验结果

Simultaneous Tests				
Parametric Function	Function Value	DF	Chi-Square	P Value
		18	12.85068	0.8004
t_1	−0.02239	1	0.07514	0.7840
t_2	−0.04037	1	0.16330	0.6861
t_3	0.03131	1	0.11258	0.7372
t_4	−0.01238	1	0.01275	0.9101
t_5	0.04801	1	0.21113	0.6459
t_6	0.05559	1	0.30051	0.5836
t_7	0.08885	1	1.38151	0.2398
t_8	0.01441	1	0.03532	0.8509
t_9	0.06077	1	0.61496	0.4329
t_{10}	−0.09459	1	1.38428	0.2394
t_{11}	0.05135	1	0.37351	0.5411
t_{12}	0.05518	1	0.46933	0.4933
t_{13}	0.09807	1	0.75670	0.3844
t_{14}	−0.11210	1	1.24443	0.2646
t_{15}	0.06666	1	0.72326	0.3951
t_{16}	−0.02636	1	0.10543	0.7454
t_{17}	−0.06424	1	0.67522	0.4112
t_{18}	0.03834	1	0.18712	0.6653

$$H_0: t_1 = 0, t_2 = 0, \cdots, t_i = 0$$

$$H_1: t_i \text{ 不全为零}$$

表中数据的第一行列出了联合检验的自由度、检验统计量的值和检验的P值。第一行下面的数据行是对每对对应系数单独进行检验的结果，其原假设的形式是

$$H_0:\ t_i = 0$$

$$H_1:\ t_i \neq 0$$

这仅是基于两个对应系数的比较，研究者可以据此判断每组对应系数的差异情况，但不能作为模型全部对应系数相等的判断依据。

从表 6.2 中的结果可以看出，联合检验的 χ^2 值等于 12.85068，P 值等于 0.8004，说明不能拒绝 t_i 全部为零的假设。据此可以得出以下结论：不拒绝两个样本模型隐变量系数相等的假设。

根据上一节介绍的跨样本验证性因子分析工作程序，下一步应该对各独立样本模型的系数（Λ 阵）和系数之间的关联性（Φ 阵）同时进行相等性检验，

具体假设如下：

$$H_0:\Lambda^{上海}=\Lambda^{深圳},\Phi^{上海}=\Phi^{深圳}$$

H_1：上面等式至少有一组不成立

进一步我们仍然可以仿照上面的例子，先构造新的检验变量，然后再对新变量进行联合检验，从而对隐变量系数、相关性、随机误差项变异性等进行相等性检验。

(四)参数约束的跨样本检验方法

1. 统计方法

跨样本检验的另一种常用方法是参数约束跨样本检验。其基本原理是：首先设定基准模型，通常假设基准模型隐变量系数矩阵，隐变量系数协方差阵和误差项协方差阵分别为 Λ_0，Φ_0 和 Θ_0，然后再以 Λ_0，Φ_0 和 Θ_0 作为约束条件对参数进行检验。

对照上一节的检验假设，参数约束下的跨样本检验假设可以描述如下：

(1)隐变量系数相等性检验

$$H_0:\Lambda_1=\Lambda_2=\cdots=\Lambda_g=\Lambda_0$$

H_1：$\Lambda_1,\Lambda_2,\cdots,\Lambda_g$ 不全等于 Λ。

(2)隐变量系数、变异性的相等性检验

这项检验的目的，是检验各独立样本拟合构想模型的 Λ 阵和 Φ 阵是否相同。检验的假设如下：

$$H_0:\Lambda_1=\Lambda_2=\cdots=\Lambda_g=\Lambda_0,\Phi_1=\Phi_2=\cdots=\Phi_g=\Phi_0$$

H_1：上面等式至少有一组不成立

(3)隐变量系数、变异性、随机误差项变异性的相等性检验

$$H_0:\Lambda_1=\Lambda_2=\cdots=\Lambda_g=\Lambda_0,\Phi_1=\Phi_2=\cdots=\Phi_g=\Phi_0,$$
$$\Theta_1=\Theta_2=\cdots=\Theta_g=\Theta_0$$

H_1：上面等式至少有一组不成立

参数约束跨样本检验的步骤与上一节讨论的检验步骤相同，也应该先从隐变量系数相等性检验开始，然后依次按参数的重要性逐次递进进行检验。

基准模型的设定方法有两种：一种是首先确定一个已经存在的样本为基准模型。例如在本例中，可以上海证券交易所获得的样本作为基准模型。然后以基准模型为样本拟合构想模型，并使用其参数估计结果作为其他样本参数约束值。另外一种方法是不设定具体样本，而是约束所有待比较样本参数值相等。与第一种方法相比，后面设定方法的约束略为宽松。具体操作时，无论使用哪种约束，只要在结构方程模型中说明相应约束条件即可。

2. 案例分析

本节仍然使用上一节的例子。首先采用第一种约束方法，即指定上海证券交易所的样本拟合结果作为约束条件。为简单起见，这里仅对隐变量系数进行约束，检验结果列在表 6.3 中。

从表中结果可以看出，由于隐变量系数被约束，所以模型估计的参数减少了 18 个 $(\lambda_1, \lambda_2, \cdots, \lambda_{18})$，自由度增加到 138。从表中的结果可以看出，$\chi^2$ 统计量值等于 452.237，检验的 P 值 < 0.0001，说明拒绝模型拟合良好的假设。RMSEA 等其他检验指标也显示模型总体拟合较差。

表 6.3　固定样本约束的检验结果

统计量	P 值
Chi-Square	452.2370
Chi-Square DF	138
Pr>Chi-Square	<0.0001
RMSEA	0.1164
RMSR	0.0757
SRMSR	0.0694
GFI	0.8280
NFI	0.7685

在表 6.3 中我们固定了上海证券交易所的样本作为约束。下面采用第二种方法，即仅限定两个样本模型隐变量系数相等。显然，这一约束较前面的约束有所放松。表 6.4 列出了限定两个样本模型隐变量系数相等的检验结果。

表 6.4　限定两个样本模型隐变量系数相等的检验结果

统计量	合并	上海	深圳
Percent Contribution to χ^2	100	28	72
RMSR	0.0559	0.0449	0.0716
SRMSR	0.0505	0.0409	0.0644
GFI	0.9031	0.9430	0.8305
NFI	0.8776	0.9433	0.7744

表 6.4 中第 2 列出了将两个样本合并后的检验结果，第 3 和第 4 列分别显示了将上海、深圳二个样本单独拟合的检验结果。表中第一行(Percent Contribution to χ^2 项)显示了二个样本各自对总 χ^2 的贡献率。从贡献率结果可以看出，如果合并样本的 χ^2 值为 100，则上海证券交易所样本贡献了全部 χ^2

值的28%,深圳证券交易所样本贡献了全部χ^2值的72%。说明如果把来自深圳证券交易所的样本加入上海证券交易所样本,模型检验的χ^2值将增加近3倍,模型拟和优度将显著降低。

从表6.4中还可以看出,上海证券交易所样本总体拟合程度较高,但深圳样本的GFI(等于0.8305)和NFI(等于0.7744)指标均远远低于好(0.9)的拟合标准,因此拒绝两个样本隐变量参数相等的假设。从而得出以下结论:模型4.3的构想结构仅适用于对上海证券交易所中的企业进行评价,而不适用于深圳证券交易所中的企业。

二、合并独立研究的有效性检验

所谓合并独立研究是指通过收集独立研究结果,并以它们为样本进行再分析的统计分析技术。该类技术出现于20世纪初,自20世纪70年代以后快速发展。开展合并研究的目的主要有两个:首先是对独立研究结果进行再分析,以获得一个更为精确的检验结果。通常一项独立研究结果都受某些主观或客观因素制约,如受资金或数据收集能力限制使用的样本量较小,因而降低了研究结果的精度。通过合并研究可以弥补样本量、数据受限等的影响。第二个目的是分析独立研究结果存在不一致性的原因。有时各项独立研究结果不一致,甚至结论相互矛盾。此时进行合并研究,可以分析导致独立研究结果不一致的原因,进而获得更具一致性的结论。

从以上工作目标可以看出,合并独立研究的意义在于提高研究结果的精确性,获得更具一致性的结论。对所谓"标准"评价系统的独立检验结果进行合并分析,可以为制定政策提供了更为科学、更为准确的依据,从而提高政策的有效性。特别是当"标准"系统独立检验结果存在分歧时,合并检验的意义尤为重要。

Meta Analysis分析是目前最常用的合并分析技术之一,下面介绍使用该技术进行有效性检验的方法。

(一)Meta Analysis的基本概念

1. 发展简况

Meta Analysis是基于一组独立研究结果,并以它们为样本进行更精确数据分析的统计方法。早在20世纪初,英国统计学家Pearson在其研究项目中对来自5个不同样本的估计结果进行了综合分析。20世纪20年代,Fisher介绍了对独立检验的概率进行合并的方法。到20世纪70年代,将独立研究结果进行合并分析的研究开始大量出现,形成了比较规范的统计研究范式,并在生物学、医学、心理学和教育学等多个应用领域得到了应用。1976年,Glass提出将该类研究命名为Meta Analysis,今天的学者们仍然普遍使用这一名称。20世纪80年代Meta Analysis的理论研究迅速发展,并且不断深入和成熟,Meta Analysis的应用研究也迅速发展。到20世纪90年代,该方法已被广泛应用于生物学、医学、心理学、教育学和环境科学等研究领域。进入21世纪,该方法的应用领域不断扩大,在社会学、经济学领域也出现了不少应用研究。近年来一些学者将该方法引入了评价研究,如:Harllee等(2009)关于国家影响力的评价研究,Nelson和Kennedy(2009)关于自然资源与环境评价研究等都是基于该方法的研究。

2. 使用Meta Analysis的原因和背景

20世纪中期以后,随着统计科学的快速发展,统计分析被广泛应用于各个领域的研究。进行统计研究时,往往先根据研究内容确定一个抽样原则,然后开展调查收集样本资料,继而用样本数据对总体特征进行推断。由于每项研究都有其特定的研究背景,面临一些影响研究的具体困难,例如有时研究者不能进行随机抽样获得样本,有时只能使用较小的样本等。因此,不同的独立研究可能产生不同的研究结果,有些研究结果甚至是互相矛盾、互相对立的。这就使得人们无法判断这类研究的真实结果,使得这些研究失去了对现实的解释意义,以及对应用的指导意义。另一方面,对于每项独立进行的研究,不管其调查成本有多大,所收集资料有多重要,通常这些资料也仅仅用于一项研究中。这就造成大量有价值的信息不能被充分利用,浪费了人力、物力和财力。

Meta Analysis正是针对上述存在的问题,通过收集各项独立研究的调查资料和统计分析结果,并合并这些结果和数据资料作为新样本进行统计再分析,以便得出更精确结果的统计学方法。一般说来,通过Meta Analysis往往可以达到以下目标:

(1)提高研究结果的有效性

使用Meta Analysis有利于提高研究结果的有效性。通过对独立进行的、比较多的同类型研究进行合并分析,可以充分利用更为广泛的独立调查资料和研究结果。由于Meta Analysis可以以多个独立研究结果为样本,通过统计分析,计算独立研究的平均结果或综合结果,所以取得的结论往往更加明确和准确,这对于提高同一类研究结果的质量是非常有益的。

(2)降低研究成本、提高统计研究效率

很多研究由于受客观条件的限制(如调查成本昂贵、时间要求紧迫或能搜集到的样本资料有限等），常常不能取得足够充足的样本资料。显然，使用受限样本资料产生的计算结果，比使用资料充足的研究获得的结果存在更大误差。使用 Meta Analysis 方法，研究者可以综合多项独立研究结果，变相扩大了研究使用的样本量，降低了样本受限对结果的影响，同时也降低了研究成本，提高了统计研究的效率。

(3)分析导致独立研究不一致性的原因

上面曾经提到，由于种种原因各独立研究结果可能存在不一致性。导致不一致性的原因来自很多方面，如研究方法不同、样本量不同、时间不同等。Meta Analysis 把这些独立研究的结果，以及相关的研究背景资料等合并到一起进行分析，有利于探索和分析导致各项独立研究结果不一致的原因，估计存在的偏差。同时，还可以探索更为复杂的模型结构（如更复杂的层次结构），探索新的理论假说和研究思路。

3. Meta Analysis 的基本步骤

Meta Analysis 是一种定量分析方法，主要包括提出问题、收集独立研究的数据资料、对收集的资料进行判别和再分析、报告分析结果等基本过程。下面对其基本工作步骤简要介绍如下：

(1)提出研究问题、确定研究目标和研究方案

Meta Analysis 一般不用于初次研究，在开展 Meta Analysis 前，研究者应该已经具备了在相应研究领域的研究经验。例如将 Meta Analysis 用于企业竞争力评价的有效性检验，研究者应在企业竞争力评价研究方面具有较丰富的经验。这样在进行 Meta Analysis 时才可以准确地提出研究的问题，确定具体研究边界和研究目标，进而根据研究目标确定具体研究内容和实施方案。实施方案主要包括制定独立研究结果的选择标准，收集分析资料的标准、数据收集方法和收集内容，以及如何建立研究模型等。

(2)制定资料收集标准并收集资料

独立研究结果是 Meta Analysis 的样本单位，与其他统计研究一样，这些样本单位必须来自同一个总体，并保持其具有客观性和代表性。因此从理论上来说，研究者应尽可能搜集与其研究主题和研究目标相关的所有研究文献。收集到的研究资料越全面、越具有代表性，研究产生偏差的可能性就越小。

在收集独立研究结果时，研究者还应该对每份成果所提供资料的质量进行评估。因为资料的质量不仅影响 Meta Analysis 精确度，而且它还可能是导致各独立研究结论不一致性的重要原因，也是 Meta Analysis 的一项重要数据项。

一般说来，资料质量评价的标准不能由研究者随意指定，而应该首先参考

行业内或研究领域内的统一标准。如果不能获得统一标准，研究者可以咨询本领域的专家进行制定。为保证研究的客观性，制定标准和依据标准进行质量鉴定的工作，应该委托研究团队以外的专家进行。

对于选入样本的独立研究结果，除了记录其结果指标、质量指标外，还应该详细记录其研究背景指标。主要包括：研究对象、使用的研究方法、数据类型、模型复杂度、样本量、研究时间和用途、研究人员情况、使用的语言等。总之，应该尽量收集所有可能导致独立结果不一致性因素的资料。

(3)权重设计

由于各研究资料在数据质量、研究质量、设计水平、研究水平、文献发表载体重要性等方面存在较大差异，有时可能需要根据不同情况赋予它们不同的权数。但在权数设置时必须谨慎，防止受研究者主观因素的干扰。如果不能明确区分研究资料的重要性，研究者可以选择一些客观方法进行加权处理。常用的客观赋权法有样本量加权法、方差加权法等。与样本量加权法相比，方差加权法不仅利用了测量变量的误差信息(因为方差越大说明测量结果的变异性越大，因此误差也较大)，而且也利用了样本量信息(从抽样理论方面来看，样本量越大抽样误差越小，测量结果的精度越高，所以变异性也越低)。

一项独立研究结果，其测量误差越大，在合并分析中所占的权重应该越低。或者说，那些测量误差较小的结果，在合并分析中应该给予更高的重视。基于该思想，在 Meta Analysis 中常常使用方差倒数作为对应测量结果的权数。

(4)统计分析

Meta Analysis 统计过程主要包含两步：首先要对收集的资料进行同质性检验。从统计学角度来看，如果全部数据资料都具有同质性，说明它们来自同一个总体。此时，各项独立研究计算的统计量具有共同的期望值和统计性质，每个独立研究统计结果可以做为总体期望值的样本估计值，各独立结果间的误差则来源于抽样误差。

完成独立资料的同质性检验后，第二步即根据检验结果设定 Meta Analysis 模型。具有同质性的资料，通常可以使用固定效应模型进行分析。如果检验结果显示各项独立研究资料不具有同质性，说明各独立样本之间的差异除了抽样误差外，还存在由其他系统性原因所导致的变异，此时需要选择更为复杂的模型进行研究。

(5)结果分析

根据 Meta Analysis 的结果，研究者就可以对前面提出的合并分析关注的主要问题做出判断。具体包括：①得出更为精确的统计分析结论；②解释导致各独立研究结果不一致性的主要原因;③评价研究结果的有效性;④探索新的发现和设计新的研究构想。

(二)样本资料的同质性检验

进行同质性检验的主要方法有图形检验法和参数检验法,下面首先介绍图形检验法,然后介绍参数检验法。

1. 图形检验法

漏斗图(funnel plot)是最常用的同质性检验图形方法。其基本原理是根据抽样技术中样本量与估计精度关系的理论。

根据抽样理论,使用随机样本获得的估计量,其精度随样本量的增加而增加。因此使用较大样本的研究,其估计结果应该更为精确,估计量的变异性较小。反之,使用小样本的研究,其估计结果的精确度较低,估计量的变异性也较大。根据这一原理,可以以各项独立研究估计的效应值为 X 轴,以样本量为 Y 轴,绘制样本量对效应估计值的散点图。根据上面的抽样理论可以预期,小样本研究的估计值应该分布于图形 X 轴上方、靠近 X 轴的位置。其分布的范围较宽,构成了图形底部。由于估计值的精确度随样本含量的增加而增加,因此随着 Y 值(样本量)的增加,估计值在 X 轴方向的分布与图形底部的分布相比将逐渐变窄,即图形呈现出对称的倒漏斗形状,因此称之为“漏斗图”。如果收集的样本资料存在偏倚,漏斗图将出现不对称情况。样本偏倚的程度越大,图形不对称的程度也就越发明显。

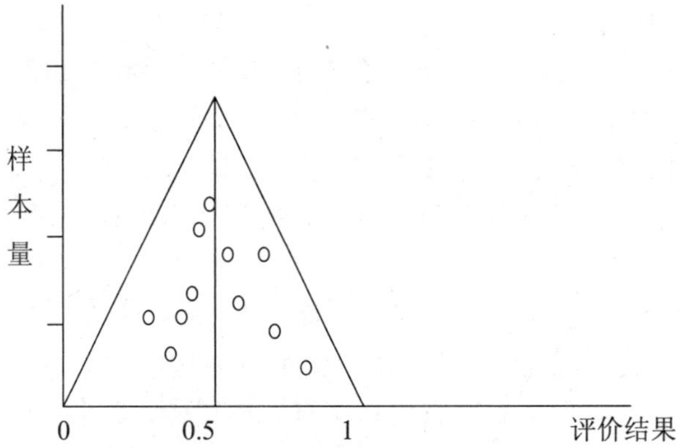

图 6.1 评价结果的同质性检验

图 6.1 显示了一个使用漏斗图进行同质性检验的例子。从图中可以看出,参数估计量的分布随样本量的增加而逐渐收敛,图形具有较好的对称性,这说明研究结果的偏斜比较较小,各独立研究结果具有较高的同质性。

2. 参数检验方法

设 X_i 为第 $i(i=1,2,\cdots,k)$ 项独立研究获得的有效性检验结果，使用 Meta Analysis 合并 $X_i \cdots X_k$ 后的估计结果为 X，则 X 为总体真值 X_T 的合并估计量。通常称 X 为合并研究的效果量，相应的称 X_i 为独立研究的效果量，两者之间的关系可以用下面公式表示：

$$X=\sum\nolimits_{i=1}^{k} w_i X_i \tag{6.8}$$

其中 w_i 表示设定的各独立研究结果权数。当使用方差加权时，(6.8)式可以写为

$$X=\sum\nolimits_{i=1}^{k} X_i/\sigma_i{}^2 \tag{6.9}$$

其中 σ_i^2 表示各独立研究结果 X_i 的方差。

检验各独立研究结果的同质性，实际上就是检验如下假设：

$$H_0: X_1=X_2=\cdots=X_n=X_T$$

$$H_1: X_i \neq X_T$$

可以证明，在原假设成立时，下面构造的统计量 Q 服从自由度为 $k-1$ 的 χ^2 分布。

$$Q=\sum_{i=1}^{k} w_i X_i^2-\frac{\left(\sum\limits_{i=1}^{k} w_i X_i\right)^2}{\sum\limits_{i=1}^{k} w_i} \tag{6.10}$$

研究者根据对统计量 Q 的检验结果，就可以判断各独立研究结果之间是否具有同质性。

利用统计量 Q 可以构造一个直观判别同质性的指标，记为 I^2。其计算方法如下：

$$I^2=\begin{cases}\dfrac{Q-df}{Q}, & Q>df \\ 0, & Q \leqslant df\end{cases} \tag{6.11}$$

式(6.11)中的 df 表示统计量 Q 的自由度，从计算公式中可以看出，I^2 的取值在0到1之间。I^2 值越大表示各独立研究结果的同质性越差，反之则同质性越强，I^2 等于0时表示各结果之间具有完全的同质性。

（三）使用列联表对有效性进行 Meta Analysis

在第三章中我们已经详细介绍了列联表分析方法，并使用列联表分析进行了内容有效性的检验，在第五章我们又使用该方法进行了效标表关联有效性检验。本节将介绍使用列联表对有效性进行 Meta Analysis 的方法。由此

可见,列联表分析是有效性检验的重要技术方法之一。

设 P_i 为第 $i(i=1,2,\cdots,k)$ 项独立研究获得的有效性检验结果,P_i 以百分比的形式表示(这在内容有效性检验中被普遍采用,通常称之为内容效度)。n_i 为其样本量,则 P_i 的方差为 $\sigma_i^2=P_i(1-P_i)/n_i$。根据公式(6.9),使用方差倒数加权的合并有效性效果量的计算公式如下:

$$p=\sum_{i=1}^{k}\frac{p_i}{\sigma_i^2}=\frac{\sum_{i=1}^{k}\frac{p_i}{\sigma_i^2}}{\sum_{i=1}^{k}\frac{1}{\sigma_i^2}} \tag{6.12}$$

根据方差分析原理可知,合并效果量 P 的方差等于各独立组的组内方差加上组间方差。假设各组数据之间具有同质性,则组间方差等于零,此时合并效果量 P 的方差计算公式如下:

$$\sigma_p^2=\frac{\sum_{i}^{k}(n_i-1)\sigma_i^2}{\sum_{i=1}^{k}n_i-k-1} \tag{6.13}$$

如果各组研究结果之间不具有同质性,则合并效果量的方差还必须再增加一项组间方差。组间方差的计算方法如下:

$$\sigma_A^2=\frac{\sum_{i}^{k}(p_i-p)^2}{k-1} \tag{6.14}$$

如果知道合并效果量 P 的分布,下一步就可以对其进行区间估计和假设检验。假设 P 服从正态分布(如果各独立样本都是随机抽取的,并且有足够大的样本量,通常可以假设合并效果量服从正态分布),则有

$$t=\frac{p-p_T}{\sigma}$$

统计量 t 服从自由度为 k－1 的 t 分布,其中 P_T 为真实的效果量,σ 为根据(6.12)式和(6.13)式计算的效果量 P 的标准差,据此就可以对合并分析的结果进行假设检验。

(四)效标关联有效性的 Meta Analysis

在进行效标关联有效性检验时,常常使用相关系数作为检验结果(称其为效标关联效度)。由于估计相关系数的方差在 Meta Analysis 中计算比较复杂,所以在实际研究中通常先是对相关系数进行 Fisher Zr 函数转换,转换后的效果量 Zr_i 及其方差的计算方法如下所示:

$$Zr_i = 0.5\ln(\frac{1+\rho_i}{1-\rho_i}) \tag{6.15}$$

$$\sigma_{Zri}^2 = \frac{3}{\sqrt{n_i - 1}} \tag{6.16}$$

其中 ρ_i 表示效标关联效度，n_i 为对应独立研究的样本量。

使用上一节的合并方法，就可以求得合并效果量 Zr，以及 Zr 的方差 σ_{Zr}^2，进而进行区间估计和显著性检验。

三、评价结果异质性原因的探索分析

经济评价研究常常带有很强的政策目的，一项评价结果可能就是作为制定某项决策或政府政策的依据。这就必须对评价系统进行科学设计，对评价结果的有效性和有效性的边界有清楚的认识。如果决策仅仅根据少数几次（或少数人）评估结果制定，而且缺少对有效性的充分论证，其面临的风险就会较大。所以应该尽可能收集更多的研究结果。

但有时候收集的研究结果越多，越会发现各项研究结果之间存在不一致性。这也会使决策者感到迷茫，无法决定根据哪些结果去制定策略。虽然可以通过使用上一节介绍的 Meta Analysis 方法，对各项独立研究结果进行合并分析，提高评价结果的精确度和有效性，但却不能解释各独立研究结果结论不一致的原因。本节讨论的 Meta 回归分析方法提供了对这类问题的解决方案，通过对独立研究结果进行合并分析，探索导致结果存在不一致性的原因。据此，研究者和使用者可以对现有评价系统的有效性有一个更为清晰的认识。

（一）Meta 回归模型的一般形式

Meta 回归分析是目前 Meta Analysis 研究中一个较新的发展领域，它可以进行独立研究结果的同质性（或异质性）检验，为探寻导致结果异质性的原因提供了有利的统计分析手段。

简单说来，Meta 回归分析是通过收集独立研究结果和与研究相关的背景资料，以及其他可能导致独立研究结果存在不一致性的因素，再以收集的全部要素作为研究变量建立 Meta 回归模型，探索各独立研究异质性原因的统计学方法。开展 Meta 回归分析主要想达到以下目的：

（1）检验各独立研究结果是否存在异质性；

（2）如果存在异质性，将分析导致异质性的原因及其影响程度；

（3）探索获得更为精确估计结果的途径。

下面以效标关联有效性检验为例，讨论 Meta 回归分析在有效性检验中的应用。

在前面使用效标关联有效性检验举例时，都是以相关系数（或相合系数）作为有效性的评价结果。为了给读者提供更多的参考，下面我们以基于回归分析进行研究的例子进行讨论。实际上，在经济研究中使用回归模型进行效标关联有效性检验更具有普遍意义。因为经济关系纷繁复杂，大多数被选为效标的经济变量不仅受评价研究特质的影响，而且往往还受其他经济因素的影响。例如在公司治理评价中，研究者常常使用企业市场价值或经营业绩等指标作为效标。但这些效标除了受企业公司治理能力影响外，还受到很多其他因素的影响。如宏观经济因素、企业规模、企业所在行业等。因此，对于这类效标通常不能使用简单的相关分析来进行有效性检验，而往往使用回归分析进行。关于有效性检验的回归分析方法，我们已经在本书第五章中进行了介绍，读者可参阅前面章节的有关内容。

在使用回归分析进行效标关联有效性检验时，效果量可以选择回归系数，也可以选择对效果量进行显著性检验的结果。设 X_i 为第 $i(i=1,2,\cdots,k)$ 项独立研究有效性检验的效果量，则 Meta 回归模型的一般形式如下：

$$X_i=\alpha_0+\beta\sqrt{DF_i}+\sum_{j}^{m}\alpha_j Z_{ij}+u_i \tag{6.17}$$

其中 DF_i 为第 i 项独立研究模型的自由度，β 为自由度平方根的 Meta 回归系数。选择自由度为自变量的主要原因是：根据抽样理论，随着样本量的不断增加，样本分布将越来越接近于总体分布，样本估计结果也越接近总体真实结果。因此样本量差异可能是导致各独立研究异质性的重要原因，大多数研究将这一因素作为必选指标。本书为强调其重要性，将其单独列出作为 Meta 回归模型自变量的一个选项。

(6.17) 式中的 Z_{ij} 表示各项研究的其他样本特征，如研究对象、抽样方法、数据类型、模型复杂度、文献公开发表情况等其他可能导致结果存在异质性的原因。α_j 为上述这些要素的 Meta 回归系数，截矩项 α_0 为效果量的真值，u_i 为随机误差项。

解释变量 DF_i 和 Z_{ij} 的选择对于 Meta 回归模型的正确设定具有重要影响。经验表明，Meta 回归分析最常见的问题，就是因解释变量选择不合理而导致的模型设定误差，有时设定误差导致的差异甚至是系统性的。从理论上看，系统性误差不再适于建立单一模型进行研究，可以采用划分亚组的方式分别处理。非系统性差异适于建立单一 Meta 回归模型进行研究。

建立 Meta 回归模型时，原则上所有可能导致结果异质性的因素都应作为解释变量引入模型，研究者必须耐心、细心选择。为了帮助研究者更好地进行选择，Stanley 等（2008）建议在选择 Meta 回归模型解释变量时，应该重点考虑以下五方面因素：

- 反映独立研究参数估计量精度的因素；
- 反映独立研究模型形式和特征的因素；
- 反映独立研究结果质量的因素，如模型检验情况或模型的自由度等；
- 反映独立研究研究者特点的因素，如性别、职业特点等；
- 反映独立研究数据特点的因素。

Meta 回归模型的参数估计方法与普通回归模型方法相同。但由于大多数 Meta 回归模型样本成分十分复杂，可能包含一些难于观测的异质成分，因此研究者必须仔细研究、反复尝试，选择最恰当的数据采集方法和数据表示形式、模型形式和模型估计方法。

（二）Meta 回归分析中因变量的选择

Meta 回归模型根据研究目标和样本特征，对因变量的设置可以考虑以下二种方法：

1. 直接使用效果量作为因变量

如果 Meta 回归的目的是研究不同因素对效果量异质性的影响程度，则应该直接使用要检验的效果量作为 Meta 回归模型的因变量。此时，因变量的样本观测值就是每个独立研究已经获得的效果量估计值，自变量则为导致效果量异质性的全部可能要素。

2. 使用回归系数显著性检验结果作为因变量

在进行回归分析时，研究者通常被要求提供对回归系数进行显著性检验的报告，因为据此可以得出自变量与因变量关系的统计学解释。

使用回归模型进行效标关联有效性检验时，一般设效标为因变量，评价结果的得分为自变量，因此模型回归系数反映了效标和评价结果得分之间的相关关系。回归系数的取值反映了两者之间相关程度的大小和方向，对回归系数的显著性检验反映了两者之间的相关关系是否具有统计显著性。判断两者之间的相关关系是否存在，最终取决于回归系数显著性检验的结果。

如果 Meta 回归的目的是判断影响自变量与因变量关联性的原因，则应该使用回归系数显著性检验结果作为 Meta 回归模型的因变量。此时因变量的样本观测值是每个独立研究中参数估计量显著性检验的结果，自变量为可能影响检验结果的各要素。例如 Coric 等（2006）在研究汇率变动对国际贸易的影响时，收集了有关贸易额变动受汇率变动影响的独立研究样本。在所有收集的样本模型中，贸易额的变化均被作为因变量，汇率的变化均被作为自变量。Coric 等对上述研究结果进行合并分析时，选择使用汇率变动回归系数的显著性检验结果作为 Meta 回归模型的因变量，其目的是分析影响显著性检验结果异质性的原因。

在进行效标关联有效性检验时，研究者的目的是寻找导致评价结果与效标变量关联性检验结果差异的原因，因此应该使用回归系数显著性检验结果作为 Meta 回归模型的因变量。

（三）Meta 回归分析的应用

目前，在公开发表的经济评价研究文献中，公布完整统计结果资料和研究背景资料的情况十分有限。很多研究报告仅公布显著性检验的结论（即显著或不显著），而不公布检验结果的具体数值。而且相当数量的研究报告对所使用模型的结构、参数估计量与误差项的方差或标准差，研究使用的抽样方法和样本量等信息缺少完整的发布。因此，在本书中我们无法获得实际研究资料作为使用 Meta 回归分进行有效性检验的案例。为了帮助读者更好地了解 Meta 回归分析在有效性检验中的应用，下面将使用一套模拟数据进行案例分析。

1. 案例介绍

在第五章中，我们曾使用公司经营业绩作为公司治理评价系统有效性检验的效标关联效度，下面继续结合这一案例进行介绍。

设在各独立研究中研究者使用了具有下面一般形式的模型进行效标关联有效性检验：

$$y_i = \beta_0 + \beta_1 x_{1i} + \beta_2 x_{2i} + \cdots + \beta_m x_{mi} + \mu_i \tag{6.18}$$

其中 y_i 表示样本中第 i 家企业的经营业绩，它被作为公司治理评价系统有效性检验的效标关联标准。其理论含义是：公司治理评价结果得分高的企业，应该比得分低的企业具有更好的经营业绩。从统计关系上看，就是公司治理评价结果与企业经营业绩相关。(6.18) 式中的 X_{1i} 表示样本中第 i 家企业公司治理评价结果得分，β_1 为其回归系数。根据上面的理论含义可知，x_1 与 y 之间存在正相关关系，因此 β_1 理论上应该大于零，且具有统计上的显著性。$x_2, x_3, \cdots, x_m$ 为影响企业经营业绩的其他因素，如宏观经济要素、企业组织形式、企业所属行业等。

分析采集的资料后发现，样本文献共涉及四种不同类型的构想结构，在效标有效性检验时变量选择也存在较大差异。例如在测度公司经营业绩时使用了多种不同指标，如企业净资产收益率、投资回报率等。此外，还有一些研究使用了综合性的评价指标作为业绩效标，如使用主成分分析计算获得的主成分得分等。表 6.5 列出了这些主要指标及其含义说明。

表 6.5 公司经营业绩度量指标及说明

指标名称	变量名	指标说明
净资产收益率	ROE	企业税后利润与净资产的比率
总资产收益率	ROA	企业税后利润与总资产的比率
每股收益	EPS	企业税后利润与总股份之比
主营业务资产收益率	CROA	主营业务利润与主营业务收入的比率
市净率	MBR	每股股价与每股净资产之比
投资回报率	EVA	企业利润与投资总额的比率
净资产回收现金率	NCFOE	企业经营现金净流量与企业总资产的比率
Tobin's Q Ratio	Tobin_Q	企业市场价值与重置资本成本之比
业绩主成分得分	PRI	基于主成分分析计算的得分

样本文献模型中使用的解释变量内容和数量不完全一致。解释变量除了包含综合评价得分外，一般还包括可能对企业经营业绩产生重要影响的其他因素，如企业所有权结构、企业规模、企业所属行业等。考虑到宏观经济因素对企业经营业绩产生的影响，大多数研究还引入了可以反映企业平均收益变化的市场平均收益率等。表 6.6 列出了综合评价得分，及其他对效标有重要影响的指标及其含义说明。

表 6.6 影响公司经营业绩的指标及说明

指标名称	变量名	指标说明
公司治理评价得分	Score	根据独立研究模型计算的评价得分
公司股权集中度	CO	使用第一大股东股权比例度量
企业规模	TA	使用企业总资产度量
行业	IN	企业所属行业
市场平均收益率	RE	A 股市场企业平均市场收益率
控制权竞争度	CC	反映市场力量对企业的接管能力

考察各独立研究结果还发现，企业公司治理评价结果与企业经营业绩相关性检验的结果存在不一致性。有些研究显示，两者之间存在显著的相关关系，有些研究则显示两者之间关系不显著。显然，根据独立研究结果的考察，无法判断该评价系统是否具有效标关联有效性。为了进一步分析导致独立研究检验结果不一致的原因，下面使用 Meta 回归进行合并研究。

2. 样本选择

Meta 回归分析的样本应该从研究成果总体中随机取得。因此，研究者在采集样本时，应该尽量搜索所有可能的成果发布媒介。除了公开出版的期刊论文外，还应该包括学术会议论文，在学术网络公开发布的论文等。[①] 根据这一原则我们将公开出版的学术期刊，会议论文集刊，以及在权威学术网站（如CNKI）公开发布的研究论文等全部纳入样本框，并制定了样本文献资料入选的基本原则，具体如下：

（1）样本框中的论文应具有相同的研究目标；

（2）样本框中论文建立的评价构想应该相同或基本相同；

（3）样本框中论文使用的效标检验模型应具有（6.18）式表示的形式；

（4）样本框中论文提供了效标显著性检验的数值结果，或提供了其他可计算出效标显著性检验数值结果的资料；

（5）样本框中论文使用的数据资料时间相同或基本相同。

根据以上原则建立抽样框后，我们随机抽取了48篇样本文献。其中在期刊发表的文献为31篇，没有在期刊发表的文献为17篇。由于效标和模型解释变量选择上具有多样性，所以大多数研究文献提供的检验结果不止一项。统计显示，在全部样本文献中共有检验结果285个，平均每篇文献提供了大约6个观测单位，但每篇文献提供的观测单位数不相等。表6.7列出了所收集样本资料的基本统计情况。

表6.7　样本资料情况统计

样本量	检验统计量最小值	检验统计量最大值	检验统计量均值	检验统计量标准差
285	−10.38	216.14	1.93	13.36

从表6.7中的统计结果可以看出，在现有独立研究结果中，效标有效性检验统计量的最小值为−10.38，最大值为216.14，检验结果不仅分布的区间较宽、极差较大，而且效标关联方向也不一致。

表6.8进一步列出了样本文献关于效标有效性检验的统计结果。从表中结果可以看出，证明评价得分与效标存在正相关关系的研究结果占64.52%，存在负相关的结果占9.68%，此外还有6.45%的研究结果显示两者之间相关关系不显著。除了证明线形关系外，有3.23%的研究结果证明评价得分与效标之间存在U型关系，另有16.12%的研究结果证明两者之间存在倒U型关系。

① 有学者研究发现，不少学术期刊更愿意发表具有统计显著性的文章，忽视那些没有得出显著性结论的文章。很多研究者也只追逐论文能否被发表，而不重视研究的统计思想。这使得公开发表的论文存在发表偏倚的风险。有关这方面的讨论可参阅Altman（2004），Gigerenzer（2004），Stanley（2008）等的研究。

表 6.8 效标关联结论的统计结果(%)

	正相关	负相关	不相关	U 型关系	倒 U 型关系
评价得分与效标的关联关系	64.52	9.68	6.45	3.23	16.12

分析表 6.7 和表 6.8 中显示的统计结果可以看出，该项研究关于效标有效性检验的结果存在较大分歧。因此应该开展进一步研究，探索导致样本结论异质性的原因。

3. 同质性检验

由于本例进行合并研究的目的不是为了获得效果量的精确值，而是为了探索导致因变量与自变量关联性大小、方向差异的原因，因此我们选择评价得分变量回归系数显著性检验结果作为研究对象。在收集的样本文献中，使用的检验方法均为 t 检验，所以下面以各文献显著性检验的 t 值作为研究对象。

在前面整理文献时我们已经注意到，样本数据来源于四种具有不同构想的评价系统。此外，属于同一种构想系统的效标检验模型，在效标定义上也存在不一致性。根据第二章的讨论可以知道，这种区别主要是受研究者的既定工作目标与其个人的价值观影响决定。通常上述情况出现时，都会导致各系统评价结果和有效性检验结果存在系统性差异，此时再去探索其他方面的影响因素已经意义不大。笔者认为，同质性检验的目的应该针对具有相同研究目标和价值观的研究，当存在结论不一致时探索导致分歧的原因。因此对于出现系统性设计差异的样本，应该分成不同亚组分别进行分别研究。按照这一思想，我们将不同构想、不同效标的样本划分为不同亚组进行分析。表 6.9 列出了划分亚组后进行同质性检验的结果(为简化起见，这里仅列出使用净资产收益率(ROE)和总资产收益率(ROA)为效标亚组的检验结果)。

表 6.9 样本数据同质性检验结果

构想模型	效标	Q 值	自由度	临界值 ($\alpha=0.05$)	结论
1	ROE	5976.16	14	23.68	异质
	ROA	2503.14	7	14.067	异质
2	ROE	1742.92	24	36.415	异质
3	ROE	2873.87	32	46.194	异质
4	ROE	2095.10	17	27.587	异质
	ROA	537.47	4	9.488	异质

表 6.9 列出了六个亚组同质性检验的结果。从表中显示的结果可以看出，即使排除了典型的系统性影响，各亚组仍然存在显著的异质性，这说明各亚组样本效标有效性检验结果仍然没有表现出一致性。为了进一步研究导致检验结果存在异质性的原因，下面我们以构想模型 1 中净资产收益率（ROE）为效标的亚组为例，使用 Meta 回归分析方法进行探索研究。

4. 模型设定与结果分析

（1）变量设置

根据上一节的讨论已知，Meta 回归模型的因变量使用独立样本模型评价结果回归系数显著性检验的 t 值。

根据 Stanley 等（2008）关于 Meta 回归模型解释变量选择建议，我们选出一组可能影响效标检验结果的因素，并将把它们作为 Meta 回归模型的解释变量。表 6.10 列出了这些解释变量和选择它们的理由。

表 6.10　Meta 回归模型中的解释变量

解释变量	代码	选择理由
自由度	DF	精度受样本量影响，样本量越大得出的统计结论精确度越高
行业	IN	行业选择对于独立研究使用的样本数据有重要影响
数据类型	DT	数据类型分为截面数据和面板数据，它不仅影响样本数据的选择，而且影响样本模型使用的参数估计方法
发表情况	PU	期刊偏好可能导致显著性检验结论偏倚
自变量数目	NO	指原始模型中自变量个数，它反映了各样本模型形式上的差异

表 6.11 显示了表 6.10 中各解释变量的取值情况。其中自由度、自变量数目和数据类型可以直接根据独立研究文献样本资料和设定模型获得。发表情况可根据文献来源获得，分为学术期刊公开发表文献和非学术期刊公开发表文献两类。行业资料来自样本文献中的相关说明。

表 6.11　Meta 回归模型中解释变量的取值

解释变量	代码	取值
自由度	DF	各样本文献模型的自由度
行业	IN	竞争性行业为 1，否则为 0
发表情况	PU	文献在期刊公开发表为 1，否则为 0
数据类型	DT	截面数据为 1，其他为 0
自变量数目	NO	各样本文献模型中自变量个数

确定了模型的因变量和自变量后，我们就可以根据模型(6.17)的结构设定 Meta 回归模型的具体形式，具体如下：

$$t_i = \alpha_0 + \beta\sqrt{DF_i} + \alpha_1 IN_i + \alpha_2 PU_i + \alpha_3 DT_i + \alpha_4 NO_i + u_i \quad (6.19)$$

其中 t 表示各独立样本效标显著性检验的 t 值，DF 表示样本模型的自由度，IN 表示样本研究的企业所属行业，PU 表示样本文献发表情况，DT 表示样本模型使用的数据类型，NO 表示样本模型中变量的个数，i 表示所收集文献中的第 i 个独立研究结果。

对模型进行自相关、异方差和多重共线性检验的结果列在表 6.12 中的 2～4 项。从表中的结果可以看出，模型不存在显著的自相关和异方差。Condition Index 为 7.99，说明解释变量共线性程度在可接受范围内。

表 6.12　Meta 回归结果

序号	变量名称	参数估计值	标准差	t 值	Pr>|t|
1	常数项	−8.87	2.77	−3.20	0.0049
	自由度平方根	0.36	0.10	3.74	0.0015
	行业	5.34	1.88	2.84	0.0109
	发表	7.64	2.39	3.20	0.0050
	数据类型	−5.72	1.77	−1.79	0.1147
	自变量数目	−0.26	0.15	−0.18	0.1361
2	DW	1.51			
3	Spec Test(Pr>ChiSq)	0.36			
4	Condition Index	7.99			
5	F Value	97.12			
	Pr>F	<0.001			
6	R^2	0.70			

以各独立研究模型的样本量作为权数，使用加权最小乘法进行回归分析获得的结果列在表 6.12 中的第 1 项中，模型整体显著性检验结果和拟合优度列在表 6.12 中的 5～6 项。从模型检验结果可以看出，F 值等于 97.12、P 值 < 0.001，说明模型的解释变量整体对因变量影响显著。从表中最后一项可以看出，拟合优度 R^2 达到了 0.70，也说明模型具有较高的拟合优度。

从表 6.12 中列出的参数估计结果和显著性检验结果可以看出，模型自由度平方根的参数估计值为 0.36，标准差为 2.77，其显著性检验的 t 值和 p 值分别为 3.74 和 0.0049。说明在独立模型中，样本量对模型的显著性检验结果具有显著影响。由于大样本可以提供更为精确的研究结果，所以在决策时应该更加重视该类研究研究的结果。从表中还可以看出，行业选择是影响独立研究结果异质性的重要来源之一。这可能是因为不同行业的选择往往导致样本数据集发生变化，从而改变了研究对象的边界。表中结果显示，文献发表与否也是影响独立研究结果异质性的重要因素之一。这一结论与一些学者(Altman，2004；Gigerenzer，2004；Stanley，2008)对社会经济学研究领域的考察结果相吻合，即一些刊物往往乐于发表那些被证明具有显著性的文章，一些研究者也仅单纯注重检验的显著性，而忽视了研究的思想性。

表 6.12 中的检验结果还显示，数据类型和变量数目对独立研究结果异质性的影响并不显著。这说明大多数独立研究结果的模型设定比较准确，对效标影响因素的选择恰当，模型估计方法使用合理。

5. 结论与思考

通过对本例研究的总结，我们可以得出以下几点结论：

(1)系统构想结构不同是导致有效性结果不一致的重要原因

研究者对系统构想结构的设计直接影响评价结果得分，进而影响有效性的检验结果。所以使用不同构想结构的评价，其结果往往存在系统性差异。即便有相同的内容域，不同构想结构的评价结果也不应该进行合并研究，应该分为不同亚组单独进行分析。

(2)效标选择对有效性检验具有重要影响

效标选择往往与研究者衡量事物的价值标准相关联。很多时候，选择不同效标，往往遵从于学科的不同理论，前面第五章中讨论的公司治理评价标准就是典型例子。效标选择不同，一般有效性检验的结果也不同。基于不同价值标准的效标检验研究，其结果之间必然存在系统性差异，也不应该再进行合并研究，应该分为不同亚组单独进行分析。

(3)研究对象类别不同是导致异质性的重要原因

评价研究对象类别不一致常常会导致有效性检验结果的异质性。在本例中，企业所属行业对效标有效性检验结果有显著影响。造成这一结果的原因是，当研究对象类别发生变化时，往往意味研究对象总体发生了改变。例如本例中有些研究的样本来自竞争性行业，有些研究的样本则来自非竞争性行业，这意味者被评价的企业对象总体发生了变化。这也再次证明，把外部有效性列为经济评价的一类重要有效性是非常必要的，经济评价结果必须严格界定其适用边界。

(4)发表偏斜是当前研究存在的普遍现象

进行合并研究时，研究者应该从更广泛角度收集独立研究结果，防止因发表因素引起的偏倚。当前期刊倾向于发表具有显著性结果的文章，以及研究者过度追求统计显著性的现象，对于经济评价研究的健康发展是非常不利的。

(5)Meta 回归分析可以用于跨样本有效性检验的进一步研究

在本章的第一节,我们讨论了评价结果外部有效性的跨样本检验问题。从本节的讨论可以看出,Meta 回归分析可以用于跨样本有效性检验的进一步深入研究。通过对效标有效性检验结果的影响分析,揭示研究背景、研究对象不同特征等因素对检验结果的影响,这不仅为跨样本有效性研究提供了新的检验思路,而且可以进一步探索模型适用总体的有效边界。

(6)建立经济评价研究规范、推进有效性统计检验研究

从本章第二节、第三节的讨论可以看出,Meta Analysis 方法的有效运用,不仅依赖合并研究者的认真细致,而且依赖于独立研究者对研究结果统计资料和背景资料发布的完整性。然而,目前经济应用研究成果公布的相关资料内容有限,缺乏统一的格式和标准,无法满足合并研究的需要。因此,笔者建议尽快建立应用经济研究结果信息披露规范,为开展合并研究创造有利的研究基础,以促进经济学应用研究质量和水平的提高。

本章小结

外部有效性在政策研究中具有重要意义,本章讨论外部有效性的检验方法,主要要点如下:

1. 经济评价的结果一般仅适用于研究中所使用的样本对象。如果需要把研究结果推广到其他研究对象,需要进行跨样本有效性检验。

2. 协方差阵检验可用于判断研究结果的跨样本有效性。如果样本协方差阵不相等,可以使用验证性因子分析进行跨样本检验。此时通常假设不同样本具有相同结构,并在主要参数(如系数矩阵)方面具有跨样本不变性。

3. 使用验证性因子分析进行跨样本检验的常用方法有:合并样本的联合检验,以及约束参数的检验。

4. 当同类评价研究结果不一致时,可以进行独立研究的合并检验。合并检验可以给出更为精确的研究结果,Meta Analysis 被证明是一种有效的合并检验方法。

5. 使用 Meta 回归分析,可以进一步检验导致独立研究结果不一致的原因,从而探索模型适用边界,这对于政策选择是非常有益的。

参考文献

Altman, M. Statistical significance, path dependency and the culture of journal publication. Journal of Socio-Economics 2004, 33: 651—663.

American Educational Research Association, & National Council on Measurements Used in Education. Technical recommendations for achievement tests. Washington, DC: National Education Association, 1955.

American Educational Research Association, American Psychological Association, & National Council on Measurement in Education. Standards for educational and psychological tests. Washington, DC: American Psychological Association, 1974.

American Educational Research Association, American Psychological Association, & National Council on Measurement in Education. Standards for educational and psychological testing. Washington, DC: American Educational Research Association, 1985.

American Educational Research Association, American Psychological Association, & National Council on Measurement in Education. Standards for educational and psychological testing. Washington, DC: American Educational Research Association, 1999.

American Psychological Association. Technical recommendations for psychological tests and diagnostic techniques. Psychological Bulletin, 1954, 51: 1—38.

American Psychological Association. Standards for educational and psychological tests and manuals. Washington, DC: American Psychological Association, 1966.

American Psychological Association. Minutes of the annual meeting of the Council of Representatives. American Psychologist, 1966.

American Psychological Association. Guidelines for computer-based tests and interpretations. Washington, DC: American Psychological Association, 1986.

Anastasi, A. The nature of psychological 'traits.' Psychological Review. 1948, 55: 127—138.

Anastasi, A. Psychological testing (1st ed.). New York: Macmillan, 1954.

Anastasi, A. (1961). Psychological testing (2nd ed.). New York: Macmillan, 1954.

Anastasi, A. Fields of Applied Psychology. New York: McGraw-Hill, 1964.

Anastasi, A. Psychological testing (3nd ed.). New York: Macmillan, 1968.

Anastasi, A. Psychological testing (4nd ed.). New York: Macmillan, 1976.

Anastasi, A. Psychological testing (5nd ed.). New York: Macmillan, 1982.

Anastasi, A. Abilities and the measurement of achievement. New Directions for Testing and Measurement, 1980, 5: 1—10.

Anastasi, A. Urbina S. Psychological testing (7th ed.). Prentice Hall, 1997.

Anderson, T. W. Introduction to multivariate statistical analysis. New York: John Wiley & Sons, Inc, 1958.

Bearde, W. O., S. Sharma & J. E. Teel. Sample size effects on Chi-square and statistics used in evaluating causal models. Journal of Marketing Research, 1982, 19: 425—430.

Bentler, P. M. & D. G. Bonett. Significance tests and goodness of fit in the analysis of covariance structures. Psychological Bulletin, 1980, 88: 588—606.

Bentler, P. M. EQS, Structural Equations Program Manual, Program Version 5. 0. Encino, CA: Multivariate Software, 1995.

Bingham, W. V., B. V. Moore & J. GUSTAD. How to interview (4th Ed.). New York: Harper, 1959.

Blair, M. M. Ownership and Control: Rethinking Corporate Governance for the Twenty—first Century. Brookings Institution Press, 1995.

Bock, H. H. On Some Significance Tests in Cluster Analysis. Journal of Classification, 1985, 2: 77—108.

Bollen, K. A. A New Incremental Fit IndeX for General Structural Equation Models. Sociological Methods and Research, 1989, 17: 303—316.

Bollen, K. A. Structure equation modeling with latent variables. New York: John Wiley, 1989.

Bolton, T. L. The growth of memory in school children. American Journal of Psychology, 1891—1892, 4: 362—380.

Borsboom, D. The attack of the psychometricians. Psychometrika, 2006, 71: 425—440.

Borsboom, D., G. Mellenbergh & J. H. Van. The concept of validity. Psychological Review, 2004, 111: 1061—1071.

Box, G. E. P. A General Distribution Theory for a Class of Likelihood Criteria. Biometrika, 1949, 36: 317—346.

Brennan, R. L. Misconceptions at the intersection of measurement theory and practice.

Educational Measurement: Issues and Practice, 1998, 17(1): 5—9.

Browne, M. W. Covariance structures in D. M. Hawkins ed., Topics in Applied Multivariate Analysis. Cambridge: Cambridge University Press, 1982, pp72—141.

Byrne, B. M. & R. GOFFIN. Modeling MTMM Data from Additive and Multiplicative Covariance Structures: An Audit of Construct Validity Concordance. Multivariate Behavioral Research. 1993, 28: 67—96.

Byrne, B. M. Structural Equation Modeling with EQS and EQS/ WINDOWS : Basic Concepts, Applications, and Programming. Thousand Oaks: Sage, 1994.

Campbell, D. T. & D. W. Fiske. Convergent and discriminant validation by the multitrait-multimethod matrix. Psychological Bulletin, 1959, 56: 81—105.

Cattell, J. M. tests and measurements. Mind, 1890, 15: 373—380.

Charkham, J. Keeping Good Company: A Study of Corporate Governance in Five Countries. Oxford: Oxford University Press, 1994.

Cole, D. A., S. Cho, J. Tram, A. Seroczynski & K. Hoffman. Effects of validity and bias on gender differences in the appraisal of children's competence: Results of multitrait multimethod multigroup analyses in a longitudinal investigation. Structural Equation Modeling: A Multidisciplinary Journal, 2001(8): 84—107.

Comery, A. L. & H. B. Lee. A First Course in Factor Analysis (2nd ed). Hillsdale NJ: Lawrence Erlbaum Associates, 1992.

Cook, D., & D. T. Campbell. Quasi — eXperimentation: Design and analysis issues for field settings. Chicago: Rand McNally, 1979.

Cooper, H. M. Research synthesis and meta-analysis: A step by step approach (4th ed.). Thousand Oaks, CA: Sage, 2009.

Coric, B., & G. Pugh. The effects of exchange rate variability on international trade: a Meta Regression Analysis. Working Paper, 2006.

Crocker, L. Teaching for the test: Validity, fairness, and moral action. Educational Measurement: Issues and Practice, 2003, 22(3): 5—11.

Cronbach, L. J. Essentials of psychological testing (1st ed.). New York: Harper, 1949.

Cronbach, L. J. Essentials of psychological testing (4th ed.). New York: Harper & Row, 1984.

Cronbach, L. J. Test validation. In R. L. Thorndike (Ed.), Educational measurement (2nd ed.). Washington, DC: American Council on Education, 1971, 443—507.

Cronbach, L. J. Validity on parole: How can we go straight? New directions for testing and measurement: Measuring achievement over a decade. Proceedings of the 1979 ETS Invitational Conference. San Francisco: Jossey—Bass, 1980, pp99—108.

Cronbach, L. J. & P. E. Meehl. Construct validity in psychological tests. Psychological Bulletin, 1955, 52: 281—302.

Cudeck, R. Analysis of correlation matrices using covariance structure model. Psychological Bulletin,1989,105:317—327.

Cureton, E. E. Validity, In E. F. Lindquist. Educational measurement (1st ed.). Washington,DC:American Council on Educationg,1951.

Ebel,R.L.The practical validation of tests of ability.Educational Measurement: Issues and Practice,1983(2):7—10.

Ebel,R.L.Comments on some problems of employment testing.Personnel Psychology, 1977,30:55—63.

Ebel,R.L.Must all tests be valid? American Psychologist,1961,16:640—647.

Ebel,R.L.Obtainting and reporting evidence on content validity.Educational and Psychological Measurement,1956,16:269—282.

Ebel,R.L.The relation of item discrimination to test reliability.Journal of Educational Measurement,1967,4:125—128.

Equal Employment Opportunity Commission.Uniform guidelines on employee selection procedures.Federal Register,1978.43(166):38290—38315.

Eid,M. A multitrait-multimethod model with minimal assumptions. Psychometrika, 2000,65:241—261.

Ellis,M.V. & D.L.Blustein.The unificationist view: A context for validity.Journal of Counseling and Development,1991,69:561—563.

Embretson,S.Construct validity:Construct representation versus nomothetic span.Psychological Bulletin,1983,93:179—197.

Everitt,B.S.Unresolved Problems in Cluster Analysis.Biometrics,1979,35:169—181.

Fama,E.Agency problems and the theory of the firm,Journal of Political Economy 1980(2):288—307.

Fitzpatrick,A.R.The meaning of content validity.Applied Psychological Measurement, 1983(7):3—13.

Fornell,C. & D.F.Larcker.Evaluating Structural Equation Models with Unobservable Variables and Measurement Error.Journal of Marketing Research,1981,18(1):39—50.

Forsythe,G.B.,W.C.Mcgaghie & C.P.Friedman.Construct Validity of Medical Clinical Competence Measures:A Multitrait-Multimethod Matrix Study Using Confirmatory Factor Analysis.American Educational Research Journal,1986,23(2):315—336.

Fremer,J. Promoting high standards and the "problem" with construct validation. NCME Newsletter,2000,8(3):1.

Gardner,E.F.Intrinsic rational validity:Necessary but not sufficient.Educational Measurement:Issues and Practice,1983,2(2):13.

Ghiselli, E. E., J. P. Campbell & S. Zedeck. Measurement theory for the behavioral sciences.San Francisco:Freeman.Golding,1981.

Gigerenzer,G.Mindless statistics.Journal of Socio-Economics 2004,33:587—606.

Gilbert,J.A.Researches on the mental and physical development of school children.

Studies from the Yale Psychological Laboratory,1894(2):40—100.

Glass,G. V. Primary, secondary, and meta-analysis of research. Educational Researcher 1976(5):3—8.

Golding,S. L. & E. Seidman. Analysis of multitrait-multimethod matrices: A two step principal components procedure. Multivariate Behavioral Research,1974(9):479—496.

Goodenough,F. L. Mental testing. New York: Rinehart,1949.

Gregory,R. J. Psychological testing: History, principles, and applications (4th ed.). Boston: Allyn and Bacon,2004.

Grimm,K. J.,R. C. Pianta & T. Konold. Longitudinal Multitrait-Multimethod Models for Developmental Research. Multivariate Behavioral Research,2009,44:233—258.

Gronlund,N. E. Assessment of Student Achievement(7th ed). Custom edition for the University of Alberta,2003.

Guba,E. G. & Y. S. Lincoln. Fourth Generation Evaluation. Sage Publications,Inc,1989.

Guilford,J. P. New standards for test evaluation. Educational and Psychological Measurement,1946(6):427—439.

Guilford,J. P. Psychometric Methods. New York: McGraw-Hill,1936.

Guion,R. M. On trinitarian doctrines of validity. Professional Psychology,1980,11:385—398.

Gulliksen,H. Intrinsic validity. American Psychologist,1950,5:511—517.

Hambleton, R. K. Test score validity and standard-setting methods. In Berk R. A. Criterion-referenced measurement: The state of the art. Baltimore: Johns Hopkins University Press,1980.

Hambleton,R. K. Validating the test scores. In Berk R. A. A guide to criterion-referenced test construction. Baltimore: Johns Hopkins University Press,1984.

Harllee,B.,M. Kim & M. Nieswiadomy. Political influence on historical ESA listings by state: a count data analysis. Public Choice,2009,140(1):21—42.

Hartigan,J. A. Statistical Theory in Clustering. Journal of Classification,1985(2):63—76.

Hershcovis,M. S.,N. Turner,J. Barling. & K. A. Arnold ed. Predicting workplace aggression: A meta-analysis. Journal of Applied Psychology,2007,92(1):228—238.

Hubert,L. J. & F. B. Baker. Analyzing the multitrait-multimethod matrix. Multivariate Behavioral Research,1978,13:163—179.

Huffcutt,A. I.,J. M. Conway & P. L. Roth. The impact of job compleXity and study design on situational and behavior description interview validity. International Journal of Selection & Assessment,2004(12):262—273.

Hu,L. T. & P. M. Bentler. Cutoff Criteria for Fit Indexes in Covariance Structure Analysis: Conventional Criteria Versus New Alternatives. Structural Equation Modeling,1999,6(1):1—55.

Jackson, D. N. & S. V. Paunonen. Personality structure and assessment. Annual Review of Psychology, 1980, 31: 503—551.

Jackson, D. N. Multimethod factor analysis in the evaluation of convergent and discriminant validity. Psychological Bulletin, 1969, 72: 30—39.

Jackson D. N. The relative validity of scales prepared by naive item writers and those based on empirical methods of personality scale construction. Educational and Psychological Measurement, 1975, 35: 361—370.

Jeffrey, M. W. Econometric Analysis of cross section and panel data. Cambridge: Massachusetts Institute of Technology, 2002.

Jensen, M. C. & W. H. Meckling. The Theory of the Firm: Managerial Behavior, Agency Cost, and Ownership Structure. Journal of Financial Economics, 1976(3): 305—360.

Jöreskog, K. G. & D. Sörbom. Analysis of Linear Structural Relationships by Maximum Likelihood, Instrumental Variables, and Least Squares, Uppsala: University of Uppsala, 1985.

Jöreskog, K. G. & D. Sörborn. LISREL 7: A Guide to the Program and Applications. Chicago: SPSS, 1988.

Jöreskog, K. G. Simultaneous factor analysis in several populations. Psychometrika, 1971, 36: 409—426.

Jöreskog, K. G. & A. S. Goldberger. Factor analysis by generalized least squares. Psychometrika, 1972, 37: 2439—260.

Kallenberg, A. L. & J. R. Kluegel. Analysis of the multitrait-multimethod matrix: Some limitations and an alternative. Journal of Applied Psychology, 1975, 60: 1—9.

Kane, M. Certification testing as an illustration of argumentbased validation. Measurement, 2004, 2(3): 135—170.

Kavanagh, M. J., A. C. Mackinnet & L. Wolins. Issues in managerial performance: Multitrait-multimethod analysis of ratings. Psychological Bulletin, 1971, 75: 34—49.

Kay, J. & A. Silberston. Corporate Governance, National Institute Economic Review, 1995(8): 84—107.

Kenny, D. A. An empirical application of confirmatory factor analysis to the multitrait-multimethod matrix. Journal of Experimental Social Psychology, 1976(12): 247—252.

Landy, F. J. Stamp collecting versus science: Validation as hypothesis testing. American Psychologist, 1986, 41: 1183—1192.

Landy, F. J. Validity generalization: Then and now. In: K. R. Murphy, Ed. Validity generalization: A critical review. Mahwah, NJ: Lawrence Erlbaum Associates, 2003.

Lansdell, H. & E. F. Donnelly. Factor analysis of the Wechsler Adult Intelligence Scale Subtests and the Halstead-Reitan Category and Tapping tests. Journal of Consulting and Clinical Psychology, 1977, 45: 412—416.

Laudon, K. C. & C. G. Traver. Management Information Systems. Prentice Hall, 2011.

Lawshe, C. H. A quantitative approach to content validity. Personnel Psychology, 1975, 28: 563－575.

Linn, R. L. Ability testing: Individual differences and differential prediction. In A. K. Wigdor. & W. R. Garner. Ability testing: Uses, consequences, and controversies: Part Ⅱ. Documentation section. Washington, DC: National Academy Press, 1982.

Lissitz, R. W. & K. D. Samuelsen. On Validity: A Suggested Change in Terminology and Emphasis Regarding Validity and Education. Educational Researcher, 2007, 36(8): 437－448.

Loehlin, J. C. Latent variable models: An introduction to factor, path, and structural analysis. Hillsdale, NJ: Erlbaum, 1987.

Loevinger, J. Objective tests as instruments of psychological theory. Psychological Reports, 1957(3): 635－694.

Marsh, H. W. Confirmatory factor analyses of multitrait-multimethod data: Many problems and a few solutions. Applied Psychological Measurement, 1989, 13: 335－361.

Marsh, H. W. & D. Hocevar. Confirmatory factor analysis of multitraitmultimethod matrices. Journal of Educational Measurement, 1983, 20: 231－248.

Marsh, H. W. Confirmatory factor analysis models of factorial invariance: A multifaceted approach. Structural Equation Modeling, 1994(1): 5－34.

Martuza, V. R. Applying norm-referenced and criterion-referenced measurement in education. Boston: Allyn & Bacon, 1977.

McDaniel, M. A., N. S. Hartman, D. L. Whetzel & W. L. Grubb. Situational judgment tests, response instructions and validity: A meta-analysis. Personnel Psychology, 2007, 60: 63－91

McDonald, R. P. Factor Analysis and Related Methods. Hillsdale, NJ: Lawrence Erlbaum Associates, 1985.

Messick, S. The standard problem: Meaning and values in measurement and evaluation. American Psychologist, 1975, 30: 955－966.

Messick, S. Validity of psychological assessment: validation of inferences from persons' responses and performances as scientific inquiry into score meaning. American Psychologist, 1995, 50(9): 741－749.

Messick, S. Validity. In Linn R. L. Educational measurement (3rd ed.). Macmillan, 1989.

Messick, S. Test validity and the ethics of assessment. American Psychologist, 1980, 35: 1012－1027.

MessickS. The standard problem: Meaning and values in measurement and evaluation. American Psychologist, 1975, 30: 955－966.

Mulaik, S. A., L. R. James, A. J. Van, N. Bennett, S. Lind. & C. D. Stilwell. Evaluation of Goodness-of-Fit Indices for Structural Equation Models. Psychological Bulletin, 1989, 105: 430－445.

Murphy, K. R. Validity generalization: A critical review. Mahwah, NJ: Lawrence Erlbaum Associates, 2003.

Nelson, J. & P. Kennedy. The Use of Meta-Analysis in Environmental and Natural Resource Economics: An Assessment. Environmental & Resource Economics, 2009, 42(3): 345—377.

Nevo, B. Face validity revisited. Journal of Educational Measurement, 1985, 22(4): 287—293.

Nitko, A. J. Educational assessment of students (4th ed.). Pearson, 2004.

Pap, A. Reduction-sentences and open concepts. Methodos, 1953(5): 3—30.

Pap, A. Semantics and necessary truth. New Haven, CT: Yale University Press, 1958.

Peterson, J. Early conception and tests of intelligence. Yonkers, N. Y.: World Book Co., 1926.

Porter, M. E. Competitive Strategy. New York: Free Press, 1980.

Rapaport, D., M. M. Gill. & R. Schafer. Diagnostic psychological testing. Chicago: Year Book Medical, 1945.

Rossi, P. H., M. W. Lipsey, & H. E. Freeman. Evaluation: A Systematic Approach. Sage Publications, Inc, 2005.

Rovinelli, R. J. & R. K. Hambleton. On the use of content specialists in the assessment of criterion-referenced test item validity. Dutch Journal of Educational Research, 1977(2): 49—60.

Rulon, P. J. On the validity of educational tests. Harvard Educational Review, 1946, 16: 290—296.

Salgado, J. F. & N. Anderson. Validity generalization of Gma testsacross countries in the European Community. European Journal of Work & Organizational Psychology, 2003(12): 1—17.

Schmitt, N. Path analysis of multitrait-multimethod matrices. Applied Psychological Measurement, 1978(2): 157—173.

Schmitt, N., B. W. Coyle & B. B. Saari. A review and critique of analyses of multitrait-multimethod matrices. Multivariate Behavioral Research, 1977(12): 447—478.

Seber, G. A. F. Multivariate observations. New York: John Wiley & Sons, Inc, 1984.

Shepard, L. A. Evaluating test validity. Review of Research in Education, 1993, 19: 405—450.

Sireci, S. G. On Validity Theory and Test Validation. Educational Researcher, 2007, 36: 477—481

Sireci, S. G., & P. Parker. Validity on trial: Psychometric and legal conceptualizations of validity. Educational Measurement: Issues and Practice, 2006, 25(3), 27—34.

Spearman, C. General intelligence objectively determined and measured. American Journal of Psychology, 1904, 15: 201—293.

Stanley, T. D., C. Doucouliagos & S. B. Jarrell. Meta-regression analysis as the socio-economics of economics research. The Journal of Socio-Economics 2008, 37: 276—292.

Steiger, J.H. & J.C.Lind. Statistically Based Tests for the Number of Common Factors. paper presented at the annual meeting of the Psychometric Society, IA: Iowa City, 1980.

Tahira, M.Probst Development and validation of the Job Security Index and the Job Security Satisfaction scale: A classical test theory and IRT approach. Journal of Occupational and Organizational Psychology, 2003, 76(4): 451—467.

Tenko Raykov. Evaluation of convergent and discriminant validity with multitrait-multimethod correlations. British Journal of Mathematical and Statistical Psychology, 2011, 64(1): 38—52.

Thorndike, E.L. Educational Psychology. Teachers College, Columbia University, 1921.

Thorndike, R.L. Personal selection. New York: John Wiley, 1949.

Thurstone, L.L. The reliability and validity of tests. Edwards Brothers, 1931.

Vandenberg, R.J. & C.E.Lance. A Review and synthesis of the measurement invariance literature: Suggestions, practices and recommendations for organizational research. Organizational Research Methods, 2000(3): 4—70.

Weber, M. The methodology of the social sciences. Glencoe, IL: Free Press, 1949.

Werts, C.E. & R.L.Linn. Path analysis: Psychological eXamples. Psychological Bulletin, 1970, 74: 193—212.

Werts, C.E., K.G.Jöreskog & R.L.Linn. A multitrait-multimethod model for studying growth. Educational and Psychological Measurement, 1972, 32: 655—678.

Werts, C.E., K.G.Jöreskog & R.L.Linn. Identification and estimation in path analysis with unmeasured variables. American Journal of Sociology, 1973, 78: 1469—1484.

Wissler, C. The correlation of mental and physical tests. Psychological Review Monograph Supplements, 1901, 3(6): 1—62.

Yalow, E.S. & W.J.Popham. Content validity at the crossroads. Educational Researcher, 1983, 12(8): 10—14.

Zumbo, B.D. Validity: Foundational issues and statistical methodology. In C.R.Rao & S. Sinharay eds., Handbook of statistics. Elsevier Science, 2007.

董麓.数据分析方法[M].大连:东北财经大学出版社,2001.

董麓,付灵芝,朱少杰.Shift-Share 区域经济评价模型及其扩展研究[J].统计与信息论坛 2011(6):9—13.

侯杰泰等.结构方程模型及其应用[M].北京:教育科学出版社,2004.

李子奈,叶阿忠.高等计量经济学[M].北京:清华大学出版社,2000.

李维安等著.公司治理评价与指数研究[M].北京:高等教育出版社,2005.

李维安主编.公司治理前沿:第四届公司治理国际研讨会论文集[C].北京:经济科学出版社,2009.

邱东,多指标综合评价方法的系统分析[M].北京:中国统计出版社,1991.

邱皓政,林碧芳.结构方程模型的原理与应用[M].北京:中国轻工业出版社,2009.

孙晓敏,张厚粲.效度概念演进及其新发展[J].心理科学,2004,27(1):234—235.

肖红叶.中国区域竞争力发展报告 1985—2004[M].北京:中国统计出版社,2004.

肖红叶.中国区域竞争力发展报告 2005[M].北京:中国统计出版社,2005.

张尧庭.定性资料的统计分析[M].广西师范大学出版社,桂林:1991.

张尧庭,方开泰.多元统计分析引论(第三版)[M].北京:科学出版社,1997.

张尧庭.指标量化、序化的理论和方法[M].北京:科学出版社,1999.

中国商业联合会,中国企业联合会组织编写.公司治理[M].上海:上海人民出版社,2006.

经济合作与发展组织著,张政军,付畅译.公司治理:对 OECD 各国的调查[R].北京:中国财政经济出版社,2006.

Gujarati D.N.,Porter D.C.著,费剑平译.计量经济学基础(第 5 版)[M].北京:中国人民大学出版社,2011.

Mclntrice S.A.,MIller L.A.著,骆方,孙晓敏译.心理测量[M].北京:中国轻工业出版社,2009.

Neuman W.L.,Kreuger L.W.著,刘梦译.社会工作研究方法:质性和定量方法的应用[M].北京:中国人民大学出版社,2008.

Nugent W.R.等著,叶文振,姜国兵等译.21 世纪评估实务[M].北京:中国人民大学出版社,2006.

Rossi P.H.,Lipsey M.W.,Freeman H.E.著,邱泽奇,王旭辉,刘月等译.评估:方法与技术[M].重庆:重庆大学出版社,2007.

Royse D.等著,王军霞,涂晓芳译.公共项目评估导论[M].北京:中国人民大学出版社,2007.

后　记

这项研究从构思到完成经历了一个漫长和曲折的过程。1996年我在天津财经大学读博士时，参加了肖红叶教授主持的中国区域国际竞争力评价研究。疏理文献时，看了邱东教授的一本小书——《多指标综合评价方法的系统分析》。书中提出对评价结果进行检验的观点使我深受启发，从那时起我便萌发了开展经济评价有效性检验研究的想法。此后，我自己也先后主持了几项评价研究，对开展此项研究的欲望越发强烈。但在查找文献时才发现，寻找这一领域的研究资料宛如大海捞针，因此研究工作几起几落，但我坚信这项研究是非常有意义的，始终没有放弃资料积累工作。

2006年我再次开始这项研究，并有幸获得国家社科基金资助。在研究处于原地徘徊时，幸运地在第一届中国统计学年会上结识了因子分析和结构方程理论的先驱 Karl Gustav Jöreskog 教授，Karl 教授和他的同事在构想结构分析和心理评价有效性检验研究方面积累了大量经验。2009年，我作为访问学者应邀赴 Jöreskog 教授所在的瑞典 UPPSALA 大学统计系进行专题研究，并于2010年和2012年两度赴该校继续研究。UPPSALA 大学良好的研究环境、丰富的学术资源、高水平的专家学者对本项研究给予了极大帮助。

本项研究还得到了很多同行的支持和帮助。天津财经大学的肖红叶、杨贵军教授提出了很多宝贵意见，尹剑、尚翔、李晓欣博士，赵伟博、经菁、董佳悦、石秀平、封玉婷、王玉、陈海金、胡文慧等同学参加了文献收集、翻译整理、数据采集、统计计算和研究工作。我的学生，现就职于沧州职业技术学院的祁艳艳老师也参加了部分研究工作。没有他们的参与这项研究是不可能顺利完成的。

最后还要感谢家人对我工作上的支持和生活上的照顾。特别是我的母亲毛淑玉女士，困难时她总能给我以精神上的鼓励。在生活和工作中我总以她为楷模，但实际做起来才发现如此困难，我常常惊叹她是怎样做到如此完美的。希望完美成为我们这个世界的主题。

董　麓

2013年11月29日

于天津财经大学